낚시 첫걸음 1

송귀섭의 붕어낚시 첫걸음

송귀섭 지음

예조원

천년지기 완판신화의 그 이름!!

대물낚시를 위해 새롭게 탄생한 천년지기 받침틀

천년지기 좌대 받침틀

(중층 / 내림 / 올림 낚시)

좌대+의자+받침틀이 하나로!
설치 1분이면 OK! 원스톱 일체형 받침틀
노지, 양어장 경기용으로 어디든 가능!
튼튼하고 편안하고 편리합니다

– 보다 더 많은 정보는 아피스 홈페이지 참조 –

◀ 레일설치 예시
– 좌대받침틀 상품이며
레일/브레이크 등은 연출사진이며
제품에 포함되지 않습니다.

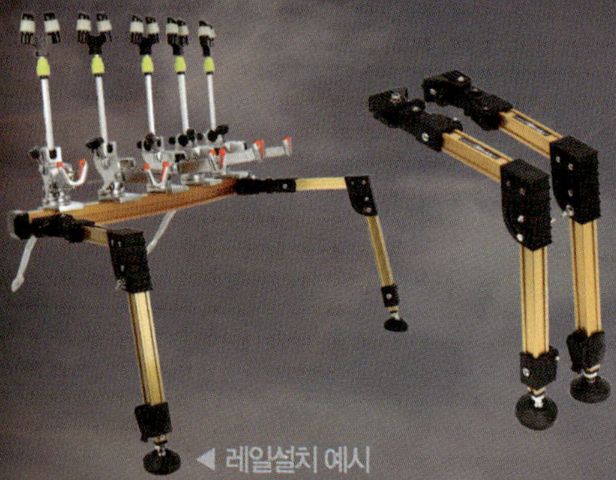

◀ 레일설치 예시
– (반)자립다리 상품이며
레일/브레이크 등은 연출사진이며
제품에 포함되지 않습니다.

천년지기 반자립 다리(일체형) 1조

노지와 양어장에서 사용하기 좋아요!
레일형 받침틀 호환이 가능합니다
(APIS / 대륙 / 우경)
앞쏠림 방지 ZERO!!
4칸대 기준으로 5대까지 가능합니다
(6단 이하 권장)

– 보다 더 많은 정보는 아피스 홈페이지 참조 –

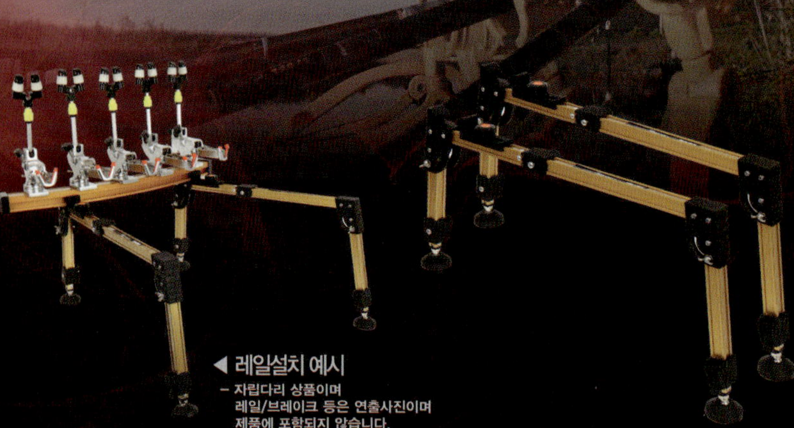

◀ 레일설치 예시
– 자립다리 상품이며
레일/브레이크 등은 연출사진이며
제품에 포함되지 않습니다.

천년지기 미니자립다리(분리형) 1조

노지와 양어장에서 사용하기 좋아요!
레일형 받침틀 호환이 가능합니다
(APIS / 대륙 / 우경)
자립형 초간편! 초경량 다리!
(4칸대 기준 6개 이하 권장)

– 보다 더 많은 정보는 아피스 홈페이지 참조 –

APIS
오뚜기받침틀
노지/양어장/짬낚시 모든곳에서 가능!!
어디서나 OK! 설치 30초면 낚시준비 끝!!
신개념 초간편낚시를 가능하게 한다!
아피스 일체형 자립무받침틀 [4단]
아피스 미니 [무받침틀 1단]
[무받침대 헤드뭉치]
고강마루
여유로운 공간과 무거운 하중에도 안정감 있게 버텨주는 완벽함
더욱 견고해지고, 더욱 강력하게 만든 고강마루로
더욱 안전하고 편안한 낚시를 즐겨보세요!
고강마루 골드
기본형
고강마루 골드
와이드 확장형
(옵션별도구매)
고강마루 골드
발판좌대
고강마루 블랙2
확장형
(옵션별도구매)
고강마루 블랙2
기본형
- 보다 더 많은 정보는 아피스 홈페이지 참조 -
대구광역시 동구 부동 633-1번지 (동구 옻골로 59)
TEL:053-981-5032, FAX:053-981-5225
http://www.apis.co.kr
중. 북부지역 영업 : 010 . 2336 . 2408
서울. 경기. 충청 영업 : 010 . 9795 . 2442
경기. 충청. 강원 영업 : 010 . 9966 . 3716
경기. 충청. 강원. 전라 영업 : 010 . 9700 . 3287
대구. 경북. 충청 영업 : 010 . 6394 . 1963
부산. 경남. 전라 영업 : 010 . 3122 . 5988
전라 영업 : 010 . 3651 . 0461
손맛 좋은 낚시
낚시용품 종합 브랜드 아피스

大物의 혼과 함께하는 명품
산노을
대한민국 낚시대의 名家 Black Hole
N·S
주)엔에스 인천광역시 남동구 간석 4동 616-1 Web: http://www.nsrod.co.kr
TEL 032)868-5427, A/S 문의처 032)868-1004 FAX:032)868-5423

대 · 물 · 전 · 용 大物

새벽공기의 신선함 그리고, 불타오르는 힘이 느껴지는 "산노을"은 최고의 민물 장대라고 할 수 있다. 견고함을 느낄 수 있는 최고급 도료와 강력한 힘을 보여주는 46톤 고강도 카본은 결코 부러지는 것을 허락하지 않는다. 그것이 바로 환상적인 장대의 균형이다. 붕어는 결코 수초 안에 숨어있을 수 없을 것이다.

- 소재와 제조 공정 전반에 걸쳐 최고가의 소재와 기술력를 결집해서 만들어낸 대물전용 낚싯대
- 안정감 있고 품위 있는 외관 디자인
- 초고밀도 카본을 고압축 성형하여, 카본원단 내 이물질의 최소화로 초경량 낚싯대의 꿈을 실현
- 순도 높은 소재에서 나오는 액션의 힘과 정교한 밸런스는 대물낚시인에게 필요한 투척 성과 제어력을 넉넉히 제공

산노을 산노을

규 격	전장 (m)	절수 (本)	접은길이 (cm)	무게 (g)	선경 (mm)	원경 (mm)	판매가 (원/₩)
13	2.30	4	80.5	29	0.7	15.7	67,000
16	2.80	5	80.5	44	0.7	16.9	85,000
18	3.17	6	80.5	49	0.7	17.0	99,000
20	3.60	6	80.5	50	0.7	17.0	115,000
22	3.96	7	80.5	69	0.7	18.1	127,000
24	4.30	7	80.5	70	0.7	18.1	138,000
26	4.68	8	80.5	94	0.7	19.2	158,000
28	5.00	8	80.5	95	0.7	19.2	178,000
30	5.40	9	80.5	115	0.7	20.1	191,000
32	5.80	9	80.5	127	0.7	20.1	202,000
34	6.10	10	80.5	149	0.7	21.2	215,000
36	6.50	10	80.5	150	0.7	21.2	228,000
39	7.00	11	80.5	195	0.7	23.2	248,000
43	7.70	12	80.5	245	0.7	24.3	307,000
48	8.60	13	80.5	295	0.7	25.2	343,000
51	9.20	14	80.5	345	0.7	26.2	393,000

※ 구매일로부터 1년이내 파손된 한절번에 대하여1회 무상A/S

CARBON 99%

▲ 심플한 마디장식

▲ 경량 BUTT CAP

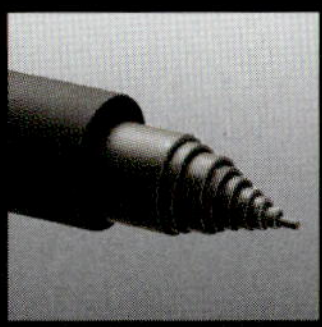

▲ 보이지않는 마무리

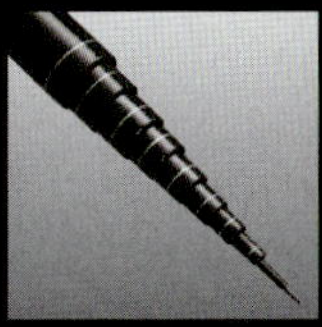

▲ 편심없는 밸런스

이 제품에는 최고의 낚싯대를 개발하고자 하는 개발의 혼이 남겨있다. 낚시인을 폼 나게 만드는, 야무지고 멋들어진 낚싯대 도우미, 파이프 부분을 제외한 100% 카본소재 채용으로 바람과 어떠한 악조건에서도 산노을를 충실히 보좌한다.

산노을 산노을 받침대

규 격	전장 (m)	절수 (本)	접은길이 (cm)	무게 (g)	선경 (mm)	원경 (mm)	판매가 (원/₩)
2절	1.55	2	87.0	120	8.4	12.5	47,000
3절	2.25	3	87.0	178	8.4	15.5	59,000
4절	2.95	4	87.0	238	8.4	18.0	71,000
5절	3.65	5	87.0	318	8.4	22.0	85,000

CARBON 99%

붕어를 기다리며···

고요한 낚시인은 물안개 속에서 세상의 티끌을 털어내고 신선이 되었다. 충남 예산군 예당지에서.

사진 낚시춘추 **이기선** 기자

1 우리나라 낚시인들이 가장 많이 사랑하는 물고기, 붕어.
2 탐스런 수초 사이에 공들여 세운 찌가 금세라도 스멀스멀 솟을 것만 같은데….
충남 태안군 모항지.
3 풀피리인 양 가볍게 찌를 물고 낚싯대를 쭉쭉 펼치는 순간이 가장 가슴 설렌다.
4 낚시터로 가는 길은 언제나 즐거워. 필자(왼쪽 두번째)와 함께 조행에 나선
평산가인 회원들. 왼쪽부터 김춘남, 고경춘, 김중석씨.

수 천 수 만 가지의 도락이 있어도

그 중 으뜸은 붕어낚시입니다!

붕어낚시는 많은 돈이 들지도 않고, 체력적으로 힘들지도 않아
남녀노소 누구나 즐길 수 있고,
온 가족이 함께 하여 아버지와 딸이, 할아버지와 손자가 어울려 즐길 수 있습니다.
그래서 우리나라엔 붕어낚시를 즐기는 인구가 500만이 넘습니다.
춘하추동 붕어와 함께 하는 우리 산천은 더 아름답습니다.

2

3

4

1

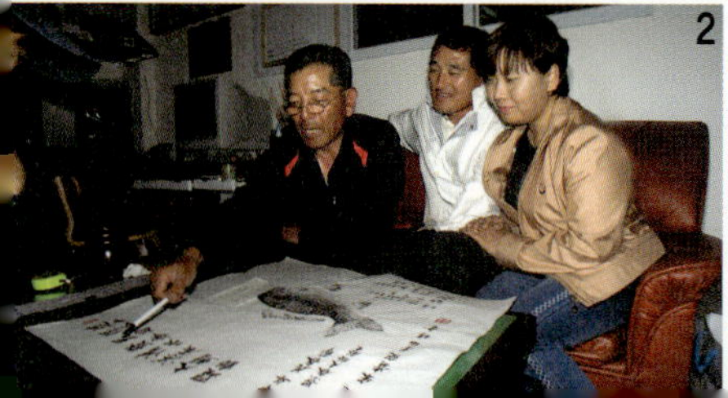
2

3

4

5

좋은 낚벗이 있어 조행은 즐겁다

함께 하는 낚시는 우리의 삶을 윤택하게 합니다.
여러분도 붕어낚시에 입문하여 함께 추억의 앨범을 만들어봅시다.

6

1 도시에선 느낄 수 없는 가을 들판의 향기.
2 3 어탁은 필자의 또 다른 취미다. 동호인들이 낚아온 붕어 탁본을 앞에 두고.
4 전남 함평 목교지에서 열린 '장애인 낚시대회'의 참석자들과 함께.
5 필자가 출연한 낚시방송들.
6 아침 해맞이로 만난 월척. 보성군 용문천에서.

머 리 말

나 어릴 적에 마을 앞에는 십 리나 펼쳐진 벌판이 있었고 그 벌판 가운데로 작은 강이 흐르고 그 강물이 끝나는 곳에 바다가 있었다. 그 넓은 벌판은 어머니 품속 같고 파란 바다는 아버지의 넓은 가슴같이 나를 감싸 안아 키웠다. 그 속에서 나는 한 해 한 해 사나이가 되어갔다.

봄에는 또래 아이들과 바다 둑까지 십 리 길을 걸어가서 여치를 잡아다가 보릿대로 만든 여치 집에 넣어 처마 끝에 매달아 놓고 키웠고, 여름이면 들 가운데 넓은 신작로의 높은 다리에서 물로 뛰어내리기 시합을 하며 멱을 감고, 가을이면 갯벌에 나가 쏙이며 꽃게를 잡아 날로 먹으며 배를 채웠고, 겨울이면 물 잡아 얼린 논바닥에 나가 팽이치기를 하며 놀았다.

그 중에도 가장 큰 재미는 들 가운데 흐르는 강에 나가 낚시를 하는 것이었다. 곧은 대나무를 골라 베어 감나무 높은 가지에 거꾸로 매달아 곧게 펴 말린 낚싯대에 실과 바늘을 묶고, 수수깡 모가지를 잘라 만든 찌로 채비를 완성하여, 밖에 나갈 때면 항상 어깨에 메고 나가 멱 감다가도 낚시를 하고, 소 먹이다가도 낚시를 하고, 꼴을 베어 놓고도 낚시를 했다.

어쩌다가 붕어란 녀석이 물고 올라오면 앙탈을 부릴 때 가슴 뛰는 그 맛이란, 지금 생각해도 희열이었다.

그 아이가 자라서 대학을 나왔고 국가공직에 20년 넘게 복무하면서도 낚시를 잠시도 손에서 놓지는 못했다. 틈만 나면 낚시터에 앉아 있었고 낚시 관련 책은 빼놓지 않고 구하여 읽고 나름대로 연구하며 자료 정리까지 했다.

긴 공직생활을 마감하고 야인으로 돌아온 내가 남은 생에 무엇을 할 것인가를 결정하는 데는 다른 선택의 여지가 없었다. 당연히 낚시천국인 고향 전라도를 찾아 도시 외곽 한 쪽에 아담한 낚시점을 마련하여 뜻이 맞는 사람들을 만나 낚시를 즐기며 살아가는 쪽을 택했다. 이렇게 해서 시작한 낚시점은 6년 동안 많은 사람을 만나게 해주었고 나 스스로 낚시 발전에 큰 도움이 되었다.

그러나 마음 놓고 낚시를 다니며 실험관찰을 하고 낚시이론을 정립하고 싶었던 내게는 낚시점이 걸림돌이 되었다. 결국 가게를 정리하고 대신 아담한 '무지개조우회' 사무실을 마련하여 매일같이 회원들과 만나 토의도 하고 현장출조도 하면서 낚시 연구에만 몰두할 수 있었다.

그러던 중에 우연하 낚시잡지의 요청에 의해 글을 쓰게 되었고, 그것이 인연이 되어 고정연재를 맡고, 낚시방송에 출연해 「송귀섭의 전통붕어낚시」와 「붕어낚시 월척특급」 등 낚시방송을 진행하기에 이르렀다.

그렇게 좋아하는 붕어낚시를 맘껏 즐기면서 내가 하고 싶었던 낚시에 대한 실험, 관찰, 연구도 하고, 내가 생각해온 전통낚시이론과 올바른 낚시철학을 보급하면서 취미를 직업삼아 살아가고 있으니 나는 참으로 행복한 낚시인이다.

그러나 행복에만 겨워하던 내게 어느 날 한 원로 낚시선배가 "방송은 스쳐 지나는 것이니 글을 써서 책으로 남기지 않는다면 해야 할 일을 다 하지 않는 것"이라며 꾸지람을 했고, 그제야 나는 자료를 재정리하고 통계와 실험결과들을 정리하여 이렇게 책으로 엮어 내게 되었다.

이 책이 세상에 나오기까지 도와주신 낚시춘추를 비롯한 잡지사와 낚시방송사 관계자분들에게 감사드린다. 그리고 팬클럽 '평산가인' 회원들과 조우회 회원들께 감사드린다. 마지막으로 인고의 세월을 함께 해 온 나의 낚시동료이자 사랑하는 아내 김인화에게 감사한다.

2007년 9월 10일 평산 송귀섭

contents

송귀섭의 붕어낚시 첫걸음

Part Ⅲ 현장 실습

Part Ⅳ 초보 탈출

Part I
시작하기

낚시는 특별한 취미가 아닙니다.

우리나라의 4800만 인구 가운데 무려 570만 명이 즐기는 취미입니다.

우리 민족은 예로부터 산과 물을 사랑하였고

낚시를 심신 수양의 방편으로 삼았습니다.

그 중에서도 붕어낚시는 570만 명 낚시인 가운데 67%가 즐기는,

우리나라를 대표하는 낚시입니다.

이토록 많은 한국인이 붕어낚시를 즐기는 이유가 무엇이겠습니까?

제1장 붕어낚시의 매력

붕어낚시는 우리나라 낚시인들이 가장 많이 즐겨하는 낚시다. 통계에 따르면 오늘날 대한민국의 낚시인구는 약 570만 명으로 추산되는데 그 중 67%가 붕어낚시를 즐긴다고 한다. 한국 낚시인들이 하고많은 물고기 가운데 흔하디흔한 붕어에 매료된 이유는 무엇일까? 그것은 아마 내가 붕어낚시를 좋아하는 이유와 크게 다르지 않을 것이다.

'찌맛'이 좋아서 붕어낚시를 즐긴다

붕어낚시의 매력을 얘기할 때 첫째로 꼽는 맛이 찌맛이다. 낚시의 맛을 얘기하자면 '찌맛, 손맛, 입맛이 삼맛'이라 하는데 그 중 오직 붕어낚시를 통해서만 가장 황홀하게 맛볼 수 있는 게 찌맛이다.

세계 어느 나라, 어느 어종이 "나 지금 입질 시작합니다… 자 이제 본격적으로 먹이를 먹습니다"하고 말하듯이 그 의사를 찌를

물풀이 적당히 자란 들판 사이 수로에서 붕어낚시를 즐기고 있다.

높이 들어 올리면서 전해주는가? 또 세계 어느 나라 낚시인들이 환상적인 찌올림을 볼 수 있는가? 찌가 솟구쳐 올라오는 어신! 차분하고 여유롭게 감상하는 찌올림의 맛은 우리나라 붕어낚시에만 유일한 것이다.

붕어는 다른 물고기와 달리 경박스럽고 혼란스런 입질 모습을 보이지 않는다. 또 예신과 본신이 정직하다. 오랫동안 기다리다가 꿈찔하는 예신이 나타날 때 그 가슴 설렘과 차분히 올려주는 찌솟음의 환희는 붕어낚시에서만 맛볼 수 있는 매력이다.

그러므로 붕어낚시에 입문하여서나 수십 년 붕어를 낚아온 지금에나 잠자리에 누워서도 어른거리는 것이 환상적인 찌올림이다. 나는 하루 이틀만 낚싯대를 놓고 집에 있어도 아련한 찌올림의 환상으로 잠자리를 박차고 나가곤 한다.

'손맛'이 좋아서 붕어낚시에 빠진다

그렇다면 붕어낚시의 매력은 찌맛이 전부인가? 그렇지 않다. 붕어낚시의 짜릿한 손맛을 빼놓을 수 없다.

붕어는 같은 체장일 경우 민물고기 가운데 가장 힘이 세다. 잉어나 배스는 그 덩치가 붕어보다 커서 힘이 셀 뿐 같은 크기라면 붕어 힘에 못 미친다.

또 붕어의 손맛은 아기자기하다. 바다의

달맞이꽃 속의 우리나라 토종붕어. 그 둥그런 자태가 한복 저고리의 깃처럼 맵시있고 아름답다.

돔은 쿡쿡 처박으면서 내빼는 동작에서 큰 손맛이 있고, 잉어는 힘차게 차고나가는 손맛이 있고, 배스는 요란한 바늘털이를 하는 짜릿한 손맛이 있지만 모두 단조롭다. 적당히 처박기도 하고, 적당히 차고 나가기도 하고, 적당히 앙탈도 부리면서 여유 있는 손맛을 전해주는 맛은 붕어가 제일이다.

붕어가 아름다워서 사랑에 빠졌다

우리 붕어는 우리 고유의 선(線)을 가지고 있어서 아름답다. 붕어를 낚아들고 그 둥그런 자태를 바라보면 마치 우리의 초가지붕의 포근한 선과 같고, 한복 저고리의 맵시있는 깃이나 섶과 같고, 기와지붕의 처마도리와 같은 고운 선을 가지고 있다.

월척붕어를 낚은 조우와 기쁨을 나누는 필자. 붕어낚시는 함께 어울려 즐길 수 있어서 좋다.

또 마주보는 붕어의 눈은 청순하기 그지없다. 그 뿐인가? 붕어의 체색은 어찌 보면 고려청자의 색과 같고 어찌 보면 약한 금물을 들인 비단색과도 같다. 그리고 붕어를 낚아내면서 머리만 물에 띄운 채 바라보면 입으로 물방울을 뱉어내면서 가슴지느러미를 파르르 떠는 모습이 너무 아름답다.

큰 붕어는 우람한 아름다움이 있고, 작은 붕어는 귀엽고도 가여운 아름다움이 있다.

붕어낚시는 쉬워서 매력이 있다

붕어낚시는 쉽게 즐길 수 있어서 좋다. 붕어낚시는 시간과 장소에 크게 구애받지 않고 언제든지 가까운 물가를 찾아서 할 수 있다. 꼭 많은 경비를 들여 원거리 출조를 하거나 비싸고 좋은 장비를 마련해야 할 필요도 없다. 또 남녀노소, 빈부귀천의 구별이 없이 즐길 수 있어서 좋다. 할아버지부터 초등학생 어린 손자까지 함께 할 수 있고, 다양한 연령차, 직업도 각양각색인 여러 사람이 함께 낚시를 가도 자연스럽게 어울릴 수가 있다.

그리고 낚시를 오래 한 사람이나 처음 하는 사람이나 등급을 구별하지 않고 어울려서 할 수 있는 것이 붕어낚시다. 한두 대의 가지고 있는 낚싯대로, 아무 물가에나 찾아가서, 특별한 채비와 기법이 아니더라도 같이 어울리면 되는 것이다. 그러다가 사정이 생기면 언제든지 챙겨 나와서 다른 일을 볼 수도 있는 것이 붕어낚시다.

그러나 붕어낚시는 쉬우면서도 그 끝이 보이지 않는 오묘함이 있어서 더 매력이 있다. 쉽게 접근하더라도 물속을 들여다보지 못하기 때문에 그 오묘함의 끝이 없는 것이다.

붕어낚시는 선비의 낚시다

붕어낚시는 기다림이다. 바다낚시처럼 물때에 맞추기 위해 서둘러야 한다거나 루어낚시처럼 대상어를 찾아서 이리저리 헤매고 다닐 필요가 없는 것이 붕어낚시다. 적당한 장소에 대를 펼치고 차분히 앉아서 입질을 기다리는 붕어낚시. 여기에는 우리 민족성을 대표하는 '은근과 끈기' 가 있다.

그래서 나는 붕어낚시를 선비의 낚시라고 표현한다. 낚시 행위가 수선스럽거나 공격적이지 않고, 조용히 대자연을 음미하고 앉아서 입질을 기다리는 모습. 그 자체가 선비의 모습이기 때문이다. 붕어낚시는 우리 고유의 민족정서와 가장 가까운 낚시다.

제2장 낚시의 역사

낚시의 역사는 인류의 역사라 해도 과언이 아니다. 삶의 기본인 의식주(衣食住) 가운데 가장 중요한 식(食)의 해결 수단으로 바로 낚시가 이용되었기에 그 기원은 인류가 직립 보행을 시작하면서부터라고 할 수 있다.

인류는 생존 수단으로써 식량을 확보하기 위해 수렵과 채집, 어로활동을 했다. 출토된 유물에 의하면, 구석기 시대(250만년~1만년 전)에는 뗀석기(打製石器)를 이용해 사냥을 하거나 나무 열매를 채취하는 등, 주로 채집과 수렵으로 식량을 조달했으며, 일부 어로 행위가 있었을 것으로 추정은 하지만 낚시도구를 이용한 흔적은 나타나지 않고 있다.

이후 신석기 시대(1만년 ~ 6000년 전)로

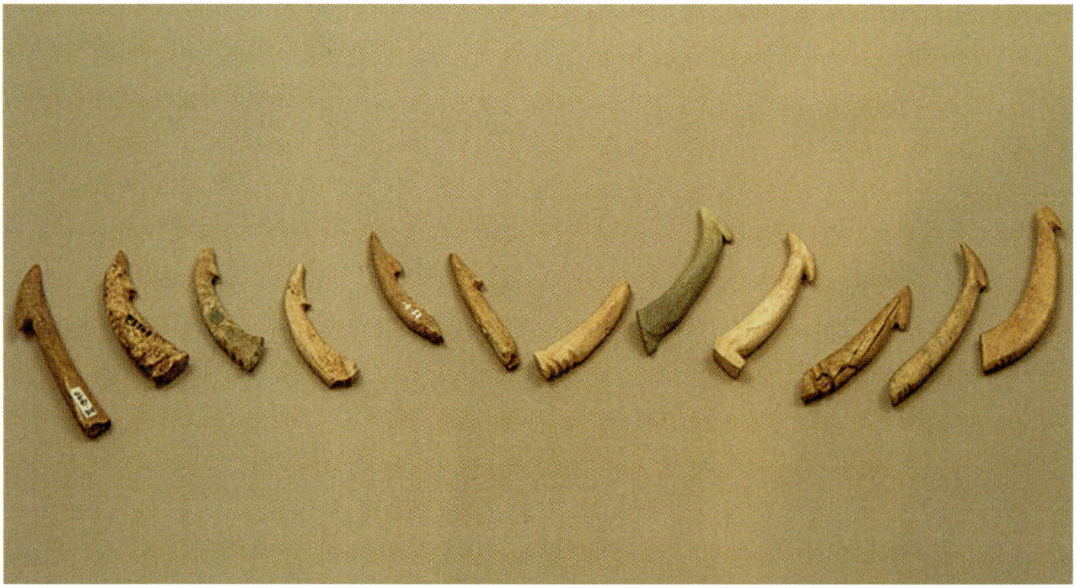

강원도 양양군 오산리 선사유적지에서 출토된 이음낚싯바늘. 4500년 전 우리 민족이 사용한 돌로 만든 낚싯바늘이다.

접어들면서 돌을 갈아 만든 간석기(磨製石器)로 인류는 드디어 수렵 외에 농경, 목축과 어로 행위를 하게 되는데, 이 신석기 시대의 유적인 패총(貝塚 · 조개무덤)에서 동물의 뼈와 돌을 갈아서 만든 낚싯바늘이 출토되고 있다. 낚시의 기원(紀元)이 바로 이 시기라 할 수 있다.

인류는 신석기시대부터 낚시를 했다

당시의 낚싯바늘은 비록 투박하기는 하지만 오늘날 우리가 사용하고 있는 현대식 낚싯바늘과 그 윤곽이 너무나 흡사해 새삼 그 지혜에 놀라곤 한다. 우리나라에서는 강원도를 비롯하여 가거도 · 여서도 등 전라도 작은 섬에 이르기까지 신석기 시대의 낚싯바늘과 당시의 생선뼈가 유물로 출토되고 있다.

거제도에서 출토된 가야시대의 철제 낚싯바늘.

우리나라에서 출토된 낚싯바늘의 형태는 시베리아 바이칼호에서 출토된 낚싯바늘과 같은 이음식(결합식) 형태를 지니고 있다. 이는 낚시의 역사뿐만 아니라 함께 출토되는 즐문토기(빗살무늬토기) 등과 함께 선사시대의 우리 민족이 바이칼호 주변에서부터 이동해온 것이 아닌가 추정하는 근거가 되고 있다.

역사 속의 낚시인들

소설 '노인과 바다'를 쓴 어네스트 헤밍웨이는 실제로 트롤링낚시를 즐긴 마니아였다. 음악가 중에선 베토벤과 롯시니가 낚시를 즐겼고, 정치인으로는 독일 재상 비스마르크, 미국 대통령 루스벨트와 아이젠하워, 아버지 부시가 대표적인 꾼으로 꼽힌다.

우리나라에서 낚시는 선비의 취미로 인식되어 많은 사대부가 즐겼는데, 조선의 정조와 퇴계 이황, 성종의 친형인 월산군, 그리고 초대 대통령 이승만 박사가 대표적인 낚시인들이다.

신라 탈해왕, 조선 정조 임금도 낚시꾼이었다

낚시에 대한 기록은 물고기를 잡는 모습을 그린 구석기 시대의 동굴 벽화에도 남아 있다. 기원전 2000년 무렵의 이집트 유적에서는 낚싯대와 낚싯줄까지 사용한 고기잡이 그림이 발견됐다.

문헌에 기록된 낚시는 고대 그리스와 로마, 서남아시아의 앗시리아(Assyria) 제국, 유대, 중국 등 세계 각국의 문헌에서 발견된다. 흔히 낚시인의 대명사로 일컫는 중국 주나라 문왕 시대의 강태공(태공망 여상)이 지금으로부터 3000년 전의 사람이다. 또한 기원전 500년 시대의 공자는 '조이불망(釣而不網)'이라 하여 '군자는 물고기를 낚시로 낚을지언정 그물로는 잡지 않는다' 고 했으니, 이미 그 시대에 낚시인의 덕목을 가르친 것이라 하겠다. 이 시대의 중국에는 조차(釣車)라고 하는 낚시 도구까지 있었는데, 이는 현재까지도 그림으로 전해오고 있으며, 오늘날의 릴(reel)과 유사한 모양을 띠고 있다.

낙파(駱坡) 이경윤(李慶胤 1545~?)의 「유하조어도(柳下釣魚圖)」. 버드나무 아래에서 한 줄기 바람이 불어 올 것만 같다. 나뭇가지를 잘라서 만든 받침대가 인상적이다.

우리나라의 경우 『삼국사기(三國史記)』와 『삼국유사(三國遺事)』에 나타난 낚시기록이 최초로 꼽힌다. 즉, 신라 제4대왕 석탈해가 '낚시로 고기를 잡아 어머니를 공양하였다'는 기록이 그것인데, 이렇듯 중국의 강태공과 신라의 석탈해가 똑같이 제위(帝位)에 오르기 전까지는 낚시꾼이었다는 사실이 묘한 여운을 남겨주기도 한다.

이후 우리나라 낚시에 대한 기록은 고려

말 이제현의 「어기만조(魚磯晩釣)」와 조선 시대 이현보의 「어부가(漁夫歌)」 등의 문집에 낚시에 관한 작품으로 수록돼 있으며, '동창이 밝았느냐 노고지리 우지진다'는 시조로 우리들이 익히 알고 있는 약천 남구만(南九萬 · 1629~1711)은 그의 문집 『약천집(藥泉集)』에 「조설(釣說)」이라는 본격 낚시수필을 남겨 당시의 낚시도구까지 엿보게 해준다.

이밖에 낚시가 많은 시가문학(詩歌文學)의 소재로 등장하는 조선조 문헌 가운데는 매우 흥미 있는 기록도 남아 있다. 『조선실록(朝鮮實錄)』 정조 16년(1792년) 3월 16일의 기록에 따르면, 정조 임금은 낚시를 즐겨 하여 정승 판서는 물론 궁궐 내의 관헌들과도 낚시를 즐겼고, 한 마리를 낚을 때마다 풍악을 울렸다고 한다. 이런 행사를 한 해에 한 번은 가졌음직하니, 요즈음으로 치자면 중앙정부 가족 낚시대회를 개최한 셈이다.

조선 중기에 그려진 '유하조어도' '어초문답도'를 비롯한 풍속화엔 낚시를 즐기는 장면이 자주 등장한다. 특히 1900년대 초에 외국인이 찍은 사진에는 한강과 대동강에서 한겨울 얼음낚시를 즐기는 모습이 있다. 당시의 낚시가 대중화되었음을 짐작할 수 있다.

단은(檀隱) 윤영시(尹榮始 1835~?)의 「산수도(山水圖)」.

영국의 『The Compleat Angler』와 조선의 『釣說』

서양의 '낚시 바이블'이라면 17세기의 영국 작가 아이작 월튼(Izaak Walton, 1593-1683)이 지은 『조어대전釣魚大典』(원제 The Compleat Angler, 초판 1653년)을 꼽는다.

런던에서 철물상을 하다가 은퇴 후 낚시를 즐기며 문필생활에 몰두한 월튼은 『낚시대전』의 부제를 '명상하는 사람의 레크리에이션(the Contemplative Man's Recreation)'이라고 붙인 데 이어, "하느님이 마련해 준 가장 평온하고, 조용하고, 순수한 레크리에이션은 낚시다. (God never did make a more calm, quiet, innocent recreation than angling.)"라고 설파했다.

아이작 월튼의 초상화(왼쪽)와 다락원에서 출판한 「조어대전」에 삽입된 그림.

그러나 현대적 의미의 낚시에 대한 역사를 서술한 첫 문헌은 『조어대전』보다 157년이나 앞선 「낚시에 관한 논문(Treasyse of Fysshynge With an Angle)」이다. 1496년 영국 웨스트민스터의 인쇄업자 얀 반 윙킨(Jan van Wynkyn)이 펴낸 『성 알반의 책(The Boke of St. Albans)』에 수록된 이 글은 줄리아나 버너스(Juliana Berners)라는 수녀원장이 썼다. 낚시 책에 기독교 성인(聖人)의 이름이 사용됐다는 점, 그리고 세계 최초의 낚시 입문서의 저자가 여성이란 사실이 우리를 놀라게 한다.

아이작 월튼의 『조어대전(釣魚大全)』은 오늘날까지 사랑받는 낚시인의 필독서다. 1653년 처음 출판되었을 때는 13장으로 구성되었다가 25년에 걸쳐 다섯 번의 수정판이 나와 1676년에는 21장으로 늘어났다. 우리나라에선 이 『조어대전』이 1970년대 후반, 우리나라 최초의 낚시 월간지인 〈낚시春秋〉에 처음으로 연재

된 후 다락원에서 단행본으로도 출판했다.

한편 우리나라 최초의 낚시글은 1670년(조선 헌종 11년)에 집필한 것으로 확인되는 남구만의 「조설(釣說)」이다. 『약천집(藥泉集)』 28권에 수록돼 있는 「조설(釣說)」은 총 1000여 자(字)의 한문으로 쓰여 있는데, 남구만이 지금의 충남 홍성으로 낙향하여 소일하던 중 이웃 사람이 만들어 준 낚싯바늘과 낚싯대로 처음 낚시를 해 보는 것으로 이야기가 시작된다.

처음에는 누구나 그렇듯 남구만 역시 뜻대로 고기를 낚지 못했고, 그때 지나가던 나그네들이 낚싯바늘의 잘못된 점과 기술상의 미비점을 하나하나 지적하자 "훌륭하도다, 객의 말이여! 이 도(道)를 미루어 나가면 어찌 다만 낚시질하는 데에만 적용되겠는가? 옛 사람이 이르기를 작은 것으로써 큰 것을 깨우칠 수 있다고 했으니, 어찌 이와 같은 것이 아니겠는가?"하고 감탄하며 그 나그네들의 말을 세세히 기록하였다. 그 중 일부를 소개하면 다음과 같다.

"나그네가 말하기를… 가르쳐줄 수 있는 것은 법法이나 묘妙를 가르쳐주긴 어렵소. 굳이 가르쳐달라고 한다면 말하겠소. 그대는 내가 가르쳐준 법으로 아침저녁으로 낚시를 드리워 정신을 가다듬고 뜻을 모아 오랜 동안 계속하면 몸에 배고 익숙해져서 손의 움직임이 자연스럽게 조절되고 마음도 저절로 터득하게 될 것이오. 이처럼 된 후에 묘리를 터득하거나 못하거나, 혹 그 미묘한 것까지 통달하여 묘의 극치를 다하거나, 또는 그 중 한 가지만 깨닫고 두세 가지는 모르거나, 아니면 하나도 몰라 도리어 의혹되거나, 혹은 문득 자각하여 스스로 자각한 줄도 모른다거나 하는 따위는 모두가 그대에게 달린 것이니 내가 어떻게 하리오."

조설을 쓴 약천 남구만의 초상화.

그 후 근대의 낚시이론서는 1930년대에 계용묵 선생이 쓴 〈낚시질 독본〉이 최초다. 여기에는 낚시 장비와 채비 뿐만 아니라 미끼 사용에 관한 내용이 충실하게 기록되어 있고, 특히 요즈음 성행하는 월척 낚시를 위한 새우나 옥수수 미끼의 사용에 관한 내용도 포함되어 있다.

제3장 붕어는 어떤 물고기인가?

우리는 자연의 품속에 안겨 낚시를 즐기며, 낚시를 통해 자연을 배운다. 그 중에서도 가장 중요하고도 직접적인 관계는 물고기와의 교감(交感)이다. 낚고자 하는 물고기의 습성을 이해하는 일이야말로 낚시의 지식을 쌓는 시작이요, 조과(釣果)를 높일 수 있는 전략인 것이다.

그러나 붕어를 머리 아프게 '공부' 할 필요는 없다. 최소한 붕어의 신체 구조에 관한 특성만 익히고서 자연으로 나가 붕어를 자주 접하다 보면, 학술적 이론과는 별개의 '경험적 이론' 을 쌓게 되고, 그 같은 낚시 경험이 오래 축적될수록 어느덧 아마추어 어류학자의 경지에까지 도달하게 된다. 그리하여 붕어를 알면 그만큼 붕어낚시가 즐거워지고,

단단한 비늘에서 힘이 느껴지는 우리나라 토종붕어(아래)와 붕어 비늘의 측선(위).

붕어의 외형

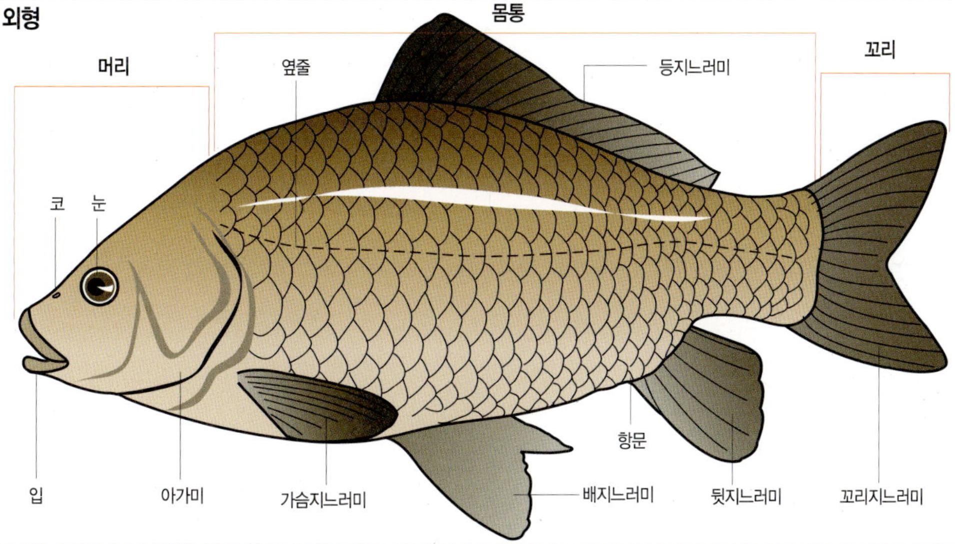

붕어낚시를 통해 얻는 건 붕어뿐만이 아니라는 사실을 터득하게 되는 것이다.

붕어의 외형을 크게 세 부분으로 구분하면 머리 · 몸통 · 꼬리로 나뉜다. 머리 부분에는 입과 코 · 아가미가 있고, 몸통 부분에는 옆줄(側線)과 등지느러미 · 가슴지느러미 · 배지느러미 · 뒷지느러미 · 항문이 있으며, 꼬리 부분은 전체가 꼬리지느러미로 구성되어 있다.

●혀 대신 미뢰로 맛을 감지

붕어의 입은 완전히 벌렸을 때 둥근 테두리 형태를 띠며, 입술 안쪽으로는 잇몸이 3단 형태의 주름으로 되어 있다. 일본 떡붕어는 아랫입술이 윗입술보다 길지만 우리나라 토종 붕어는 윗입술과 아랫입술의 길이가 비슷하다.

붕어가 수중에서 호흡을 할 때는 입의 주름을 펴지 않고 뻐끔거리기만 하지만, 먹이를 취할 때는 잇몸의 주름을 완전히 펴내어서 약간의 간격을 두고 주변의 물과 함께 강하게 빨아들인다.

붕어가 맛을 감지하는 것은 입 안에 있는 미뢰라는 감각기관을 통해서다. 붕어의 입에는 이빨이 없는 대신, 목구멍 깊숙한 곳에 인후치(咽喉齒)라는 퇴화한 이빨의 흔적이 있어 이로써 딱딱한 먹이를 갈아먹을 수 있다.

●붕어도 귀가 있다

붕어의 코는 머리 앞쪽에 좌우 한 쌍이 있으며, 주로 냄새를 감지하는 역할을 한다. 냄새를 맡을 때는 앞쪽의 구멍인 전계공으로 물을 흡수하여 후판이라는 후각신경을 통과시켜 뒷구멍인 후계공으로 내보내는 과정에서 냄새를 식별한다. 붕어의 콧구멍에는 엷은 막이 있으며, 호흡은 주로 코 대신 아가미로 한다.

붕어의 귀는 눈에 보이지 않는다. 퇴화하여 머리 안쪽의 뇌 부분에 감추어졌기 때문이다. 이렇게 귀가 안쪽으로 감추어져 있다고 하여 붕어의 귀를 내이(內耳)라고 한다. 이러한 내이 속에는 이석(耳石)이라는 석회질의 작은 덩어리가 있는데, 여기에서 소리를 감지한다. 또한 붕어는 부레 및 측선(옆줄)을 통해서도 음파를 감지하는데, 웨버기관이라는 통로를 통해 내이에 전달되어 음파를 감지한다.

●붕어는 지독한 근시

붕어의 눈은 항상 떠있는 상태를 유지하며, 좌우 눈동자를 이용하여 거의 360도 정도의 시계를 갖는다. 그러나 시력은 좋지 못해 지독한 근시(近視)로 알려져 있다. 수중에서 시력보다는 청각과 후각에 더 의존하면서 살아오는 동안 눈의 기능이 퇴화했기 때문이다. 그러나 붕어도 물체의 형태나 원근감은 식별하는 복시(複視) 능력을 가지고 있다.

붕어의 색채 구별 능력은 학술적으로 명쾌히 규명된 적이 없으나 독일의 폰 후릿쉬라는 학자는 색깔 접시 실험을 통해 '물고기도 색채를 구별하는 능력이 있는 것으로 관찰되었다' 고 밝혔다.

●아가미로 숨도 쉬고 먹이도 걸러내

붕어의 아가미는 아가미 덮개 안쪽에 각각 두 쌍의 아가미 기관이 있다. 호흡을 통하여 흡입된 플랑크톤은 아가미의 새파에서 걸러져 내장으로 흘러들고, 여과된 물은 새엽으로 옮겨져 산소를 흡수한 후에 아가미 밖으로 배출된다.

먹이를 걸러내는 역할을 담당하는 새파는

붕어 코와 귀의 구조

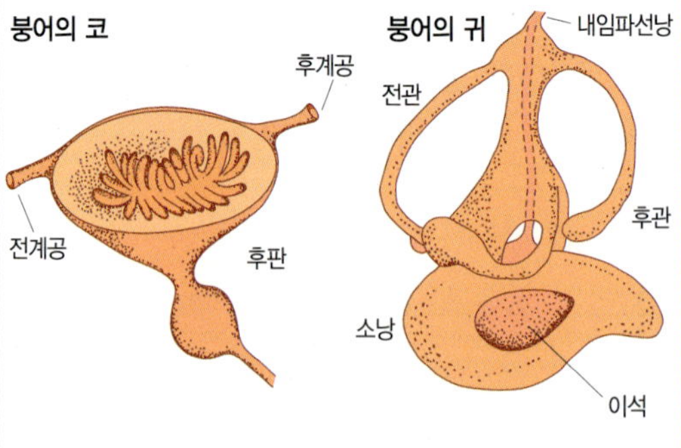

우리나라 재래종 붕어와 일본에서 이식된 떡붕어의 차이점을 구분하는 데 있어 중요한 단서가 된다. 떡붕어는 수중에 떠 있는 미세 플랑크톤이나 식물성 먹이를 주로 취하므로 새파 수가 110개 내외로 많은데 비해, 잡식성인 우리나라 재래종 붕어는 새파 수가 50개 내외에 불과하다.

붕어 아가미의 구조

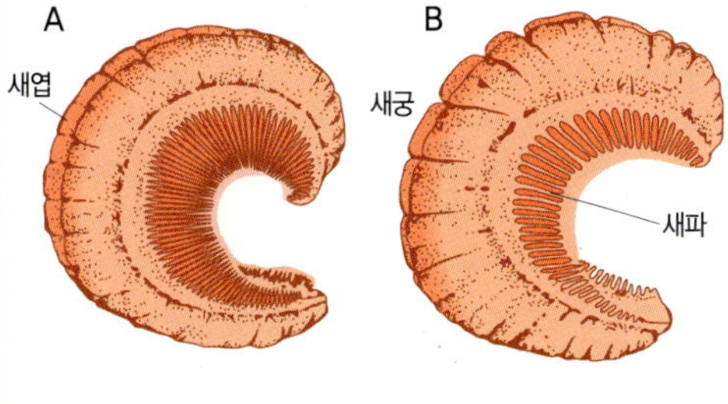

A가 떡붕어의 아가미. 새파의 빗살이 110개 내외로 조밀하다.
B는 토종붕어의 아가미로 새파의 수가 50개 내외이다.

●붕어의 지느러미는 모두 7개

붕어의 지느러미는 '2쌍+3개'로 되어 있으며, 각각의 위치에 따라 그 기능과 역할이 다르다. 이러한 지느러미는 예민한 신경조직이 분포되어 있어서 가사 상태의 붕어도 지느러미에 자극을 주면 민감한 반응을 보인다.

우선 등지느러미는 한 개로 구성되어 있으며, 배의 돛대와 같이 방향 축 역할을 담당한다. 몸통 아래쪽 제일 앞부분에 위치하는 가슴지느러미는 좌우 한 쌍으로 되어 있으며, 상하 운동과 좌우측 중심 유지, 그리고 후진을 할 때에 사용된다. 배지느러미 역시 좌우 한 쌍으로 되어 있으며, 몸의 수평 유지 역할을 한다. 뒷지느러미는 잠수함의 키와 같이 방향 축 역할을 한다. 꼬리지느러미는 노와 스크루와 같이 전진에 필요한 추진력을 제공한다.

●붕어의 옆줄은 감각기관의 집합체

붕어의 옆줄(측선 · 側線)은 감각기관의 집합체라 할 수 있다. 붕어가 생존하는 데 필요한 거의 모든 감각은 이 옆줄을 통해 감지되기 때문이다. 이 옆줄은 우리가 육안으로 볼 때는 그저 까만 점이 일직선으로 찍혀 있는 것으로 보이지만, 실제로는 비늘에 나 있는 작은 구멍을 엷은 막이 덮고 있는 형태다. 이 막이 사람의 귀청과 같은 감각기관 역할을 하며, 물의 흐름과 수압 · 온도 · 진동 등을 감지한다. 우리가 소리를 감지할 때 귀청에 닿는 진동으로 소리를 감지하듯, 붕어의 옆줄은 외부 소리를 파장으로 감지하여 내이(內耳)에 전달하는 것이다. 또한 우리의 귀청이 공기 압력을 감지하는 것과 같이 붕어의 옆줄 막이 수압을 감지한다.

붕어는 물구나무 서서 밥을 먹는다

붕어의 체형은 가슴과 배 부분이 불룩한 타원형이고, 주둥이가 높이 위치해 있어서 수평상태에서는 바닥에 있는 먹이를 흡입하기가 아주 불편하다. 따라서 붕어는 바닥에 있는 먹이를 쉽게 흡입하기 위해선 몸을 45~60도 각도로 세우는 자세를 취한다.

●일반 호흡

붕어는 평상시 지속적인 숨쉬기를 할 때는 주둥이 주름을 쭉 내밀지 않고 입만 벌려서 뻐끔뻐끔 물을 빨아들여 아가미로 걸러낸다. 이 과정에서 수중의 산소를 공급받는 한편, 수중의 미세 플랑크톤과 미네랄을 취한다. 따라서 사람이 음식을 먹지 않더라도 쉼 없이 숨을 쉬듯, 붕어는 숨쉬기를 하는 동안에도 직간접적으로 먹이를 취한다고 볼 수 있는 것이다. 이는 실제로 붕어가 생존하는 데 있어서 결정적인 역할을 하는 대목이다.

먹이를 발견한 붕어. 이윽고 바닥의 먹이를 흡입할 때는 주둥이로 바닥을 파헤치기 좋게끔 공무니를 쳐든다.

●먹이 흡입

붕어가 먹이를 흡입할 때는 주둥이의 주름을 완전히 앞으로 펼쳐내어 빨아들이는 형태를 취한다. 떠있는 먹이의 경우는 수평을 유지한 상태에서 주둥이의 주름을 내밀어서 흡입하고, 바닥에 있는 먹이는 몸을 세우고 주둥이 주름을 완전히 빼내어 먹이를 덮치듯 순간적으로 쭉 빨아들이는 것이다.

이처럼 붕어가 몸을 세운 채 바닥의 먹이를 먹기 때문에, 우리가 낚시할 때 '찌가 솟아오르는' 붕어의 어신이 나타나는 것이다. 반 물구나무서기 자세로 먹이를 흡입한 붕어가 다시 몸을 수평으로 일으키는 과정에서 서서히 떠오르게 되므로 아름다운 '찌올림' 어신이 연출된다.

반면 중층에 떠서 먹이를 먹는 떡붕어는 찌를 끌고 내려가는 '찌내림' 현상을 보인다. 따라서 토종붕어는 바닥낚시가, 떡붕어의 경우는 중층낚시가 유리하다는 이론과 상통한다.

붕어의 눈과 코 그리고 먹잇감에 대한 파장을 감지하는 옆줄(側線)은 결국 입질에 대한 동기유발 기능을 담당하는가 하면, 이와는 반대로 수온과 수압, 충격파를 감지하는 기능으로 인해 미끼에 대한 경계심을 품는 동기부여가 되기도 한다. 이밖에 각종 지느러미는 종횡무진 물살을 헤치며 낚시인에게 오묘한 손맛을 제공하는 역할을 한다. 이밖에 붕어의 입술 주름에 의한 먹이 동작은 예신(豫信)과 본신(本信)이라는 두 가지 형태의 찌놀림을 선사해 준다.

이처럼 우리가 낚시 행위를 함에 있어서 붕어의 외형적 특징은 반드시 원인과 결과의 형태로 나타나기 마련이다. 따라서 붕어의 외형적 특징을 알고 그것을 실전에 적용하면 낚시의 묘미가 더욱 짜릿해지고, 그 깊이 또한 더욱 심오해지는 것을 느끼게 된다.

붕어의 먹이 흡입 자세

붕어는 위가 작아 식도에서부터 소화시킨다

붕어낚시를 이해하려면 붕어의 내부 기관도 유심히 들여다볼 필요가 있다. 낚시 미끼를 선택하기 전에 붕어의 먹이활동과 그 습성을 보다 깊게 이해해야 하며, 그를 위해선 붕어의 내장 구조에 대한 최소한의 지식이 필요하기 때문이다.

붕어의 내장에는 부레가 가장 큰 자리를 차지하고 있고, 그 외의 내장은 소형화되어 부레의 아래 부분에 자리를 잡고 있다. 부레를 제외한 기관은 일부 퇴화했거나 극소화 되어 있는 것이 특징이다.

새우를 물고 나온 붕어. 새우가 식도로 넘어가기 전에 흐물흐물 녹아 있는 것을 볼 수 있다.

●부실한 뇌, 기억력은 3초?

붕어의 뇌 (腦)는 머리 앞쪽 윗부분에 있는 견갑부(딱딱한 껍질부) 아래에 위치하는데, 덜 발달된 단순 조직으로 사고에 의한 판단보다는 거의 본능적인 판단을 주로 하는 것으로 알려진다. 뇌의 기능이랄 게 사실 거의 없어서 흔히 '붕어의 기억력은 3초' 라고 말하기노 한나.

그러나 붕어의 기억력이 뛰어나지 못하다는 점이 낚시의 즐거움을 더해 준다. 낚시의 재미는 우연과 필연이 공존한다는 점인데, 만일 붕어의 뇌가 발달해 판단력이 뛰어나다면, 반복학습에 따른 붕어가 우리의 낚시 행위를 사전에 감지하고 철저한 경계를 하게 될 것이므로 붕어를 만나기가 아주 어려워질 것이다.

●수심과 수압 조절하는 부레

공기 주머니인 부레는 수중에서 필요한 공기를 체내에 저장함으로써 아가미 호흡을 돕고, 수중에서 수심과 수압에 따라서 부레 속에 들어 있는 공기의 양을 조절함으로써 자유로운 활동을 보장한다. 부레는 지느러미 운동으로 조절하는 물고기의 상하 · 수평 운동, 전 · 후진 운동을 보조하는 기관이다. 또한 진동을 감지하는 수신 장치로서의 기능이 있으며, 근육을 진동시켜 음파를 발사하여 물체를 탐지하는 기능도 지닌다.

낚시를 할 때 바늘에 걸려든 물고기를 수면에 띄워 공기를 먹이면 앙탈을 부리던 물고기가 힘을 쓰지 못하는 이유는 부레에 공기가 가득 들어 있는 채로 입에 낚싯바늘이 걸려 있어서 그 공기를 쉽게 뱉어내지 못하기 때문이다.

만일 부레가 없다면 멀리 수초지대에서 큰 붕어를 걸어서 유도할 때 끝까지 힘이 빠지지 않을 것이므로 제압하기가 매우 어려워질 것이다. 그렇게 되면 가물치 루어낚시처럼 굵고 강한 낚싯대로 무조건 끌어내는 식의 낚시를 해야 할지도 모른다.

●위가 작아서 입에서 1차 소화

붕어의 위(胃)는 큰 새우 한 마리도 저장하지 못할 만큼 작다. 그리고 위와 창자가 하나의 소화기관으로 연결되어 있지만, 위에 먹이가 머무는 시간이 거의 없어 먹이활동을 하

붕어 내부 구조

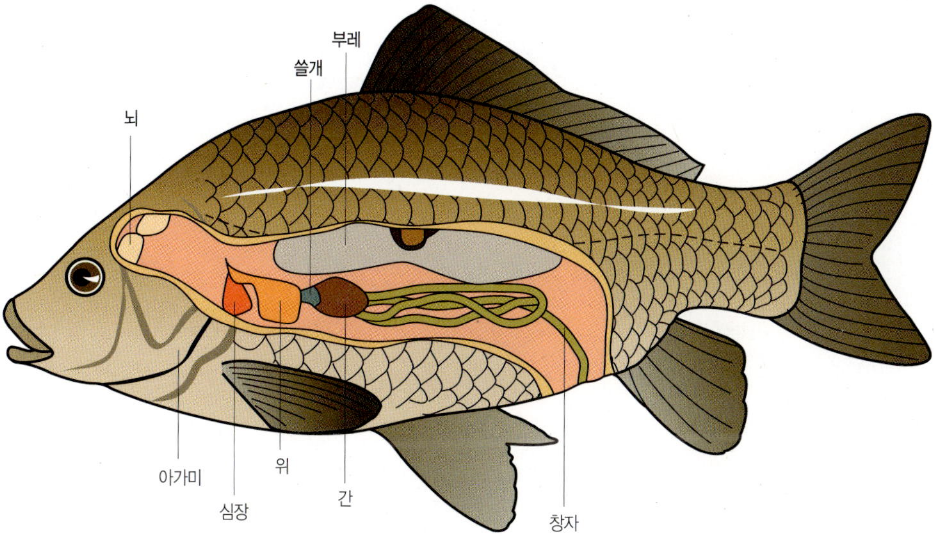

면서 계속 변을 보는 단순 소화구조로 되어 있다.

붕어가 새우나 참붕어 등의 비교적 큰 먹잇감을 삼켰을 때는 이것을 통째로 삼킨 후, 위에 저장했다가 서서히 소화시키는 것이 아니라, 입 안의 인후치를 이용한 분쇄와, 아가미 안쪽의 식도에서 나오는 강한 소화액을 이용해 1차 소화를 시키면서 위(胃)로 보내는 과정을 거친다. 이는 붕어낚시를 하다보면 얼마든지 관찰할 수 있다. 붕어를 낚아서 입 속에 남아있는 새우를 빼내어 살펴보면 이미 새우의 머리 부분이 녹아 있는 것을 볼 수 있는 것이다. 지렁이 미끼로 낚시를 할 때도 마찬가지다. 입질을 받은 뒤 지렁이를 관찰해 보면 이미 흐물흐물 부분적으로 소화된 흔적을 볼 수가 있다.

이처럼 붕어는 위가 아주 작아서 먹이를 입 안에 물고 1차 소화를 위해서 시간을 끈다는 것이 챔질의 타이밍을 중요하게 만든다. 만약 위가 크고 발달해 먹이를 단숨에 삼켜버린다면 아마도 매번 낚싯바늘이 목구멍 또는 뱃속 깊숙이 박히게 됨으로써, 챔질에 의해 낚싯바늘을 입술에 거는 붕어낚시 특유의 아슬아슬한 대결은 없어질 것이다.

전남 장성호의 4월 풍경. 봄빛 속에 붕어의 어신을 기다리는 낚시인의 모습이 한가롭다.

휴식하는 붕어는 미끼를 물지 않는다

붕어는 비교적 겁이 많은 물고기다. 겁이 많은 동물의 특징은 무리를 지어 군집생활을 한다는 것이다. 수중 먹이사슬에서 중간계층에 있는 붕어는 본능적 감각에 의해 위험지대를 피해 은신하기를 좋아한다. 이러한 붕어의 은신처로는 수초지대나 석축의 틈새, 또는 수몰된 나무 등 장애물이 있는 곳이다.

이렇게 은신처를 찾는 붕어는 늘 숨어 지내기만 하는 것이 아니라 은신처 주변을 배회하면서 먹이활동을 하고 번식활동도 한다. 다만, 휴식 중인 붕어는 미끼로 유인하더라도 좀체 물지 않는다. 또 휴식 중인 붕어는 먹이사슬의 상층에 있는 포식성 어류가 없는 수심층 또는 수면 가까이로 떠올라 무리를 지어 일광욕을 하듯이 휴식을 취하거나, 수초지대 안쪽 또는 수초 그림자의 바닥에 붙어 꼼짝 않고 휴식을 취하기도 한다. 그 외에 깊은 돌 틈, 또는 수중 장애물의 그림자에 몸을 숨기는 등 다양한 은신처를 찾는다.

이렇게 휴식을 취하고 있는 붕어는 먹이활동을 거의 하지 않으며 일상호흡을 통한 미세 플랑크톤이나 미네랄을 취하는 정도로 영양을 보충한다. 따라서 이런 곳에서는 붕어가 떼로 몰려 있는 것이 보여도 입질을 받기가 어렵다. 휴식 중인 붕어가 가수(假睡) 상태에 빠지면 정지된 상태로 꼼짝하지를 않는데, 이들에게 충격을 주면 깜짝 놀라 잠시 움찔하다가 다시 가수 상태에 빠지는 모습을 목격할 수가 있다. 조용한 낚시터에서 관심을 가지고 관찰하면 얼마든지 경험할 수 있는 광경이다.

필자의 낚싯바늘에 걸려 나온 붕어. 붕어는 먹이를 찾을 때만 미끼에 달려든다.

제4장 기본 장비 준비하기

낚시를 가면 간혹 물가에서 냄새를 풍기면서 돼지고기를 구워 소주를 들이키거나 화투놀이를 하거나 고성방가하며 시간을 때우고 오는 사람들을 본다. 그보다는 간단한 매운탕 양념만 준비해 가서 현지에서 물고기를 낚아 가족 친지와 함께 끓여 먹으면서 즐거운 시간을 갖는다면 얼마나 좋겠는가!

아이들은 어항을 놓거나 피라미 낚시를 하게 해주고, 어른들은 붕어낚시를 하고, 여자들은 다슬기나 우렁이를 잡는 모습을 그려 보자. 물가에서 남자들만 고기 구워 술 마시고 둘러앉아 화투놀이하는 것보다 얼마나 보기 좋고 의미 있는 모습인가.

붕어낚시는 항상 가족과 함께 할 수 있고 남녀노소 구별이 없어서 좋다. 산에 오르려면 노약자나 어린이는 큰 부담이 되나, 낚시는 어린 아이도 데려가서 같이 활동할 수 있다. 또한 낚시는 부담이 없어서 좋다. 기본 장비만 갖추면 출조할 때 간단한 필수 소품과 미끼만 준비하면 된다. 또 낚시는 계절이나 밤낮의 제약이 없어서 좋다. 낮낚시를 즐길 수도 있고, 밤낚시를 즐길 수도 있어, 아무 때나 출발하여 아무 때나 돌아올 수 있어서 좋다.

지금은 아버지가 어린 아들을 데리고 낚시 가지만, 세월이 흐른 후에는 그 아들이 장성하여 노년의 아버지를 모시고 물가에 낚시하러 간다. 할아버지와 아들과 손자, 이렇게 3대가 한 자리에서 자연을 무대로 호연지기를 키울 수 있는 게 낚시이니 얼마나 좋은가!

이러한 낚시를 준비하는 마음은 웅크리고 있는 나를 대자연 속으로 내보내기 위한 준비다. 그리고 내일을 위한 재충전의 장으로 내 육신을 내보내기 위한 준비다.

필자는 지금도 낚시를 떠날 준비를 하면서 밤잠을 설친다. 마치 소풍날을 앞둔 어린아이 마냥…. 이것이 낚시를 처음 하는 사람이든 오래 한 사람이든 똑같은, 낚시를 준비하는 마음이다.

◀낚시터로 향하는 필자.

▶자, 살찐 붕어야, 내 미끼를 물어다오. 힘차게 낚싯대를 휘두르는 낚시인의 가슴이 설렌다. 경북 고령군 고시골지.

필요한 기본 장비는 무엇?

붕어낚시를 즐기기 위해서는 우선 필요한 장비와 도구를 갖춰야 한다. 처음으로 낚시를 해보고자 하는 사람은 무엇을 어떻게 준비해야 하는지 알 수가 없고, 예산을 얼마나 가져야 하는지도 궁금할 것이다. 따라서 낚시를 하는데 꼭 필요한 낚시장비, 비품, 소모품 등의 목록과 수량을 기본 약식 세트부터 전체 세트까지 표로 정리해보았다.

'초기 필수품' 은 처음 입문할 때 기본으로 준비해야 할 품목이고, '차후 준비품' 은 낚시를 즐겨 가면서 천천히 준비해도 되는 품목이다.

낚시매장에서 여러 가지 붕어낚시 소품을 고르고 있다.

낚시장비 준비품목

구분		품목	수량	초기 필수품	차후 준비품
낚시장비	약식세트	낚싯대	3	O	
		앞받침대	3	O	
		뒤꽂이	3	O	
	중간세트	낚싯대	5		O
		앞받침대	5		O
		뒤꽂이	5		O
	전체세트	낚싯대	9		O
		앞받침대	9		O
		뒤꽂이	9		O
비 품		낚시가방	1	O	
		낚시의자	1	O	
		살림망	1	O	
		도구함	1	O	
		찌보관통	1		O
		뜰채	1		O
		살림망	1		O
		파라솔	1		O
		우의	1		O
소 모 품		찌	소요량	O	
		낚싯줄(원줄)	1	O	
		목줄	1	O	
		낚싯바늘	소요량	O	
		찌고무	1	O	
		케미꽂이	1	O	
		봉돌	소요량	O	

낚시장비 구입 요령

할인매장보다 낚시점에서 구입

낚시장비는 집에서 가까운 낚시점에서 구입하는 것이 좋다. 할인매장이나 길거리 가판대에서 구입하면 자칫 조잡한 물건을 만날 경우가 많고, 사용 중 고장이 발생했을 경우 애프터서비스를 받기도 어렵다. 낚시점에서 산 것은 그 낚시점으로 가져가서 수리할 수 있지만, 길거리에서 산 장비는 비규격품일 경우가 많아 부품을 구할 수 없어 수리가 불가능한 경우가 많으니 주의해야 한다.

낚시점에서 구입했을 때 유리한 점은 낚시 채비와 낚시요령에 관한 설명도 상세히 들을 수가 있고, 원한다면 구입 즉시 사용 가능하도록 채비도 묶어서 완성해 준다.

처음에는 초기 필수품만 구입

낚시장비를 살 때는 실용성 위주로 구입해야 한다. 처음 낚시에 입문하고자 하는 사람이라면 앞서 기본 준비품목 표에서 예시한 내용 중 낚시장비는 〈약식 세트〉, 비품과 소모품은 〈초기 필수품〉만 준비하면 된다.

나머지는 낚시를 해가면서 필요에 따라 한 가지씩 점차 보강하면 된다.

또 낚시를 하다보면 자기만의 취향을 발견하게 된다. 아기자기한 떡밥낚시가 맞는지, 와일드한 대어낚시가 맞는지 직접 해봐야 내게 적합한 장비를 정확히 알 수 있다.

낚싯대는 2칸, 2.5칸, 3칸, 세 대가 기본

〈약식세트〉로 구성하고자 한다면 낚싯대의 경우 가장 많이 사용하는 2칸, 2.5칸, 3칸의 3대를 선택하는 것이 무난하다. 그런 후 나중에 위, 아래 칸수를 보강하여 전체 세트를 갖추면 된다. 받침대의 경우는 2절, 3절, 4절을 각 1대씩 구입하면 약식세트가 된다.

낚싯대와 받침대는 그 재질에 따라서 가격 차이가 많이 난다. 여기에서도 초보자라면 중상급의 제품을 선택하는 것이 좋다. 너무 하급은 머지않아서 버리고 재투자를 하는 일이 생길 것이고, 너무 고급은 초보자가 사용해 망가졌을 때 수리비가 부담될 수 있다.

낚싯대

필자가 초등학생 시절에 썼던 낚싯대는 대나무로 직접 만든 것이었다. 집 뒤 대밭에서 적당한 길이의 해가 묵어 노란색이 나는 대나무 밑동을 잘라 언덕 위 큰 감나무의 높은 가지에 거꾸로 매달고는 대나무 끝에 어른 주먹만 한 돌덩이를 달아놓고 말리면 곧바른 낚싯대가 되곤 했다.

감나무에 거꾸로 매단 것은 거꾸로 세운 음건(陰乾) 상태여야 대나무가 마르면서 유연성과 강도를 유지하기 때문이었고, 대나무 끝에 돌덩이를 달아두는 것은 대나무가 건조되면서 끝부분까지 똑바로 펴지게 하기 위함이었다. 이렇게 대나무 낚싯대를 만드는 방법을 누가 가르쳐 준 기억은 특별히 없다. 동네 어른들이 하는 것을 보고 흉내 내어 했다.

대나무낚싯대의 추억과 카본대의 등장

당시에는 이런 대나무 낚싯대 한 대만 가지고도 붕어를 많이 낚을 수 있었고, 집에 돌

대어낚시용 경질대를 편성한 필자. 떡밥으로 손맛 위주의 낚시를 할 것인가, 생미끼로 대어낚시를 할 것인가에 따라 적합한 낚싯대가 달라진다.

아 올 때는 갈대 모가지에 낚은 붕어를 줄줄이 꿰어 돌아오곤 했다. 그러면 어머니는 낚아온 붕어에다 무나 애호박을 넣어 졸였고, 그것을 반찬삼아 온 가족이 맛있게 먹었다. 어쩌다 갑자기 손님이라도 오게 되면 어머니는 어린 나를 살짝 불러 붕어를 몇 마리 낚아오라고 하기도 했다.

그러다가 세월이 흘러 중학생이 되었을 때인 1960년대 중반에 유리섬유 소재의 낚싯대, 즉 글라스 로드가 등장하였다. 내가 고등학생이 되었을 때는 이미 많은 낚시인들이 글라스 로드의 안테나식 낚싯대를 가지고 있었다. 그러면서 대나무 낚싯대는 낚시터에서 구경조차 할 수가 없었다.

1970년대 후반에 들어 카본 소재의 낚싯대(카본 로드)가 등장하면서 점차 낚시문화의 고급화 바람이 불기 시작했다.

●제1세대-대나무 낚싯대

태초에 인류는 각 지역에서 구하기 용이한 나무 막대기를 낚싯대로 활용했을 것이다. 그 중에서 우리나라와 같이 대나무가 자생하는 온대지역에서는 대나무가 낚싯대의 소재로 가장 적합했으므로 주로 대나무를 낚싯대로 활용했다.

언제부터 대나무 낚싯대가 사용되었는지 그 시기는 정확히 알 수 없으나 중국이나 우리나라의 고화 산수풍경에 대나무 낚싯대를 펼쳐놓고 한가로이 낚시를 하는 그림이 있는 것으로 봐서 그 역사가 고대로 거슬러 올라가야 하지 않을까 생각된다. 중국의 춘추전국시대나 우리나라의 삼국시대 이전부터 대나무 낚싯대를 사용했을 것으로 추정된다.

이러한 대나무 낚싯대는 현재도 가내 수공업을 통하여 전승되고 있는데, 지금의 수공예품 대나무 낚싯대는 장인에 의한 명품으로 인정받아 고급 카본소재의 낚싯대보다 더 비싸다.

●제2세대-글라스 낚싯대

1960년대 후반 유리섬유 소재의 글라스 낚싯대가 생산됨으로써 낚시의 대중화가 이루어졌다. 조구업체에서는 규격화된 낚싯대의 대량생산이 쉬워졌고, 낚시인은 누구나 새로 나온 멋진 글라스 낚싯대를 구입했다. 지금이야 글라스 낚싯대는 무겁고 불편한 낚싯대이지만 당시로서는 최고의 낚싯대였던 것이다.

글라스 낚싯대의 보급은 많은 낚시인을 양산했다. 멋진 낚싯대를 들고 자연으로 나가서

낚싯대 공장에서 철심에 카본원단을 붙이는 작업을 하고 있다. 이 원단을 철심에 대고 돌려서 만 다음 열처리를 거치면 우리가 쓰는 낚싯대 마디가 만들어진다.

어울리는 것이 고급 사교의 장이 되기도 했다. 특히 여러 대의 낚싯대를 하나의 가방에 휴대할 수 있게 되어서 함께 간 일행과 나누어 쓰는 등의 편리함은 이루 말할 수가 없었다.

이러한 글라스 낚싯대는 현재까지도 일부 생산되고 있다. 수초치기낚시를 즐겨하는 낚시인들은 일부러 값싸고 튼튼한 글라스 낚싯대를 선호하기도 한다.

●제3세대-카본 낚싯대

글라스 낚싯대에 이어서 등장한 카본 낚싯대는 가히 낚싯대의 혁명이라고 할 만한 것이었다. 탄소섬유로 만든 카본 낚싯대의 등장은 낚싯대의 고급화와 경량화를 실현시켰으며, 사치품화하기도 했다.

뿐만 아니라 우리나라의 카본 낚싯대는 1980년대 중반까지 주요 수출 효자 품목 중 하나로 각광받았다. 지금도 한국산 낚싯대는 세계 낚싯대 시장에서 우수한 품질을 자랑하며 전 세계 낚시인들에게 사랑받고 있다.

이렇게 카본낚싯대가 등장한 이후 지속적인 연구와 발전을 거듭한 낚싯대는 보론, 케블러 등의 보강재를 첨가하여 최고급화와 목적에 맞는 다품종화를 추구하고 있다.

내게 맞는 낚싯대의 '휨새'를 찾아라

낚싯대를 선택함에 있어서 가장 중요한 것은 자기에게 맞는 낚싯대의 휨새와 강도를 찾는 것이다. 낚싯대는 대의 휨새와 강도에 따라 연질, 중경질, 경질 대로 구분한다. 이것은 낚싯대에 사용된 소재의 종류로 구분하는 것이 아니다. 즉 카본대에도 경질대가 있고, 글라스대에도 연질대가 있다.

●연질대

연질대는 낚싯대의 허리 휨새가 가장 두드러진 것으로, 초기 휨새가 허리부분에 있고, 비교적 경량이면서 낭창거린다. 낚싯대 자체의 중심은 허리 아래 손잡이 쪽에 있어 사용할 때 손에 전해오는 무게감을 적게 한 것이 특징이다. 이러한 연질대는 주로 떡밥낚시용으로 적합하다. 낭창낭창 간드러진 손맛이 일품이다.

●경질대

경질대는 휨새보다는 허리 지탱력에 중점을 둔 낚싯대로, 초기 휨새가 허리 위쪽 끝대 쪽에 있으며, 비교적 낚싯대 전체가 빳빳하다. 낚싯대 자체 중심은 허리 위쪽에 있고, 잉어나 향어 혹은 큰 붕어 등을 낚거나 수초지대를 노리는 낚시를 할 때 유리하다. 흔히 대어낚시 전용대로 많이 사용된다. 유료낚시터 경기낚시에서도 강제집행이 쉽다는 이유로 많이 이용된다.

●중경질대

중경질대는 연질대와 경질대의 중간적인 성질을 가진 낚싯대로, 초기 휨새가 허리 바

낚싯대의 휨새

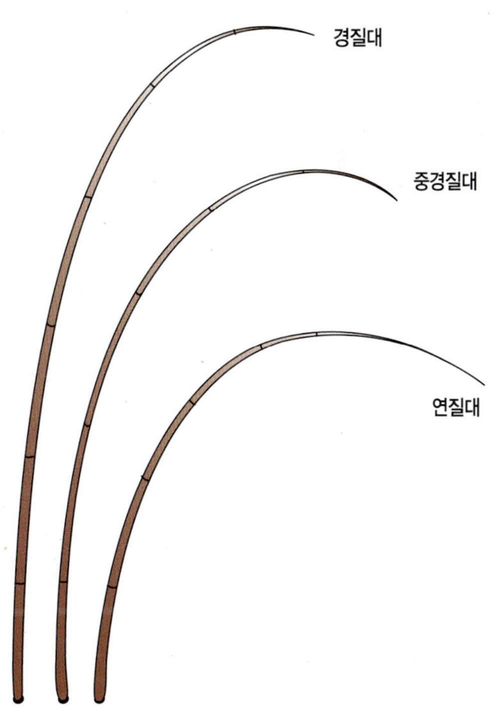

로 위쪽에 있고, 어느 정도의 허리 지탱력을 가지며, 다양한 낚시 기법을 적용하는데 편리하다.

낚시대의 길이 분류

●칸, 척, 미터

낚싯대 규격은 그 길이에 따라 구분하는데, 그 때 길이단위는 칸, 미터, 척으로 혼용되고 있다. 원칙대로라면 세계적으로 가장 많이 사용하는 미터법으로 표기하여 분류하는 것이 바람직하겠으나, 우리나라와 일본은 전통의 길이 표기인 칸과 척을 주로 사용하고 있으니 쉽게 통일될 것 같지는 않다.

'칸'으로 표시된 전통 낚싯대 길이 표기(위, 2.8칸)와 '척'으로 표시된 중층낚싯대의 길이 표기(아래, 18척).

●한국 – '칸'은 1.8m

칸은 우리나라의 전통적인 길이 단위다. 1칸은 6자, 즉 1.8m이므로 3칸 낚싯대라 함은 5.4m 길이의 낚싯대를 말한다. 현재 우리나라 조구업체에서 생산하는 붕어낚시용 민물낚싯대의 단위는 대부분 칸으로 표기되어 있고, 그 옆에 미터 단위가 병행 표기되어 있다.

●일본 – '척'은 30.3cm

척은 일본의 낚싯대 길이 단위다. 1척은 1자, 즉 30.3cm를 말한다. 따라서 18척 낚싯대는 약 5.4m 길이의 낚싯대를 나타낸다. 이것을 다시 칸 단위로 환산하면 3칸 대의 길이에 해당한다. 척 단위의 길이 표기는 일본산 낚싯대에만 있었으나 최근엔 국산품도 떡붕어 중층 · 내림낚시용 낚싯대에 척 단위를 표기하고 있다.

●미터 단위

낚싯대 길이를 세계 표준인 미터법에 의거하여 표시한 것을 말한다. 우리나라에서도 대다수 조구업체에서 이러한 미터법 표기를 우선하고 병행하여 칸 단위나 척 단위를 부수적으로 표기하고 있다. 미터 단위의 낚싯대 길이 표기는 주로 루어 낚싯대나 바다낚싯대에 많이 쓰이고 있다.

붕어낚싯대의 표준 길이 분류

앞서 언급했듯이 우리나라의 붕어낚싯대는 미터 단위보다는 칸 단위로 통용되고 있다. 현재 생산 유통되고 있는 낚싯대의 대표적인 규격은 아래의 표와 같은데, 조구업체별로 신상품이 생산될 때마다 그 규격을 조금씩 줄이거나 늘여서 새로운 칸 단위, 가령 2.8칸이나 3.2칸을 만들어내기도 했다.

따라서 아래의 표에서는 낚시인들이 대표적으로 호칭하는 규격을 기준 칸수로 정하고, 그와 유사하게 포함되는 범주를 분류해 보았다.

낚싯대의 규격

구 분	칸 수	길 이	포함범위
짧은 대	한 칸	1.8m	1칸 ~ 1.25칸
	한 칸 반	2.7m	1.5칸 ~ 1.7칸
	두 칸	3.6m	1.9칸 ~ 2.3칸
중간 대	두 칸 반	4.5m	2.4칸 ~ 2.7칸
	세 칸	5.4m	2.8칸 ~ 3.3칸
긴 대	세 칸 반	6.3m	3.5칸 ~ 3.7칸
	네 칸	7.2m	3.8칸 ~ 4.3칸
	네 칸 반	8.1m	4.5칸 ~ 4.7칸
	다섯 칸	9.0m	5.0칸 ~ 5.3칸
	여섯 칸	10.8m	5.8칸 ~ 6.3칸

소성 공정을 거쳐서 마지막 도장만 남겨둔 상태의 붕어낚싯대.

약식세트의 경우 2칸, 2.5칸, 3칸의 3대를 갖추고, 중간세트의 경우 약식세트에 1.5칸과 3.5칸을 추가하여 5대를 갖추며, 전체세트는 1칸 ~ 5칸까지 9대가 된다.

그런데 최근에는 6칸 이상의 아주 긴 대도 생산 유통되고 있으므로 나중엔 필요에 따라 다 갖추어야 완전한 세트를 구성할 경우도 있다.

또 생산회사별로 위의 표에서 포함 범위를 나타낸 것과 같이 다양한 길이가 생산되므로 그 범위를 고려하여 동일 제품을 세트로 갖추는 것이 바람직하다.

받침대

대부분의 초보자들은 낚싯대는 중요시하여 잘 갖추면서도 받침대는 큰 관심을 갖지 않는다.

그러나 낚시를 오래 할수록 받침대 선택에 주의하게 된다. 낚싯대에 맞는 적절한 재질과 길이의 받침대를 사용해야만 낚시에 불편한 상황이 없기 때문이다.

앞받침대

받침대는 앞받침대와 뒷받침대로 나뉘는데, 뒷받침대는 따로 '뒤꽂이'라 부르며 앞받침대만 그냥 받침대라 부르는 경우가 많다.

앞받침대는 통상 낚싯대의 재질과 같은 것으로 만든다. 그것은 낚싯대와 동일한 재질과 색상, 탄성 등으로 세트를 구성하기 위함이다. 받침대의 규격은 절 수로 표시되며, 2절~7절까지 다양하다. 절은 물론 토막 수를 말하며, 한 절의 길이는 보통 70cm 전후이다.

붕어낚시용 받침대.

앞받침대의 규격별 용도

절 수	사용할 낚싯대
2절	1.0칸~1.5칸
3절	2.0칸~2.5칸
4절	3.0칸~3.5칸
5절	4칸~4.5칸
6절	5칸 이상

앞받침대는 낚싯대의 길이에 맞게 사용해야 하는데, 적절한 조합은 위의 표와 같다.

위의 규격별 용도가 낚싯대를 설치할 때 절대적인 기준은 아니지만, 규격에 맞춰 사용하지 않을 경우에는 불편이 따른다. 예를 들면 짧은 2절 받침대에 3칸 대를 올려놓게 되면 받침대가 낚싯대를 제대로 지탱하지 못하여 낚싯대가 앞쪽으로 기울어지게 되며, 긴 4절 받침대에 2칸 정도의 짧은 대를 올려놓게 되면 낚싯대의 중간 부분이 아래로 쳐져서 내려앉는다.

특히 짧은 받침대에 긴 대를 올려놓았을 경우 물고기가 낚싯대를 순간적으로 끌고 나가면 낚싯대의 손잡이 부분이 들리게 되어 비록 안전고리를 채웠다 하더라도 낚싯대가 물 가운데로 끌려가게 되므로 주의해야 한다.

뒤꽂이

뒷받침대는 흔히 뒤꽂이라고 한다. 낚싯대 손잡이 부분을 올려놓는 받침대다. 외꽂이와 쌍꽂이로 구분되는데, 지금은 거의 쓰이지 않는 쌍꽂이는 하나의 뒤꽂이에 낚싯대 3대를 올려놓을 수 있도록 되어 있다. 외꽂이는 상하 길이 조절 기능이 있는 2단 외꽂이와 단순한 1단 외꽂이로 구분된다.

가급적 상하 조절기능이 있는 2단 외꽂이를 사용하는 것이 편리하고 안전하다. 쌍꽂이의 경우는 낚싯대 안전고리를 걸 수 있는 고리가 없으므로 낚시 도중 낚싯대가 끌려가는 일이 없도록 늘 찌를 예의주시해야 한다.

뒤꽂이의 머리부분은 낚싯대를 붙잡을 수 있는 다양한 고정 장치가 개발되어 시판되고 있다. 흔히 '브레이크' 라고 해서 붕어가 낚싯대를 끌고 갈 때 자동으로 붙잡을 수 있는 장치를 마련한 다양한 아이디어 제품이 있지만, 이것도 비나 이슬 등의 물기에 젖게 되면 그 기능을 제대로 발휘하지 못하는 경우가 종종 있으므로 비록 뒤꽂이에 낚싯대가 끌려가지 않도록 하는 안전장치가 있다 하더라도 별도의 안전고리(일명 총알)는 해 두는 것이 좋다.

뒤꽂이(뒷받침대). 물고기가 낚싯대를 끌고 나가면 손잡이에 달린 총알이 뒤꽂이 상단에 박혀 낚싯대 분질을 방지한다.

낚싯줄

원줄 – 2~3호 카본줄

낚싯줄은 재질에 따라 나일론사와 카본사로 구분되며, 굵기에 따라 0호부터 30호까지 호수로 표기한다. 그 중에서 붕어낚시용으로는 2호~3호를 원줄로 많이 쓰고, 1호~2호를 목줄로 많이 사용한다.

원줄에 비해 목줄을 1~1.5호 가량 가늘게 사용하는 이유는 낚싯바늘이 장애물에 걸렸을 때 목줄만 끊어져서 원줄과 전체 채비를 보호하기 위함이며, 또 낚싯바늘에 묶인 목줄이 가늘수록 붕어의 경계심이 적어져서 입질이 활발하기 때문이다.

낚시기법에 따라서 애용되는 원줄의 호수가 달라진다. 중층이나 내림낚시의 경우는 0.4호~1.5호 줄을 많이 사용하고, 대어낚시(월척붕어낚시)의 경우는 4~5호 줄을 사용하는 경우도 많이 있다.

또한 낚시기법에 따라 원줄의 재질도 달라진다. 중층이나 내림낚시의 경우는 원줄이

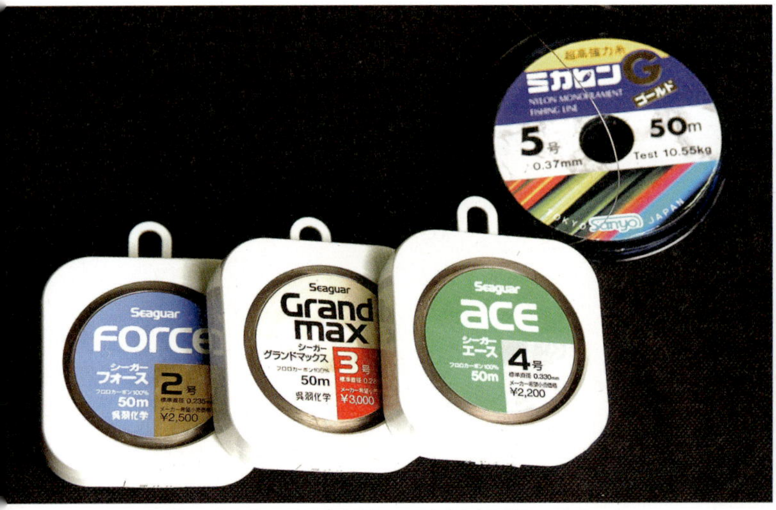

다양한 굵기의 원줄. 붕어낚시에선 2~3호 카본사를 원줄로 많이 쓰며, 대어를 노릴 때는 4~5호 원줄도 쓴다.

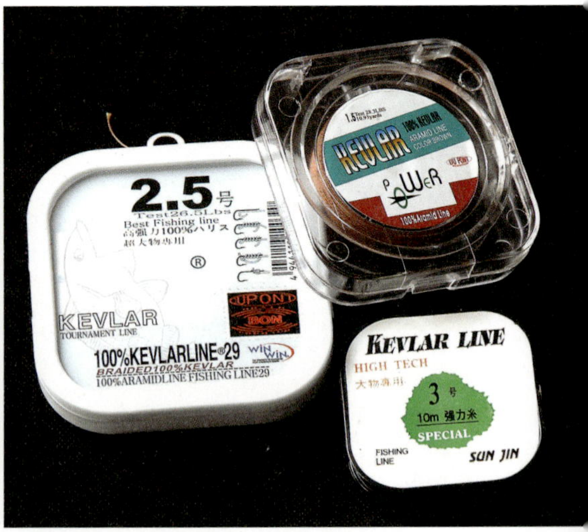

목줄로 사용되는 케블러 합사.

가라앉으면 좋지 않으므로 비중이 가벼운 나일론사를 많이 사용하고, 채비를 바닥층에 내려 중후한 찌올림을 즐기는 전통 바닥낚시의 경우에는 비중이 무거운 카본사를 주로 사용한다.

원줄의 굵고 가늚은 기본적으로 낚싯줄의 강도를 좌우하는 기준이 되지만, 우리가 낚시를 하면서 강도뿐만 아니라 손에 전해오는 손맛도 동시에 중요시하므로 적절한 강도를 유지하면서도 가는 줄, 즉 호수가 낮은 줄을 사용하면 그 민감성과 손맛이 배가된다.

왜 원줄과 목줄로 나눌까?

낚싯줄을 하나의 통줄로 사용하면 여러 가지 불편한 점이 많다. 낚싯바늘이 물속 나무그루터기나 바닥의 장애물에 걸렸을 때 통줄로 되어 있다면 낚싯줄 전체가 끊어질 수 있다. 또 너무 큰 물고기가 걸려 도저히 낚싯대로 끌어낼 수 없는 상황이 닥쳤을 때, 낚싯대와 낚시채비를 파손시키지 않으려면 의도적으로 낚싯줄의 끝부분이 끊어지도록 하는 장치(목줄)를 마련해야 한다.

또 물고기가 바늘에 꿴 미끼를 거부감 없이 삼키도록 하기 위해서는 낚싯바늘 쪽의 낚싯줄은 가늘게 하는 것이 중요하다는 점도 깨달았다. 그래서 원줄보다 가는 목줄을 사용하는 것이다.

목줄은 원줄에 비해 1~1.5호 정도 낮은 호수의 줄을 사용하여, 바늘이 장애물에 걸렸을 때 바늘을 묶은 목줄만 끊어지면서 원줄에 세팅한 찌와 봉돌 등을 보호하는 것이다.

목줄 – 1.5~4호 합사

붕어낚시용 목줄은 모노필라멘트(홑줄) 형태의 나일론사나 카본사보다 합사(꼰줄)를 많이 쓴다. 합사는 일반 합사, 데크론합사, 케블라합사 등으로 구별되며, 각 합사는 호수가 높을수록 굵다.

보통 붕어낚시에서는 1.5호~4호 합사를 사용한다. 잔 씨알의 붕어를 마릿수로 낚고자 할 때는 다소 가는 2~3호 합사를 사용하고, 월척을 노리는 대어낚시에서는 3~4호 합사를 목줄로 많이 쓴다.

원줄을 살펴보는 필자. 요즘 원줄은 나일론사보다 강도가 높은 카본사를 많이 쓴다.

낚싯바늘

낚시채비에서 가장 중요한 부분이 바로 바늘이다. 낚싯바늘은 끝이 날카롭게 유지되어야 붕어 입에 들어갔을 때 당겨 채면 바늘이 붕어 윗입술에 정확하게 박힌다. 끝이 무뎌 붕어 입술에 박히지 않으면 애써 건 붕어를 놓치게 되고 그 상대가 대형 월척붕어나 잉어라면 제대로 박히지 않은 바늘은 빼드러지거나 부러지는 낭패를 당할 수 있다.

가장 많이 쓰는 붕어낚시용 바늘

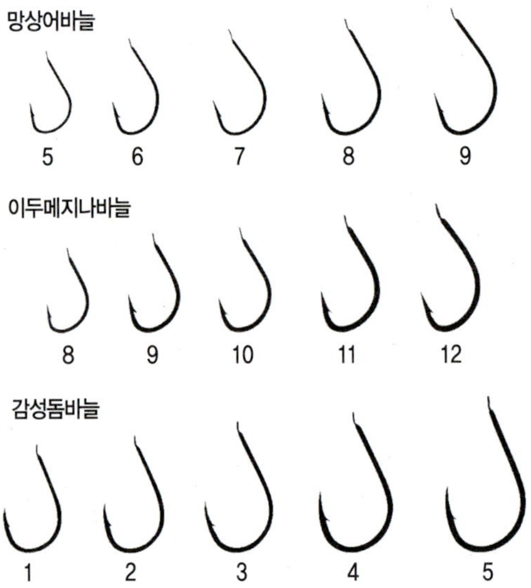

*바늘의 크기는 실물 크기임

붕어낚시에 사용되는 바늘은 형태별로 망상어바늘(우리나라에선 붕어바늘로 통용), 감성돔바늘, 벵에돔바늘로 구분되며, 색깔별로 백침, 금침, 흑침으로 구분되고, 크기별로 각 호수로 표기된다.

붕어낚시용 바늘의 종류

◇떡밥이나 지렁이를 미끼로 쓰는 일반 낚시-망상어 6~8호 바늘을 사용한다.

◇중층 · 내림낚시-망상어 4~5호 바늘을 쓰거나 중층낚시 전용 바늘을 쓴다.

◇새우, 참붕어를 미끼로 쓰는 대어낚시-망상어 11~15호 바늘을 쓴다. 그런데 붕어바늘은 10호 이상의 사이즈가 귀한 편이라 그 경우 감성돔바늘 4~6호나 벵에돔바늘 11~13호를 사용하기도 한다.

한편 색깔별로는 백침은 끝이 날카롭고 예민하며, 금침은 비교적 허리가 유연한 편이고, 흑침은 끝은 무딘 편이나 허리 힘이 강한 편이다.

낚싯바늘이 붕어 윗입술에 박히는 비밀

붕어를 낚아보면 낚싯바늘은 대개 붕어의 윗입술에 박혀 있다. 그것은 붕어가 미끼와 함께 바늘을 흡입할 때 낚싯바늘의 유체역학적인 회전 현상에 의한 것이다.

물고기가 강한 흡인력으로 물과 함께 바늘을 빨아들이면 바늘 축보다 가벼운 바늘 끝쪽이 앞서서 빨려든다. 그래서 늘 바늘의 선단이 앞쪽으로, 그리고 (바닥의 미끼를 위쪽에서 흡입하는 붕어의 경우엔) 위쪽으로 쏠리면서 붕어의 윗입술에 정확히 박히는 것이다.

이런 낚싯바늘의 유체역학적 회전현상은 간단한 실험으로도 알 수 있다. 우리나라 최초의 붕어낚시 교본 중 하나인 『실전! 붕어낚시(다락원)』를 읽어보면 저자 최운권 선생은 진공청소기 앞에 낚싯바늘을 놓고 빨아 당기는 실험을 예시하면서, '공기가 호스 안으로 빨려들기 시작하면 비록 바늘 끝이 바깥을 향하고 있어도 팽그르르 회전하면서 가벼운 바늘 끝부터 빨려든다' 고 적고 있다. 누가 실험해도 똑같은 결과가 나타난다. 특히 바늘의 귀에 목줄이 매어 있으므로 이러한 현상은 더욱 뚜렷이 나타날 수밖에 없다.

이와 같은 바늘의 구조는 선사시대부터 오늘날까지 변하지 않고 전해 오는 것을 보면 인류의 지혜가 대단하다는 것을 다시금 느끼게 한다.

바늘이 물고기 입술에 걸리는 유체 역학의 원리

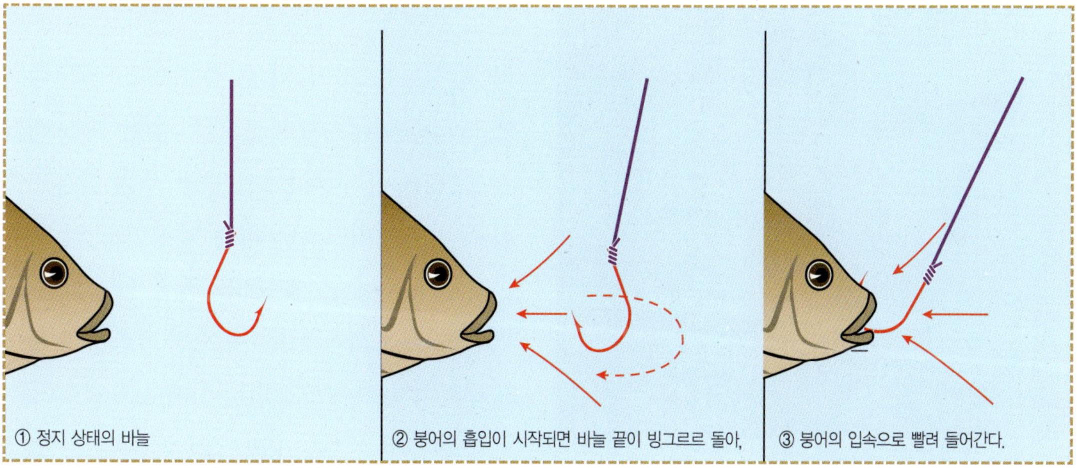

기타 붕어낚시 소품

●봉돌

봉돌은 바늘에 달린 미끼가 빠르고 안정적으로 원하는 자리에 떨어지도록 해주는 역할을 하며, 동시에 붕어의 입질을 파악하기 위해 낚싯줄에 다는 찌와 부력 평형을 유지하여 주는 역할을 한다.

봉돌은 찌의 부력에 맞춰 사용한다. 찌의 부력에 비해 무거운 봉돌을 쓰면 붕어의 입질을 파악하기 어렵다. 따라서 봉돌은 바닥낚시의 경우 찌의 부력과 일치하는 무게의 것을 세팅하며, 중층 또는 내림낚시의 경우는 봉돌이 바닥에서 떠야 하므로 봉돌의 무게가 찌의 부력보다 작게끔 사용한다.

낚시점에 진열된 여러 가지 붕어낚시 소품.

봉돌은 형태에 따라서 고리봉돌, 도래봉돌, 조개봉돌, 좁쌀봉돌 등이 있는데, 붕어낚시에서는 주로 고리봉돌을 사용한다. 재질은 주로 비중이 큰 납을 사용한다. 최근에는 청동, 세라믹으로 만든 친환경봉돌이 출시되고 있으나 납보다 가볍고 깎아내기가 힘들어 효용성에서는 납보다 못하다.

●도래

원줄과 목줄의 매듭 부위에 들어가는 연결도구로, 윗부분과 아랫부분의 고리가 각각 따로 회전할 수 있도록 되어 있어 줄의 꼬임을 방지하는 것이 기본 역할이다. 핀도래도 있지만 붕어낚시에서는 핀이 없는 맨도래를 사용한다. 바다낚시에서 종종 쓰는 삼각도래를 두바늘채비에 사용하는 낚시인도 있다.

과거 목줄에 조개봉돌을 직접 물려서 썼을 땐 별도의 도래가 필요하였으나 요즘은 봉돌에 도래가 부착되어 있으므로 실제로는 별도의 도래를 사용하는 경우가 많지 않다.

●찌고무

찌고무는 찌를 끼워 낚싯줄에 고정하는 소품이다. 찌의 구조상 찌의 다리나 찌날라리를 찌고무에 꽂는다. 낚싯대에 원줄을 묶을 때 봉돌을 달기 전에 미리 원줄에 찌고무를 끼워 두어야 한다. 찌고무는 찢어질 수 있기 때문에 수시로 그 상태를 점검하여 필요시 교환을 해야 낚시 도중 챔질하였을 때 찌가 미끄러져 내려가는 것을 방지할 수 있다.

●케미꽂이

밤낚시를 할 때 케미컬라이트를 꽂는 소품으로 찌톱의 상단에 고정시켜 사용한다. 이 케미꽂이에 케미컬라이트를 꽂으면 그 무게로 인해 찌의 부력에 영향을 주기 때문에, 가벼운 찌맞춤을 정확하게 하려면 케미를 단 상태로 맞추는 것이 좋다.

그러나 표준 수평찌맞춤을 하거나 대어낚시를 위한 무거운 찌맞춤을 할 경우엔 케미를 달지 않고 찌맞춤을 해도 문제가 없다. 다만 봉돌을 띄우는 가벼운 찌맞춤을 할 때는 케미를 꽂은 채 찌를 맞춰야 하나 봉돌이 바닥에 안착하는 전통낚시의 찌맞춤을 할 때는 무시해도 된다.

붕어낚시에 필요한 소품들

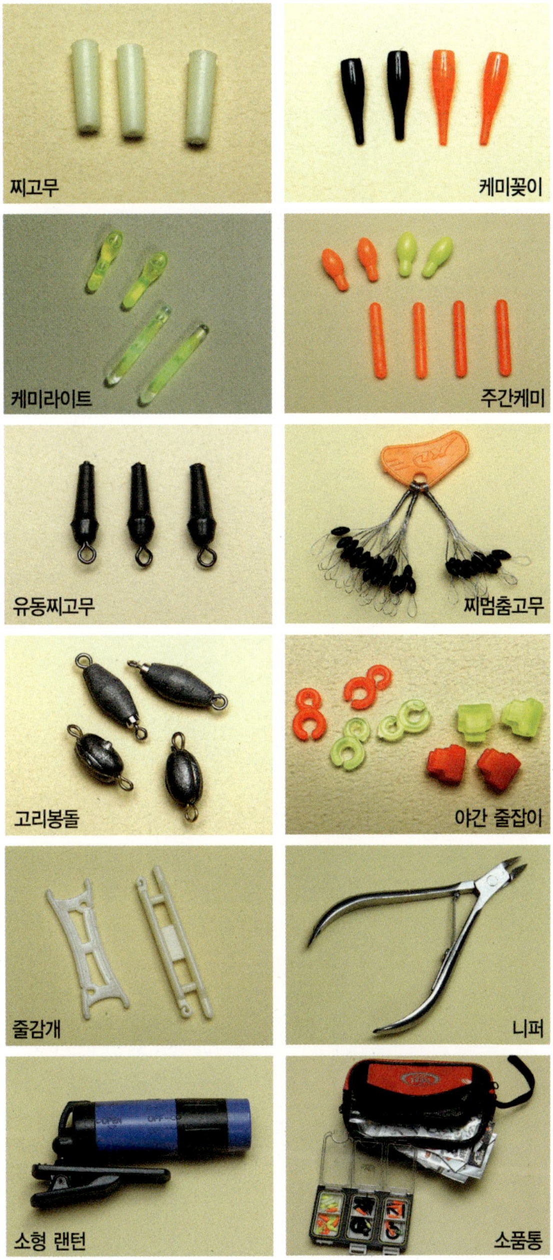

Part Ⅱ

준비하기

붕어낚시는 비교적 입문하기에 쉬운 낚시입니다.
낚싯대와 줄, 바늘, 찌, 봉돌 등 기초적인 낚시용품만 준비하면
누구나 물가에 나가서 바로 즐길 수 있습니다.
그러나 그런 용품을 구입하기만 해서는 낚시를 시작할 수 없습니다.
낚싯바늘을 알맞은 길이로 재단한 낚싯줄에 묶어야 하고,
봉돌의 무게를 찌의 부력에 맞춰주는 등의 준비과정이 필요합니다.
사실 그런 준비과정 자체가 붕어낚시의 재미이기도 합니다.

TOTAL FISHING

제5장 붕어낚시 기본채비 만들기

1)초리끈에 원줄 달기

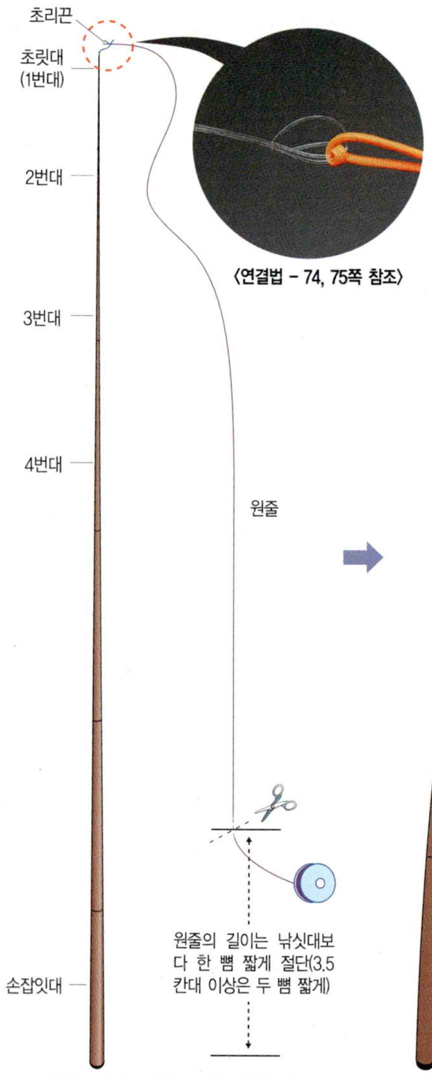

낚싯대는 아무리 바빠도 1번대(초릿대), 2번대, 3번대…순으로 하나 하나 뽑는다.

2)찌고무 달기

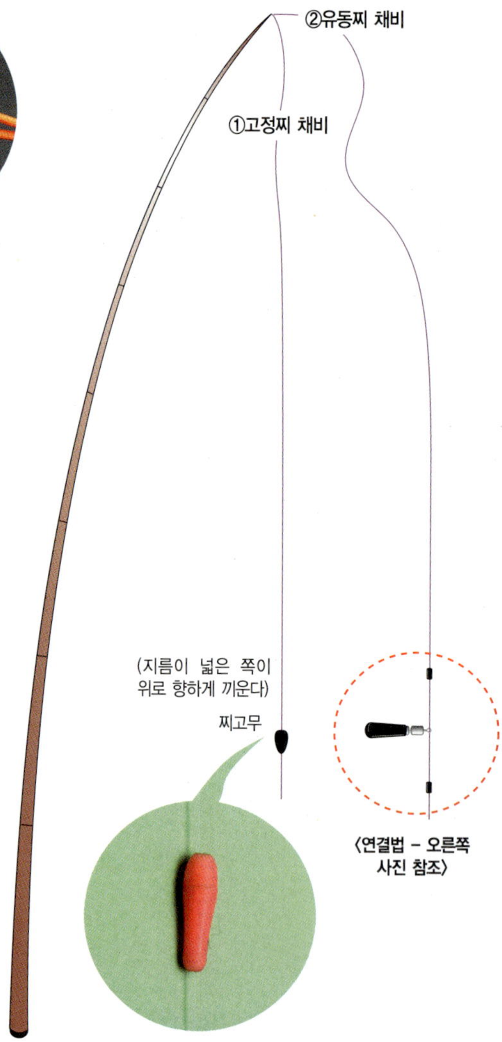

원줄에 다는 찌고무의 선택은 고정찌 채비를 할 것이냐, 유동찌 채비를 할 것이냐에 따라 달라진다.

유동찌 채비 만들기

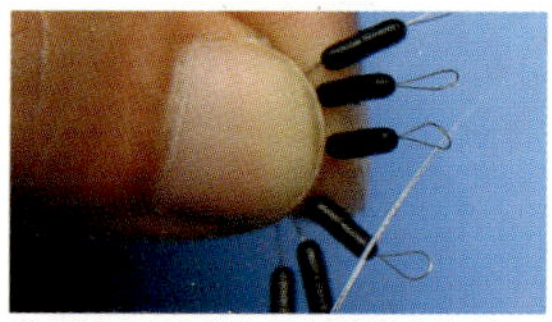
①찌멈춤고무의 철사 고리에 원줄 끝을 넣고,

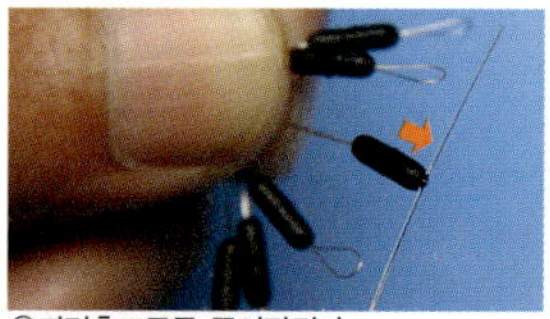
②찌멈춤고무를 끌어당긴다.

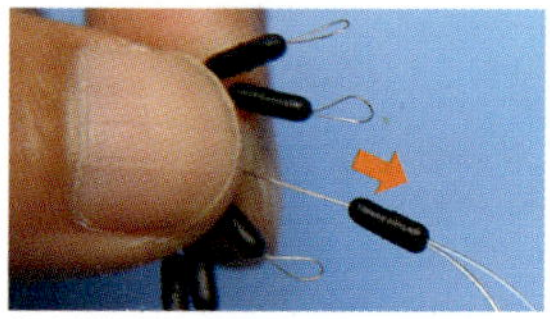
③찌멈춤고무와 철사 고리를 쥐고 맞당기면

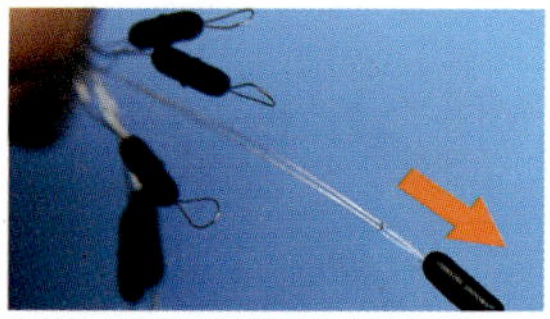
④원줄 속으로 찌멈춤고무가 들어간다.

⑤상단 찌멈춤고무가 원줄에 들어간 상태.

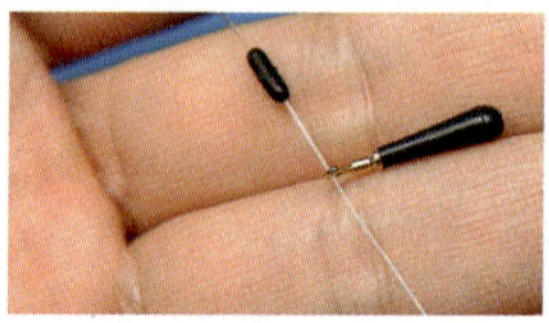
⑥유동찌고무를 원줄에 끼우고, 같은 요령으로 하단 찌멈춤고무를 원줄에 끼운다.

붕어낚시 기본채비는 낚싯대에 원줄을 연결하고, 찌고무(고정 혹은 유동)를 끼우고, 봉돌(찌맞춤된)을 달고, 바늘채비를 연결하는 것이다.
찌는 미리 찌맞춤을 하여 현장에서 사용할 수 있도록 준비한다.

3)원줄고리 만들기

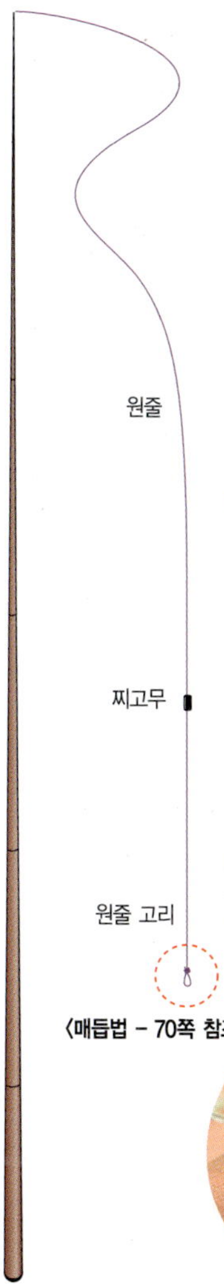

〈매듭법 – 70쪽 참조〉

원줄에 찌고무를 끼운 다음에는 원줄 끝에 고리를 만들어야 한다. '8자매듭' 이 원칙!

4)찌와 봉돌 달기

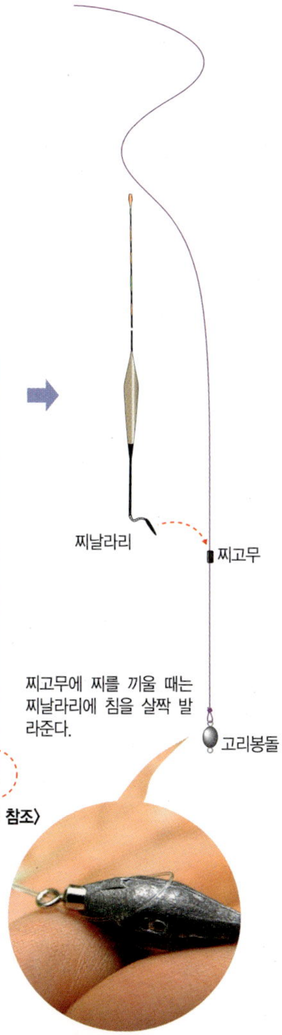

〈고리봉돌 연결법 – 71쪽 참조〉

5)기본채비 완성

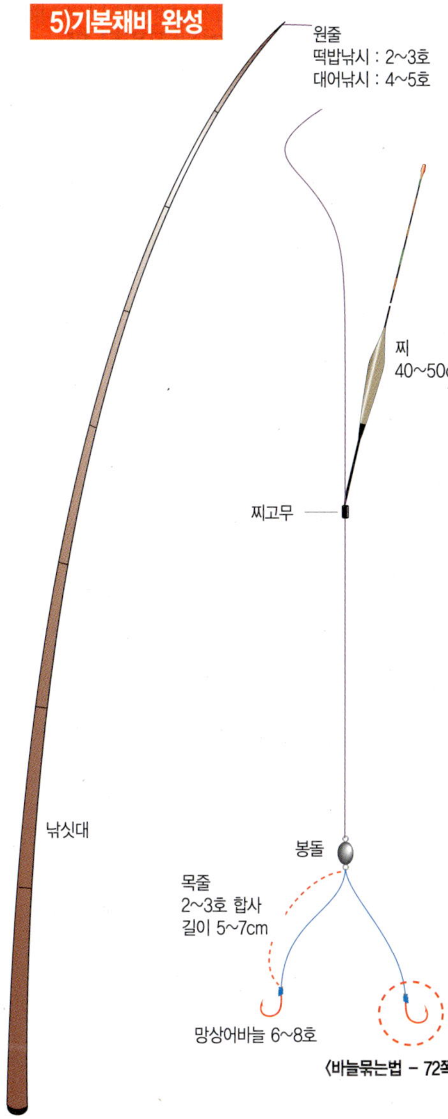

〈바늘묶는법 – 72쪽 참조〉

바늘채비 연결하기

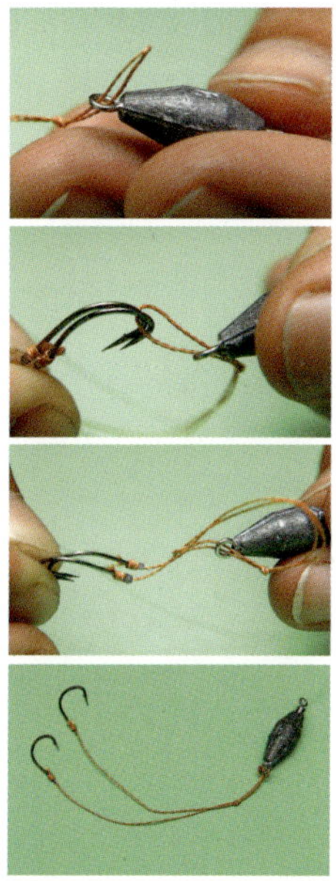

목줄채비를 고리봉돌에 다는 방법은 왼쪽 그림처럼 원줄 고리를 봉돌에 연결하는 방법과 동일하다.

8자고리묶음

붕어낚시에선 원줄의 양끝을 '8자묶음'이라고 하는 고리매듭을 지어서 사용한다. 바늘묶음법 외에는 이 매듭법만 익히면 채비를 완성할 수 있다. 바늘묶음도 목줄의 끝은 이 8자고리매듭으로 완성한 뒤 고리봉돌에 연결한다.

〈그림1〉

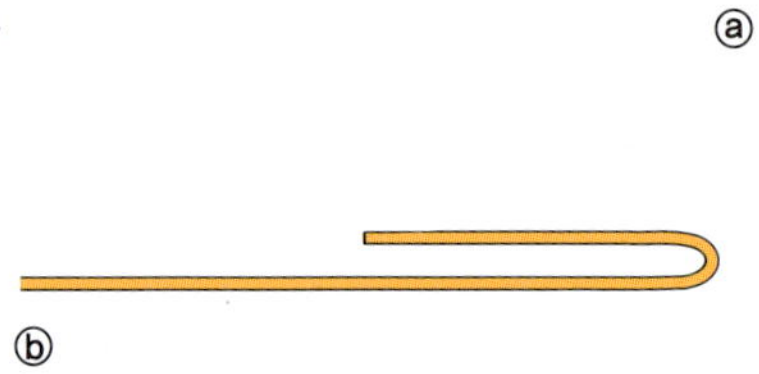

낚싯줄 한 쪽 끝을 접어 겹짓는다.

〈그림①〉

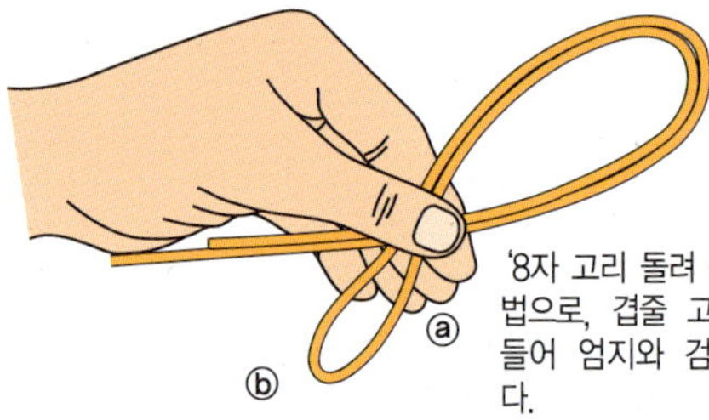

'8자 고리 돌려 묶기' 방법으로, 겹줄 고리를 만들어 엄지와 검지로 쥔다.

〈그림2〉

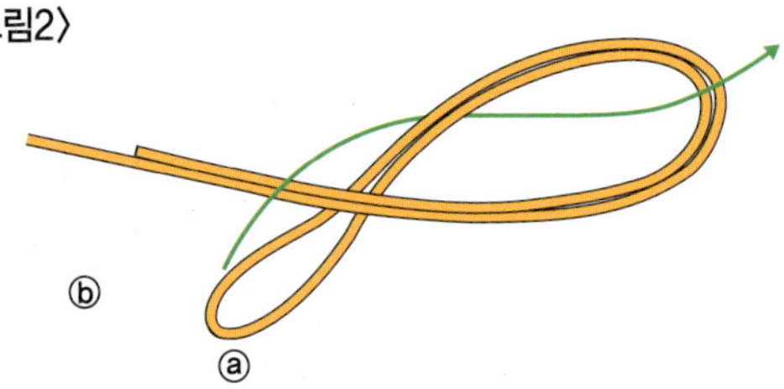

고리 끝(ⓐ)을 아래로 돌려 원을 만든다.

〈그림②〉

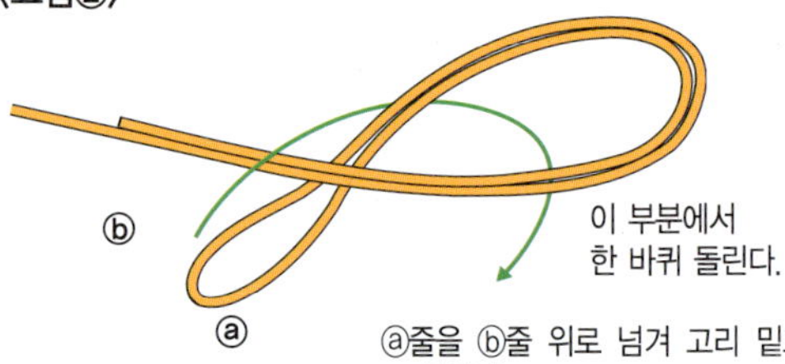

ⓐ줄을 ⓑ줄 위로 넘겨 고리 밑으로 돌린다.

〈그림3〉

ⓐ줄을 ⓑ줄 위로 넘겨 고리 속으로(밑에서부터 위로) 통과시켜 빼낸다.

〈그림③〉

ⓐ줄을 위쪽 8자 고리 축에 대고 한 바퀴 돌려 빼낸다.

〈그림4〉

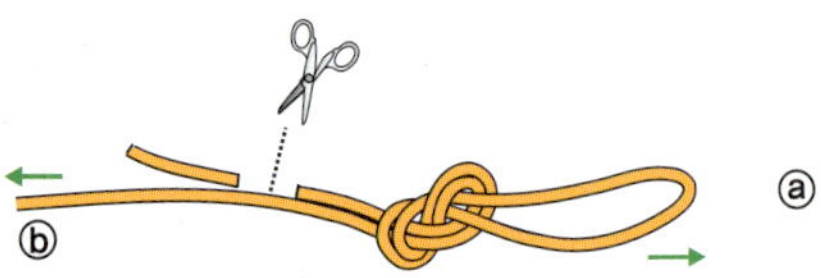

양쪽을 맞잡아 당겨 조인 후, 자투리 줄을 잘라내면 완성이 된다.

〈그림④〉

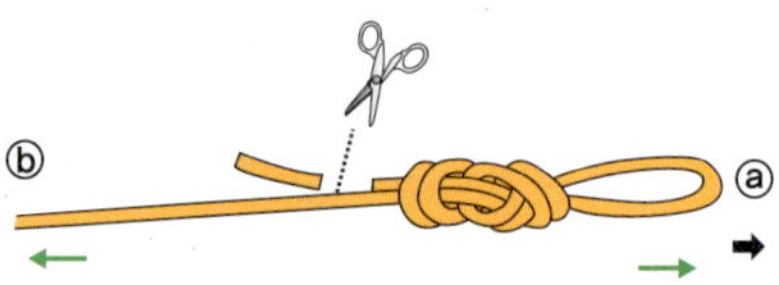

양쪽을 맞잡아 당겨 조인 후, 자투리 줄을 잘라내면 강도가 한결 높다.

8자고리로 채비 연결하기

원줄의 끝에 8자고리를 만든 다음 고리봉돌을 연결한다. 그리고 고리봉돌의 나머지 고리에 바늘채비의 고리를 역시 같은 방법으로 연결하면 채비가 완성된다. 이렇게 8자고리로 연결하면 낚싯줄을 자르지 않고도 채비를 자유롭게 교환할 수 있다.

〈그림1〉

끝고리를 봉돌의 고리 속으로 통과시킨다.

〈그림2〉

끝고리를 봉돌 전체 위로 씌워 넘긴다.

〈그림3〉

끝고리가 봉돌의 고리 끝으로 모이게 잡아당기면 된다.

〈그림4〉

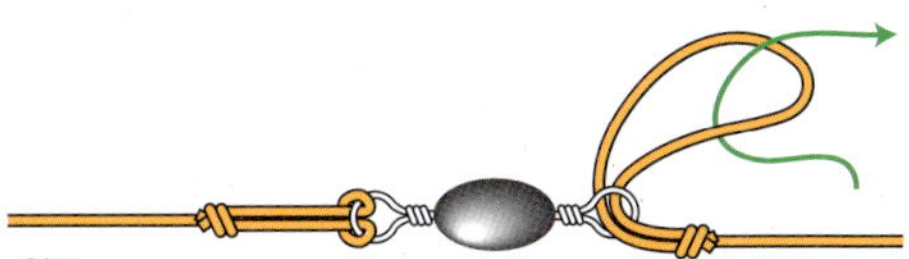

원줄이 연결돼 있는 상태의 봉돌 고리 끝에 목줄 채비를 다는 방식이다.

〈그림5〉

목줄 끝고리 속으로 목줄 채비(낚싯바늘을 묶은)를 넣어 빼낸다.

〈그림6〉

왼쪽의 원줄은 〈그림〉과 달리 직접 묶기도 한다.

바늘묶음 ①현장 바깥돌리기

가장 간단하고 기억하기 쉬운 바늘묶음법이다. 목줄 길이를 정해놓고 미리 바늘을 묶어둘 때도 좋지만, 낚시를 하는 도중 바늘이 떨어져 나갔을 때 자투리 목줄로 묶기에도 편리하다.

〈그림1〉

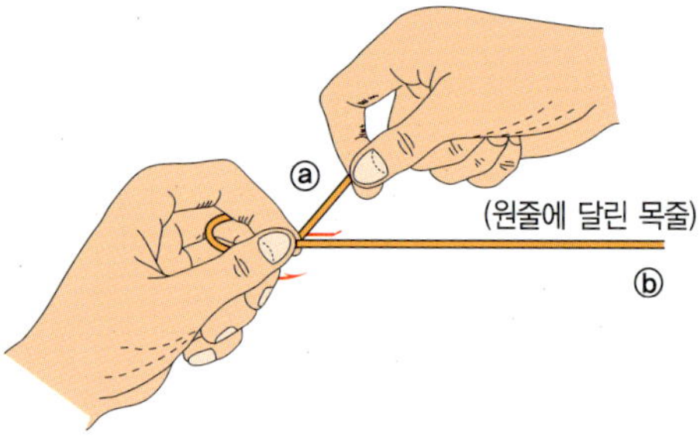

〈그림2〉

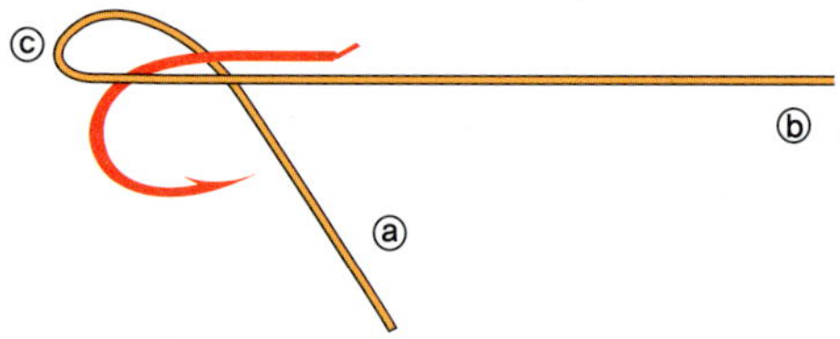

왼손으로는 작은 ⓒ고리를 접은 목줄과 바늘굽을 잡고 오른손으로 ⓐ를 바늘 축과 ⓑ줄 위에 바깥돌리기 묶음으로 5회 감는다.

〈그림3〉

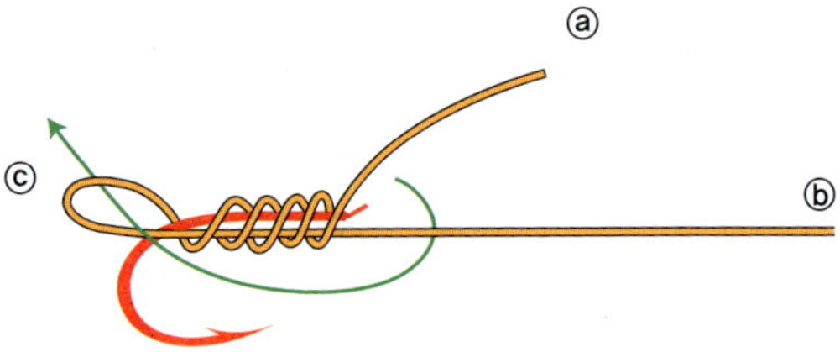

귀 사이에 끼우지 않고 ⓐ를 그대로 돌려 ⓒ 고리에 넣는다.

〈그림3-1〉보강법

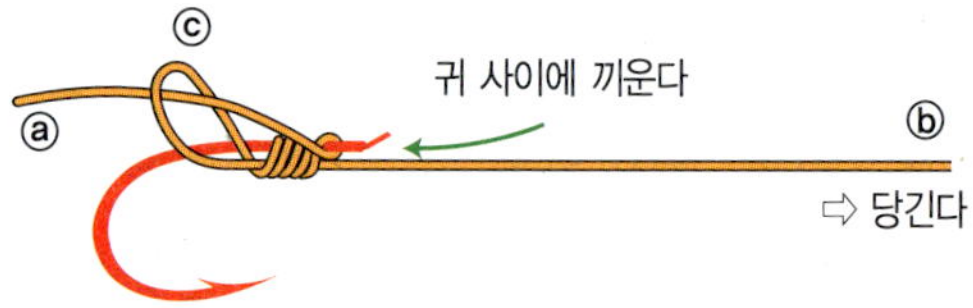

〈그림3〉과는 달리 5회 돌린 ⓐ줄을 바늘귀와 목줄 사이에 끼운 뒤, ⓒ고리 속으로 넣고 목줄을 당기기도 한다.

〈그림4〉

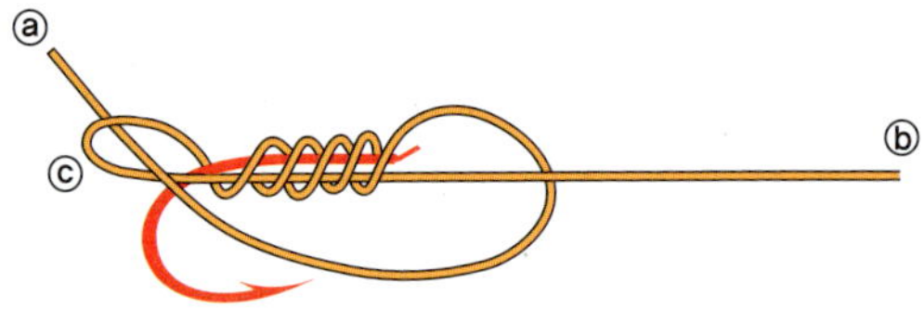

ⓑ를 먼저 당기고 나중에 ⓐ를 당긴 다음, 자투리 줄을 잘라내면 완성이 된다.

〈그림4-1〉

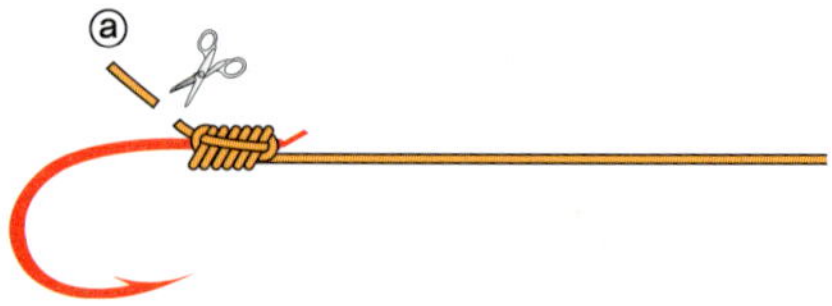

자투리 줄을 바짝 끊어도 잘 풀리지 않는다.

②안돌리기

목줄 길이가 길지 않고 미리 바늘을 묶어두는 붕어낚시에서 많이 쓰인다. 숙달되기 전엔 바늘귀로부터 처음 감기 시작할 때 자투리 줄이 자꾸 미끄러져 나가 짜증스럽기도 하지만 조금만 숙달되면 제어가 가능하다. 바늘을 쥔 왼손 엄지와 검지로 바늘과 자투리줄을 잘 눌러주는 것이 요령이다.

〈그림1〉

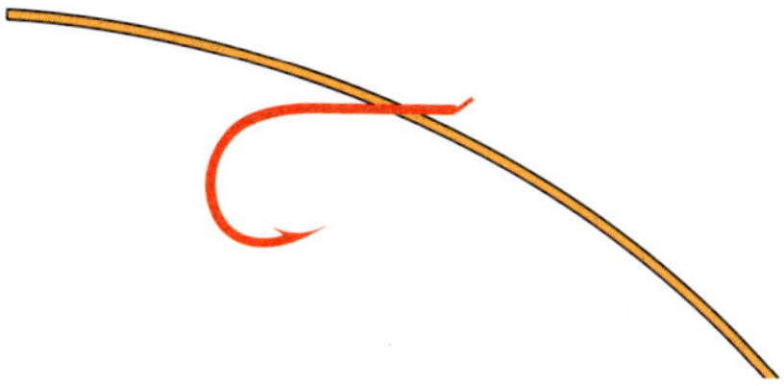

바늘 귀에 목줄을 대고 왼손 엄지와 검지로 누른다.

〈그림2〉

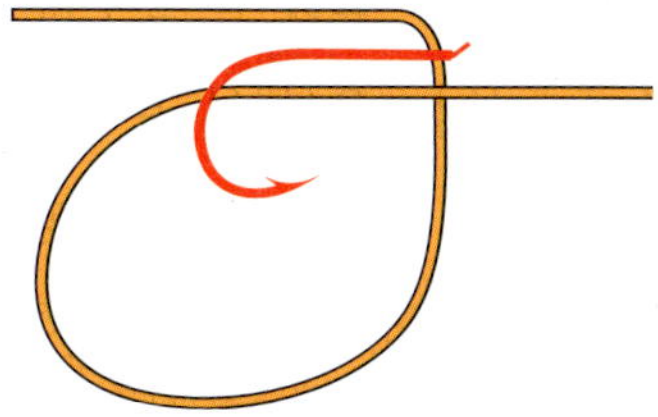

원을 크게 만들어 돌려야 묶기가 편리하다.

〈그림3〉

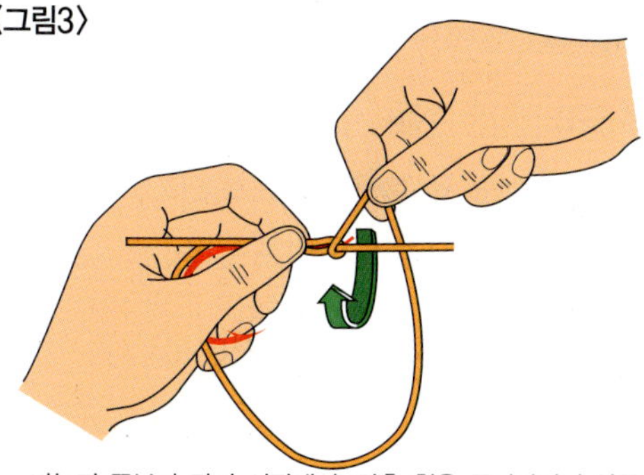

바늘귀 쪽부터 감기 시작해서, 차츰 힘을 주어가면서 안쪽으로 다섯 바퀴 감는다. 너무 힘주어 감으면 목줄에 파마가 생긴다.

〈그림4〉

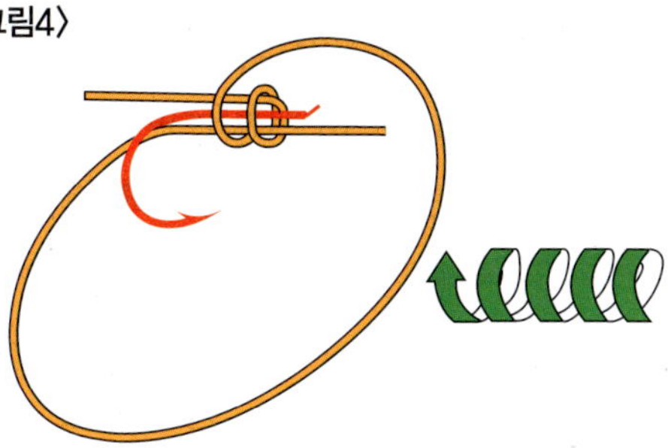

화살표 방향으로 4~5회 감는다.

〈그림5〉

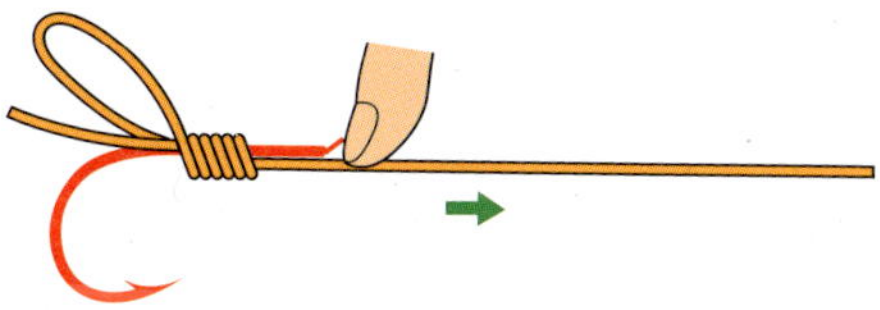

귀가 너무 나온 것은 손톱으로 밀고, 목줄은 바늘 채(軸) 안으로 위치하게 해서 당긴다.

〈그림6〉

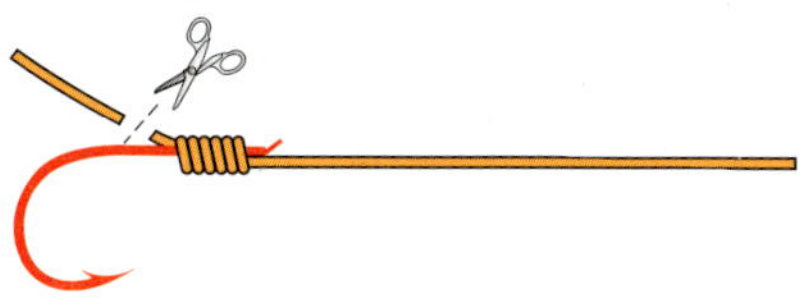

너무 바싹 끊으면 묶음이 풀린다.

초리끈 연결 ①초리끈 돌리기

8자고리묶음 속으로 초리끈을 돌려 감아서 연결하는 방법이다. 이 방법을 쓸 때는 초리끈의 끝에 매듭을 지어주면 낚시 도중 풀림을 방지할 수 있다. 원줄을 풀 때는 원줄 고리를 위로 밀어주면 된다.

〈그림1〉

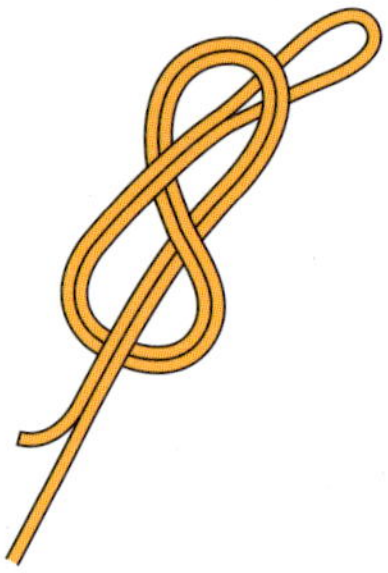

원줄 끝을 접어 '8자 묶음'으로 고리를 하나 만든다.

〈그림2〉

고리 길이를 너무 길게 할 필요가 없다.

〈그림3〉

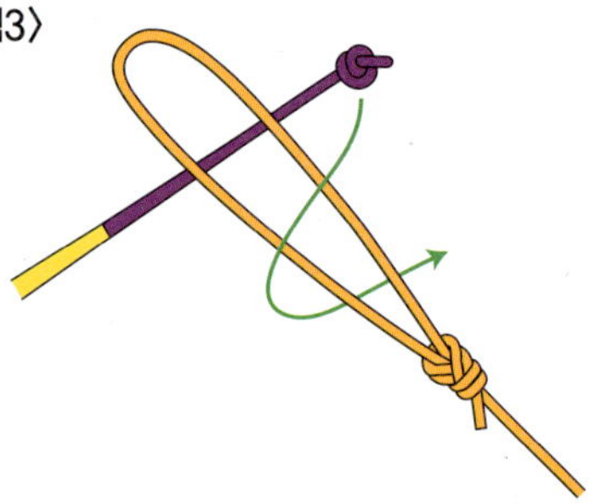

낚싯대 초릿줄을 원줄 고리에 한 바퀴만 감는다.

〈그림4〉

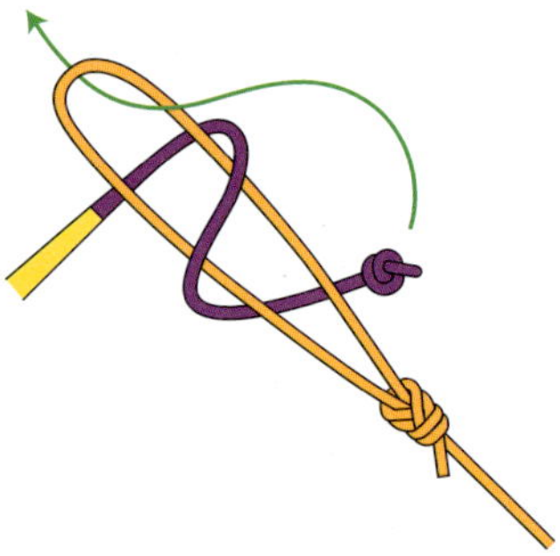

한 바퀴 감은 낚싯대 초릿줄을 원줄 고리 속으로 통과시킨다.

〈그림5〉

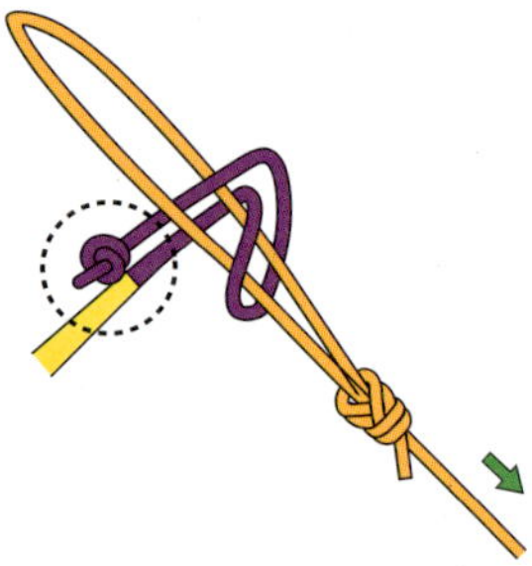

점선 부분의 초릿줄과 초릿대를 함께 쥐고서 원줄을 잡아당긴다.

〈그림6〉

꽉 잡아 당겨 조인다. 풀고자 할 때는 원줄 고리를 위로 밀어주면 된다.

②나비고리 연결

가장 많이 쓰는 방법이다. 8자고리를 나비 모양으로 접은 뒤 그 속으로 초리끈을 한 바퀴 돌려 감아서 당겨주면 단단히 고정된다. 낚싯대에서 원줄을 풀 때는 접힌 초리끈을 양쪽으로 잡아당겨서 편 다음 원줄 고리를 잡아 빼면 된다.

〈그림1〉

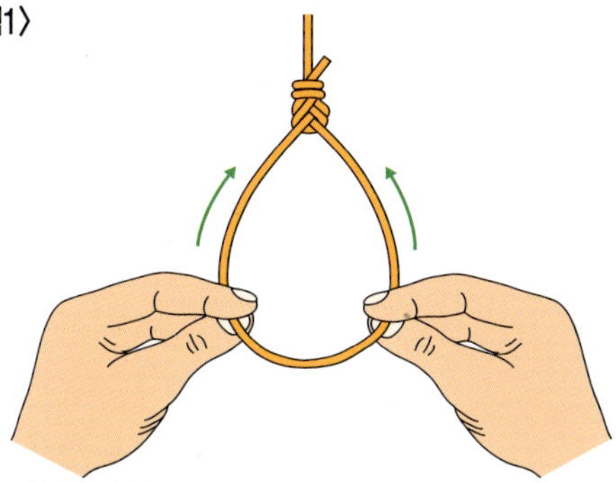

큰 고리 중간 지점

〈그림2〉

나비 날개처럼 두개의 고리가 겹쳐

〈그림3〉

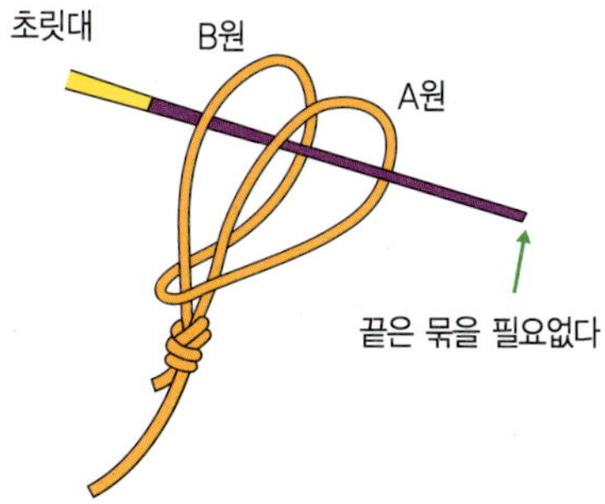

겹쳐진 고리 사이에 초리끈을 넣은 다음

〈그림4〉

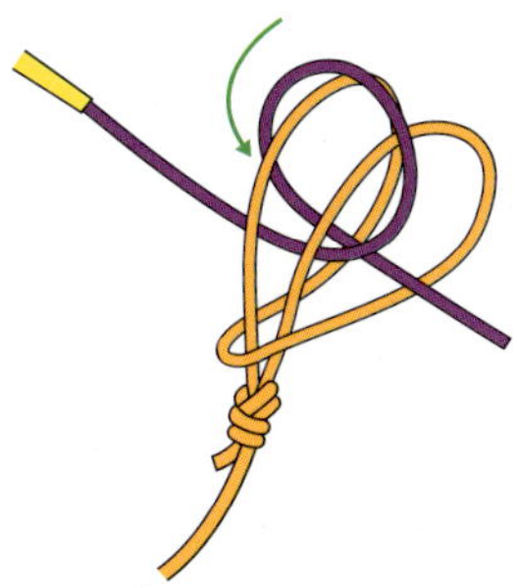

초리끝을 한 번 더 고리 사이에 넣는다

〈그림5〉

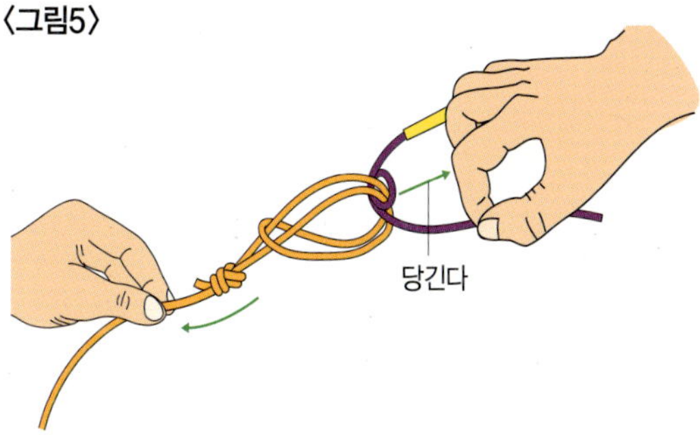

〈그림6〉

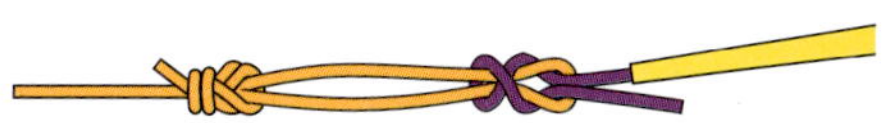

제6장 실전채비

고정찌 채비 – 굵은 줄 쓸 때

붕어낚시의 전통적인 채비 방식으로 입문자들이 먼저 접하게 되는 채비다. 찌고무에 찌를 꽂아 원줄의 일정 위치에 고정시키는 방식이다.

고정찌채비는 간단한 게 최대 장점이다. 원줄에 찌고무를 끼우고, 그 찌고무에 찌의 날라리를 꽂으면 끝. 낚시할 때는 찌고무를 밀어 올리거나 끌어 내려서 원하는 수심층에 고정하면 채비가 된다.

여기에 사용하는 찌고무는 근래에는 우레탄, 카본, 실리콘 등의 탄성이 좋은 고급소재로 만드는데, 잘 미끄러지지 않으면서 질기고, 적당히 부드러워 찌를 오르내릴 때 원줄에 상처를 주지 않는 제품을 고른다.

고정찌채비는 찌가 일정한 수심층에 고정되어 있어서 채비를 걷어 내더라도 찌의 위치는 변동이 없다.

수심을 맞추기 위해 찌를 오르내리다보면 찌고무의 마찰로 인해 원줄에 손상이 가므로 주로 3호 이상의 굵은 원줄을 사용할 때 적합하며, 챔질시 물의 저항을 덜 받는 찌 형태에 적합하다.

고정찌 채비

유동찌 채비 - 가는 줄 쓸 때

대부분의 낚시인들이 어느 정도 붕어낚시에 재미를 느낄 무렵 접하는 채비다. 전통적인 고정찌 채비를 먼저 사용하다가 자연스럽게 유동찌 채비로 전환하여 써본 뒤 둘 중 하나를 선택하게 된다. 유동찌 채비에도 일부 불편함은 있으므로 두 가지를 다 사용해 보고 자기 취향에 따라서 선택하면 된다.

유동채비법은 원줄의 위아래에 두 개의 찌멈춤고무(찌스토퍼)를 달아서 채비가 입수하면 위쪽 찌멈춤고무에 찌가 걸리고 채비를 회수하면 아래 찌멈춤고무에 찌가 걸리게 만든 방식이다.

일반 찌의 날라리를 떼어내고 유동식 도래찌고무에 꽂아 사용한다. 날라리가 있는 찌를 그냥 사용해도 되긴 하나, 찌가 원줄에 자주 감기는 현상이 있어 불편하다. 먼저 원줄에 위쪽 찌멈춤고무를 끼우고, 유동찌고무를 끼운 다음, 아래쪽 찌멈춤고무를 끼우면 채비가 완성된다. 유동찌는 2호 이하의 가는 원줄을 사용할 때 원줄의 손상을 줄이는 효과가 있고, 바람이 불 때나 수심이 얕은 수초지역에서 채비를 안전하게 투척하는 데에 유리하며, 특히 밤낚시를 할 때, 채비를 거두어 손으로 잡을 때 케미컬라이트가 항상 봉돌 근처에 와 있게 되어 편리한 점이 있다.

그러나 수면에 부유물이 있을 때나 바닥에 침수수초가 있을 때는 찌가 끌려오며 서는 과정에서 지장을 받는 단점이 있다. 또한 물의 흐름에도 찌가 일어서는 과정에서 따라 흐르게 되므로 불리하다.

유동찌 채비

고정찌채비와 유동찌채비의 입수형태 비교

채비를 투척한 후 찌가 자리를 잡고 일어서서 입수할 때 고정찌 채비와 유동찌 채비는 서로 그 입수 모양이 다르게 나타난다. 고정찌 채비는 투척 후 찌가 일어선 자리에서 곧바로 입수한다. 즉 찌가 떨어져서 일어선 그 자리가 낚시 대상어를 낚아내고자 하는 자리, 즉 포인트가 되는 셈이다.

유동찌 채비. 찌가 착수한 후 앞으로 끌려오면서 안착한다.

유동찌 채비는 입수 모습에 약간 차이가 난다. 채비를 투척하여 수면에 떨어진 찌가 일어서면서부터 낚싯대 앞으로 끌려오는 모습을 보이고, 찌가 일어선 다음에도 수심에 맞춘 위 찌멈춤고무에 찌가 도달할 때까지 계속해서 끌려오게 된다. 이 모습을 옆에서 관찰해 보면 찌가 약간 비스듬히 기울어진 상태에서 낚싯대 쪽으로 이동하는 모습을 보인다.

그러다가 수심에 맞는 제 위치에 도달하면 최종 단계로 찌가 곧바로 서서 서서히 입수한다. 따라서 유동찌 채비는 고정찌 채비와 달리 찌가 최초로 일어선 자리가 낚시 포인트가 아니고 최종적으로 자리 잡고 선 위치가 포인트가 되는 것이다.

두 채비에 '수직입수' 차이는 미세하다

앞서 살펴본 두 채비의 입수형태를 보고,

유동찌 채비를 즐겨 사용하는 사람들은 "유동찌 채비가 수직입수에 가장 가깝기 때문에 즐겨 사용한다. 반면 고정찌 채비는 원줄이 비스듬히 서는 사각이 발생하는 것이 단점"이라고 말한다.

'원줄의 사각(斜角)' 이란 봉돌이 착지한 지점이 수면의 찌보다 약간 앞서 나가 있어 원줄이 수직이 아닌 비스듬한 사각을 이룬다는 것인데, 그 경우 붕어가 입질했을 때, 봉돌이 낚싯대 쪽으로 살짝 끌려오기만 해도 찌올림 현상이 발생하면서 붕어의 어신인 줄 착각하게 만드는 폐단이 있다. 그래서 원줄의 사각은 없을수록 좋고, 사각이 없는 상태를 '수직입수' 라 표현하는 것이다.

과연 고정찌채비엔 원줄의 사각이 생기며, 유동찌채비는 완벽한 수직입수를 이룰까?

나는 2002년 실내 수영장에서 이와 관련한 비교실험을 한 적이 있다. 두 대의 낚싯대에 고정찌채비와 유동찌채비를 하여 수심 2m의 수영장에 채비를 투척한 후, 찌가 안착한 다음 그 상태를 관찰했다.

실험과정에서 채비를 투척한 후 봉돌이 바닥에 안착한 모습을 보고 물 밖에서 육안으로 원줄의 상태를 관찰하니 두 가지가 다 상당한 사선현상으로 보였다.

그러나 수중의 원줄 옆에 긴 플라스틱 막대를 수직으로 세우고, 수중카메라를 가지고 잠수하여 촬영해 보니 실제로는 두 가지가 다 거의 수직에 가까웠다. 그리고 수심이

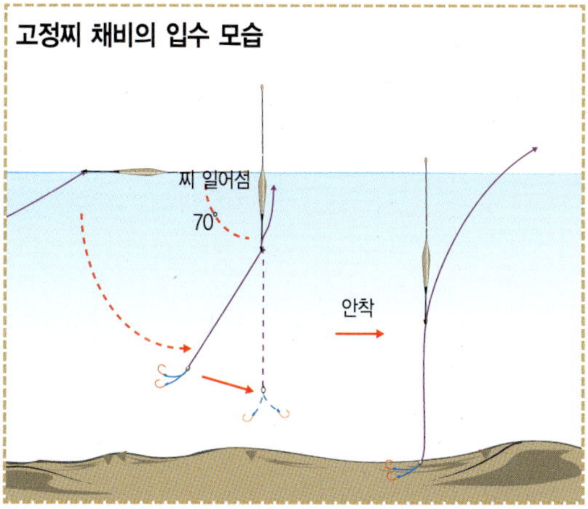

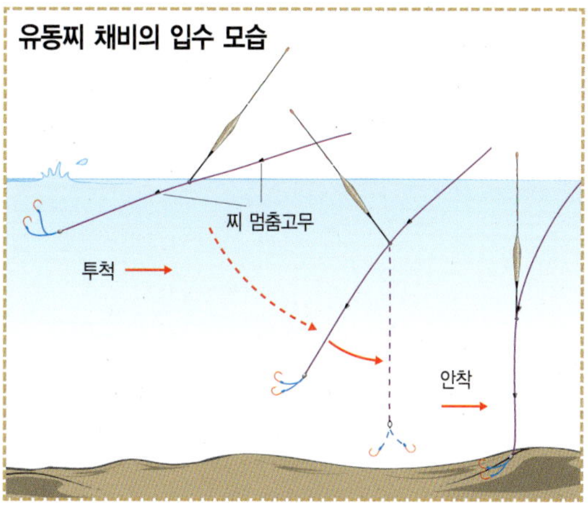

2m로 꽤 깊었는데도 바닥의 봉돌이 수직과 벌어진 거리는 육안으로 식별이 곤란할 만한 불과 10cm 미만이었다. 또 그러한 현상은 고정찌 채비나 유동찌 채비나 별 차이가 없이 유사했다.

애초에 육안으로 관찰할 때 보인 사선현상은 빛의 굴절에 의한 착시현상이었던 것이다.

결론적으로 고정찌 채비와 유동찌 채비는 두 가지 방법 모두 원줄과 바닥이 이루는 각도는 거의 수직에 가깝고, 차별이 되지 않았다. 두 채비 공히 원줄의 사각이 발생하는 정도는 채비 입수과정에서 그림을 통해 보았듯이 낚싯바늘이 먼저 바닥에 닿아 끌리면서 수직방향으로 이동하고, 봉돌이 바닥에 최종적으로 자리를 잡고 멈추는 상황은 목줄의 길이 정도의 범위 안에서 찌와 수직이 되었던 것이다.

채비에 따른 장단점

구 분	장 점	단 점
고정찌 채비	고부력 찌 사용 시 유리 물 흐름에 유리 찌 입수의 멋이 좋음	찌고무 부분 원줄 손상 강한 챔질시에 찌 내려감 밤낚시에 줄잡이케미 필요
유동찌 채비	바람 불 때 투척 용이 원줄 손상 방지 챔질시 찌 내려가지 않음 줄잡이케미 불필요	물 흐름에 취약 고부력 찌 사용 시 불리 찌 입수의 멋 감소

흐르는 물에선 고정찌채비가 유리

어느 채비이든 장점과 단점의 양면성을 가지고 있다. 낚시를 할 때의 장단점을 분석해 보면, 바람이 불 때는 봉돌과 찌가 거의 한 덩어리가 되어 날아가는 유동찌 채비가 바람을 극복하는데 유리하다. 그러나 물이 흐르는 곳에서는 찌가 봉돌을 들고 흘러가면서 자리를 잡아야 하기 때문에 유동찌 채비가 흐름을 더 타서 불리하다.

또 단순히 채비 투척의 용이성만 가지고 따지자면 저부력 찌인 경우는 유동찌 채비가 유리하고, 고부력의 찌일 경우는 고정찌 채비가 유리하다. 만약에 연질 낚싯대에 아주 큰 고부력 찌를 사용하면 투척시에 낚싯대 탄력이 봉돌과 찌 무게 때문에 지장을 받는다.

이외에도 아래 표에서 보이는 바와 같이 여러 가지 장단점을 비교할 수는 있겠으나 두 채비를 비교하여 절대적으로 유리한 채비는 없으며, 낚시의 개성과 취향에 따라서 적절히 선택하여 사용하는 것이 바람직하다.

수초 공략 채비

앞치기 채비

붕어를 낚으려면 맨바닥보다 수초(물풀) 주변을 노리는 것이 절대적으로 유리하다. 늘 은신처를 끼고 사는 붕어는 주로 수중에 자라는 수초 주변에 머물러 있기 때문이다.

수초대에서 붕어낚시를 할 때는 수초 사이의 빈 공간에 미끼를 떨어뜨려야 하는데, 수초가 풍성하게 자란 곳에선 그런 공간이 좁아서 한결 정확한 캐스팅이 요구된다. 그 때 사용하는 채비가 '앞치기 채비' 다.

앞치기 채비

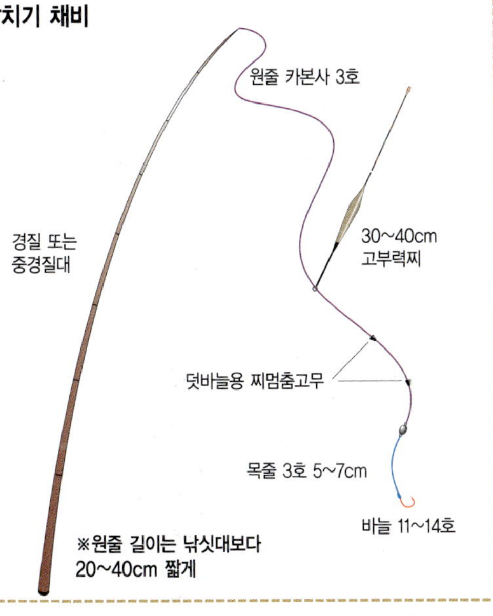

앞치기 채비는 낚싯대를 휘둘러서 투척하는 '스윙채비' 보다 원줄을 한두 뼘 짧게 매는 것이 특징이다. 그리고 낚싯대는 중경질대이거나 경질대여야 한다. 그 중에서도 경질대가 유리하다.

원줄의 길이는 낚싯대의 길이보다 한두 뼘 정도 짧게 한다. 줄이 짧아야 수초 구멍을 보고 정확히 채비를 투척하기에도 유리하지만, 챔질한 후 붕어를 제압, 유도하기가 쉽기 때문이다.

낚싯줄은 3호 정도의 카본사를 사용하는 것이 좋고, 너무 부드러운 줄보다는 약간 뻣뻣한 느낌이 드는 줄이 좋다. 비록 인장강도가 아주 높은 고급 원줄이라 하더라도 3호 이하의 가느다란 줄이나 너무 부드러운 줄은 수초에 감기거나 늘어나기 쉬우므로 사용하지 않는다.

앞치기 채비는 목줄도 강해야 한다. 종전에는 채비가 수초 같은 곳에 걸렸을 때 원줄을 보호하기 위해서 원줄보다 가늘고 약한 목줄을 사용했으나, 실전에서는 원줄과 목줄을 같은 줄로 사용해도 수초 등 장애물에 걸렸을 때 강한 힘을 주고 몇 번의 챔질을 하면 길이가 짧은 목줄이 먼저 끊어지는 현상이 생기므로 수초낚시에서의 목줄은 강해야 한다. 특히 수초 속에서 큰 붕어를 걸어 힘겨루기를 할 때 목줄이 약하면 쉽게 끊어져 버리므로 주의해야 한다.

목줄은 합사나 모노필라멘트 줄을 사용한다. 합사의 경우는 3호 정도, 모노필라멘트의 경우는 사용하는 원줄과 같은 굵기를 사용한다. 목줄의 길이는 5~7cm가 적합하고, 취향에 따라서는 더 길게 사용하기도 하나 10cm를 초과하는 것은 좋지 않다.

바늘채비는 외바늘채비를 원칙으로 하며, 바늘은 다소 굵고 강해야 한다. 만약 수초낚시를 하면서도 붕어를 많이 낚고 싶다면 7~9호 바늘을 사용하고, 대어낚시를 하고자 한다면 11~14호 바늘을 사용하는 것이 좋다.

앞치기 낚시에서의 찌는 어떤 것이 좋을까? 좁은 수초구멍을 파고 들어야 하므로 찌는 비교적 짧고 부력이 크며, 찌톱이 튼튼해야 한다. 길이는 30~40cm면 적당하고, 예비로 20cm 정도의 아주 짧은 찌를 한두 개 정도 따로 준비한다. 아주 수심이 얕은 수초지대를 노리기 위한 것이다.

찌의 부력은 최소한 4g 이상, 12g 이하를 사용하며, 짧은 대에는 4~6g, 중간 대에는 6~7g, 긴 대에는 7~12g 정도의 봉돌에 맞는 부력을 가진 찌로 단계별로 채비하는 것이 사용하기에 좋다.

찌톱은 소재에 무관하게 그 굵기가 1mm 정도는 되어야 좋다. 간혹 예민성을 강조한답시고 0.4~0.6mm 정도의 찌톱을 장착한 수초 전용 찌가 시판되는 경우가 있으나, 이러한 찌는 몇 번만 수초에 걸려도 충격을 받아 부러지고 만다.

최근에는 좁은 수초구멍에도 잘 들어가는 '관통찌'로 앞치기를 하는 낚시인이 많다.

수초직공채비

붕어의 활동 무대는 주로 수초 속이나 수초 주변인데 필요에 따라서는 빼곡히 밀생해 있는 수초의 정중앙을 노릴 필요성도 있다. 일단 수초가 밀생한 곳에서 낚시할 때 예상할 수 있는 어려움은 크게 세 가지다.

첫째, 좁은 수초 사이에 찌를 세우기가 어렵다.

둘째, 수초에 채비 걸림이 많다.

셋째, 붕어를 걸었을 때 제압 및 유도가 어렵다.

이런 상황에서는 일반적인 앞치기 채비보다 '수초직공채비'가 효과적이다. '수초직공채비'란 수초대에 제대로 접근하기 위해 특별히 변형시켜 사용하는 채비다. 특징은 원줄을 파격적으로 짧게(약 한 발 반 길이로) 묶어 찌를 낚싯대 끝에 대롱대롱 매단 채 수초구멍에 그대로 수직낙하시키는 것이다. 일명 '수초구멍치기채비' 혹은 '들어뽕채비'라 부른다.

관통찌를 사용한 수초직공채비.

수초직공채비를 준비하지 않고서는 완벽한 수초채비를 했다고 말할 수가 없다. 대 끝의 원줄을 2.5m 이하로 짧게 묶어서, 대를 접은 상태에서 미끼를 뀐 다음 대를 쭉쭉 펼쳐서 대 끝에서부터 수직으로 찌와 채비를 입수시키는 수초직공채비야말로 한 뼘도 채 못 되는 밀생수초의 작은 구멍을 노리기 위해서는 필수적이다.

이러한 수초 직공채비를 회피하고 일반 스윙채비로 앞치기를 하여 수초 구멍에 채비를 넣으려고 한다면, 포인트가 되는 자리의 수초를 일부러 훼손시켜 제거하거나, 작은 수초 구멍을 포기하고 수초 언저리에 찌를 세우거나, 조금 넓은 수초 공간에 찌를 세우는 간접 공략을 해야만 한다.

그러나 수초밭을 공략할 때는 가급적 수초를 건드리지 않는 것이 좋고, 작은 수초구멍 속에서 큰 붕어가 잘 낚이므로 수초직공법이 훨씬 유용하게 쓰인다. 이런 방법을 일부 낚시인들은 편법이라며 비하하거나 '들어뽕'이라는 비속한 말로 표현하기도 하는데, 실제로 수초낚시를 같이 어울려서 하다 보면 모르는 새에 그 사람도 이러한 직공채비를 사용하곤 한다.

수초구멍치기를 할 때 낚싯대는 무조건 경질대를 사용하는 것이 좋다. 그리고 낚싯대 길이는 가급적 5칸 대 이상까지 긴 대를 준비하는 것이 좋다. 수초직공 기법에서는 수초 속에서 붕어를 걸면 곧바로 뽑아내어야 하므로 낚싯대 허리힘이 특히 좋아야 한다. 그래야만 붕어와 힘겨루기를 할 때 낚싯대가 손상되지 않고 붕어를 힘으로 제압하기가 용이하다.

긴 대가 필요한 이유는 스윙낚시보다 공략거리가 짧기 때문이다. 5칸 대라고 해봐야 9m이므로 실제로 직공법으로 공략하는 거리는 3칸대로 앞치기하는 거리(약 10m)도 못된다. 따라서 실제로 5칸 대 정도가 되어야 낚시 범위가 어느 정도 형성된다고 하겠다.

구멍치기로 수초를 공략할 때의 원줄은 4~5호를 쓴다. 어느 정도 숙달이 되면 3호 원줄을 사용해서도 월척 이상의 붕어를 적절히 제압할 수 있겠으나, 항상 수초 줄기와

관통찌를 제작하는 필자. 96년부터 관통찌를 직접 만들어서 쓰고 있다.

씨름해야 한다는 것을 고려하여 약간 둔한 듯하지만 굵고 튼튼한 원줄이 적합하다.

원줄의 길이는 낚싯대 길이에 무관하게 대략 3m 정도면 충분하다. 수초가 잘 발달해 있는 포인트는 1m 수심을 거의 넘지 않으며, 만약 더 깊은 수초대가 있더라도 그런 곳은 1m 이하의 얕은 수초대보다 좋은 포인트가 못 되기 때문에 원줄 길이가 2~3m면 충분하다.

혹은 일반 스윙낚시 채비에 줄감개(대 끝부분의 원줄에 달아서 필요한 만큼 원줄을 감아 줄 길이를 조절하는 작은 얼레 모양의 소품)를 달면 스윙낚시채비로도 줄 길이를 짧게 조정하여 사용할 수 있다.

목줄은 강한 것이 좋다. 케블러합사 3호나 모노필라멘트 3호 정도를 추천한다. 수초구멍치기에서는 챔질 순간의 충격이 일순간에 목줄로 집중되기 때문에 4호 이상을 사용하는 경우도 많다.

목줄의 길이는 4~5cm로 짧게 한다. 좁은 수초구멍에 찌를 수직으로 내리기 때문에 목줄이 길면 간혹 수초에 엉키는 일이 있기 때문이다.

바늘은 12~15호의 큰 바늘을 세팅하되 필히 외바늘채비를 한다. 쌍바늘채비나 가지바늘 채비를 했을 경우에는 붕어를 걸었더라도 십중팔구 나머지 한 바늘이 수초에 걸려서 애를 먹을 것이다.

수초직공엔 관통찌가 적합

수초를 직공하기 위한 채비에서는 찌도 중요하다. 찌톱을 원줄에 고정하는 '수초용 고리찌'와 원줄이 찌 전체를 관통하는 '관통찌' 두 가지를 추천할 만하며, 찌의 길이는 30~40cm가 좋다.

수초용 고리찌는 날라리가 없고 찌톱의 꼭대기 부분이나 중간에 원줄을 통과시킬 수 있는 고리를 부착한 찌를 말한다. 이 찌는

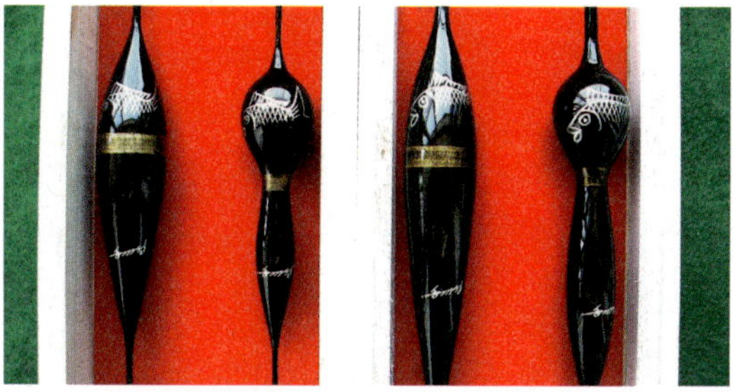

필자가 직접 제작한 찌의 몸통부분.

고정채비 방식으로 쓴다.

관통찌는 찌톱부터 찌다리까지 찌 전체를 원줄이 관통할 수 있도록 제작한 것으로, 필자가 1996년에 창안하여 2년여의 기능 실험을 하고, 그 후 1998년부터 회원들과 함께 시험 사용하다가 2001년에 낚시잡지에 소개했던 것이다. 지금은 사용이 보편화되었으나 개발 당시에는 우리 낚시회의 회원들마저도 찌 기능이 불가능하다고 했던 모델이다. 그러던 것이 이제는 수초직공채비를 하는 사람이면 대부분 관통찌를 가지고 있을 정도가 되었다.

고리찌가 고정식으로 되어있어서 바람이 불 때 수초구멍에 찌를 세우기가 불편한데 반해 관통찌는 유동식으로 되어있어서 바람에 흔들림이 적어서 수초구멍에 찌를 세우기가 용이하다. 관통찌는 고리찌나 반관통찌에 반해 찌톱이 손상될 염려도 거의 없다.

가지바늘 개량한 '덧바늘' 채비

전통적인 붕어낚시 바늘채비의 기본은 외바늘이다. 그러나 경남과 호남에선 옛날부터 봉돌 위에 바늘이 하나 더 달린 '가지바늘채비'를 사용하였다. 이 가지바늘 채비는 주로 지렁이를 미끼로 한 낚시에서 사용한다고 하여 호남에서는 '지렁이 정식'이라고 불린다.

지금도 이 가지바늘 채비는 일부 고전적인 낚시를 구사하는 사람이나 초보자들이 많이 사용되는데, 그것의 응용채비인 '덧바늘채비'가 훨씬 낫고 편리해서 소개하고자 한다.

가지바늘 채비

낚시점에 가면 쉽게 구입할 수 있다. 그림에서 보는 바와 같이 조개봉돌을 중심으로 윗바늘과 아랫바늘이 일정한 간격으로 고정되어 있다. 바늘의 크기는 주로 7~9호이며, 봉돌의 크기에 따라서 호수가 매겨져 있다.

가지바늘 채비

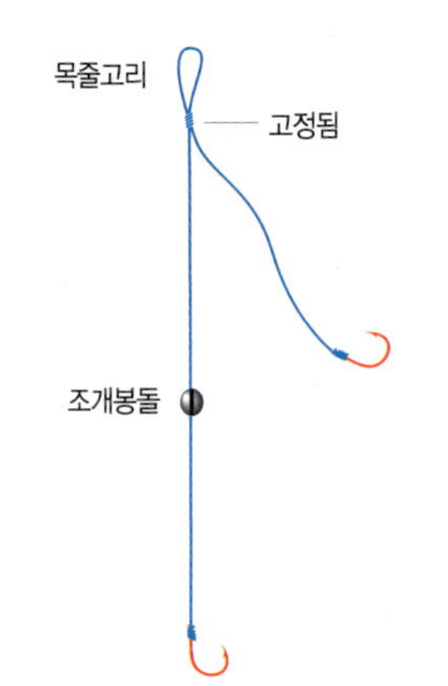

이 가지바늘 채비를 구입해서 사용할 때는 자신이 가지고 있는 찌의 부력에 맞는 봉돌인지를 확인하여 구입한다. 대개 봉지에 '몇 푼 찌에 몇 호 바늘' 식으로 표시되어 있다. 이는 대략적인 찌맞춤의 의미를 갖는다.

덧바늘 채비

'덧'은 '겹친다'는 뜻이 아니라 '추가한다'는 의미다. 즉 봉돌 아래에 외바늘을 기본으로 두고, 봉돌 위에 필요에 따라서 바늘 하나를 더 추가하는 것이 덧바늘채비다. 따라서 평소에는 외바늘로 낚시하다가 필요시에 봉돌 위 원줄에 바늘 하나를 추가로 달아서 가지바늘 형태로 사용한다.

또 경우에 따라서는 봉돌 아래의 바늘을 제거하

고 위에 있는 덧바늘만 사용한 낚시를 하기도 하고, 덧바늘이 필요 없어지면 덧바늘을 제거하고 다시 외바늘 채비로 사용한다. 그러므로 덧바늘은 항상 탈착이 가능해야 한다.

이 덧바늘 채비는 필요에 따라 바늘의 크기나 목줄의 강도를 스스로 자유롭게 조절할 수 있으며, 찌와 봉돌만 가지고 정확한 찌맞춤을 한 후 따로 용도에 따라 바늘채비를 하므로 가지채비와 달리 정밀한 찌맞춤의 채비다.

또, 봉돌 위에 추가하는 덧바늘은 유동식이므로 바늘의 높이를 언제든지 조절하여 붕어의 눈높이에 맞출 수가 있다. 가령 바닥에서 20cm 높이에 덧바늘을 위치시킬 수도 있고 50cm 높이에 덧바늘을 위치시킬 수도 있다.

덧바늘 채비

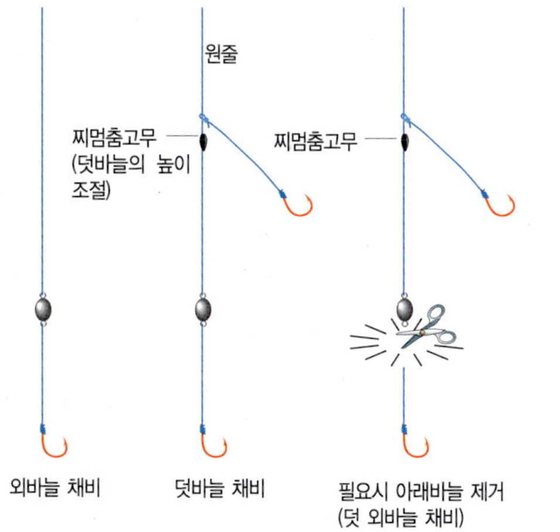

덧바늘 채비의 활용이 요구되는 경우는 의외로 많다. 그 이유는 바닥 상태에 따라서 바늘을 바닥에서 약간 높이 띄워 사용해야 할 경우와 붕어의 유영층에 따라 바늘 높이를 조절해야 할 경우가 있기 때문이다.

덧바늘이 필요한 바닥상태

–수초 삭은 줄기가 퇴적되어 있는 곳

–바닥이 감탕인 곳

–바닥에 청태가 있는 곳

–바닥에서 수초 새 순이 밀생하여 자라고 있는 곳(특히 동절기)

덧바늘이 필요한 붕어 회유상태

–붕어가 떠서 먹이활동을 할 때(특히 봄에 참붕어 산란 시)

–여름에 붕어가 표층에 떴을 때

–키가 크게 자란 침수수초 위에서 붕어가 활동할 때

–하절기에 수면을 덮고 있는 뗏장수초 그늘을 공략할 때

제7장 낚싯대의 선택

대나무 낚싯대를 들고 들 끝자락의 수로에 나가 낚시를 했던 내가 성인이 되었을 때는 이미 글라스 로드도 사라지고 카본 로드가 등장하면서 낚싯대는 점차 고가품이 되었다. 고급화 추세에 따라 카본 소재에 새로운 물질을 첨가한 낚싯대가 연이어 나와 낚시터에서도 고급 낚싯대와 저급 낚싯대의 차별이 생겨나게 되었다.

그러나 낚싯대는 사치품이 되어서도 안 되고, 사치품일 수도 없다. 기왕이면 편하고 손맛이 좋은 고급 대를 쓰는 것이 좋겠지만, 꼭 값비싼 대가 아니라도 자기가 구사하고자 하는 낚시 패턴에 맞는 낚싯대를 구비하여 즐기면 되는 것이다.

낚시점에 진열된 다양한 종류의 붕어낚싯대. 내 스타일에 맞는 낚싯대를 찾아야 한다.

내 스타일에 맞는 대를 찾아야

낚싯대는 낚시도구 중에서 낚시인의 취향과 낚시스타일을 가장 많이 반영하는 도구다. 본인의 취향과 구사하고자 하는 낚시 기법에 따라서 적합한 낚싯대가 달라지기 때문이다. 이렇게 스스로에게 필요한 낚싯대를 선택하기 위해서는 용도에 맞는 낚싯대를 고를 수 있는 안목을 갖는 것이 중요하다.

낚싯대를 선택할 때는 낚싯대의 가격에 따른 질적인 부분이 중요한 것이 아니라 낚시인의 취향과 패턴에 맞는 낚싯대의 종류가 더 중요하다고 하겠다.

만약 수초지대에서 대어낚시를 즐겨한다면 최고가의 연질 카본대는 맞지 않다. 오히

낚싯대를 펼쳐놓고 어신을 기다리는 낚시인. 낚싯대는 내 분신과도 같은 것이기에 처음 고를 때 신중해야 한다.

려 싼 글라스 로드가 더 적합할 수 있고 만약 카본대를 선택한다면 아래 〈표〉에서 보는 바와 같이 경질대를 선택해야 옳다. 근래에는 고급 카본 소재의 대어낚시 전용 경질대가 회사마다 생산되어 출시되고 있다.

마찬가지로 중층낚시를 구사하고자 한다면 그에 맞는 중층낚시 전용 낚싯대를 사야 한다. 용도에 따른 낚싯대의 세부적인 선택 요령은 아래와 같다.

용도에 따른 낚싯대 선택

용도	성질	소재	길이	비고
떡밥낚시	연질(중경질)	카본(반카본)	1.5~3.5칸	손맛 위주
대형붕어낚시	경질	카본(글라스)	1~6칸	초기 제압 위주
내림낚시	경질(중경질)	카본	12~18척	손맛+초기 제압
중층낚시	경질(중경질)	카본	12~18척	손맛+초기 제압
공 통	중경질	글라스, 카본, 반카본	1~4칸	주관적 선택사항

낚싯대의 올바른 관리

낚싯대를 급하게 펴거나 접지 마라

낚싯대를 펼 때는 차분히 빼되 마디의 끝 부분에서 힘을 주어 완전히 빼주어야 한다. 낚싯대 마디를 조심한다고 적당히 빼 놓으면 낚시하는 도중 스르르 접혀버리는 불편이 있을 뿐만 아니라 마디 사이에 공간이 생겨서 이슬이나 물 등에 의해 수막이 형성되고, 이러한 상태에서 붕어를 걸거나 수초에 걸려 힘을 주게 되면 걸림에 의해 강한 힘이 작용하면서 고착현상이 발생, 낚시를 마친 뒤 접으려고 할 때 낚싯대가 접히지 않는 낭패를 당하게 된다.

낚싯대를 접을 때 마디가 쉽게 들어가지 않으면 그 마디 부분에서 살짝 들었다가 톡 쳐서 넣으면 된다. 그래도 들어가지 않으면 뒷마개를 풀고 바닥에 동전이나 깨끗한 돌의 평평한 부분에 낚싯대를 수직으로 세운 다음 살짝 들었다가 톡 내리치면 들어간다. 이때 위의 여러 마디가 동시에 접혀지면 초릿대부터 조심해서 다시 뽑아낸 다음 밑의 마디부터 접어 넣어야 마디 파손을 방지할 수가 있다.

낚싯대는 절대 바닥에 놓지 마라

낚싯대를 바닥에 놓으면 우선 무심코 돌아서다 밟아버리는 일이 흔히 발생한다. 그렇게 밟는 순간 낚싯대는 부서진다.

낚싯대를 접을 땐 수건으로 물기와 이물질을 닦아내면서 접는다.

또 낚싯대를 바닥에 놓으면 아무리 조심해도 흙이 묻게 된다. 흙이 묻은 상태에서 대 마디를 접으면 내부로 묻어 들어간 흙 알갱이에 의해서 마디가 잘 빠지지 않게 되고 이것을 억지로 빼내려다가는 흠집이 나기 십상이다.

그렇기 때문에 낚싯대는 항상 받침대에 올려져 있어야 하고, 불가피한 경우라면 차라리 물에 놓는 것이 현명하다.

씻고 닦고 말려라

하루 낚시를 하고 나면 우리가 모르는 새에 낚싯대에는 이물질이 엉겨 붙는다. 물에 닿는 부분은 물때가 엉기고, 노출된 부분은 이물질들이 엉기게 된다. 그러므로 낚시를 끝낸 뒤에는 낚싯대를 접기 전에 물때가 묻은 부분을 물속에 흔들어서 헹군다. 만약 물때가 없다면 억지로 물을 묻힐 필요는 없다. 낚싯대에는 물이 항상 악영향을 주기 때문이다.

다음으로 한 마디씩 물기를 닦으면서 접는다. 이때에도 수건으로 닦는 동작을 하다가 자칫 위쪽으로 순간적 힘이 가해지면 마디가 꽉 끼어 접히지 않는 경우가 있으니 주의해야 한다.

그리고는 집에 도착하면 낚싯대를 말린다. 여건이 허락한다면 각 마디를 모두 분해해서 닦아 말리면 좋으나 그런 여건이 되지 않으면 공기가 잘 통하는 공간에 가방을 열어 두는 것이 좋다. 만약 습기가 있는 상태로 가방을 닫아서 보관하면 낚싯대 도장에 물집이 생기게 되고, 나중에는 벗겨져 흉하게 된다.

얻어서 쓸지언정 빌려 쓰지 않는다

'마누라는 빌려줘도 낚싯대는 못 빌려 준다' 는 말이 있다. 낚싯대를 빌려서 사용하고자 하는 사람은 보나마나 생초보일 것이고, 그런 사람이 아무리 주의한들 온전하게 관리할 수는 없을 것이다.

필자도 그런 경험이 있지만 꼭 문제가 발생하곤 했다. 물론 빌려 쓴 사람이야 조심스럽게 관리했겠지만 돌아온 낚싯대는 항상 예전과 같지 않으니 아예 빌리지도 말고 빌려주지도 말아야 하는 것이 낚싯대다. 만약 빌려달라는 요청을 거절하기 어려우면 차라리 값싼 낚싯대 한두 대를 마련해 주는 것이 현명할 것이다.

낚싯대 자유자재로 다루기

어떤 이는 '짧은 대만 사용한다' 고 자랑삼아 말하고 어떤 사람은 '항상 긴 대 위주로 사용한다' 고 자랑삼아 말하는 것을 볼 수가 있다. 또 어떤 이는 휨새 좋은 연질대만 사용한다고 하고, 어떤 이는 항상 힘 있는 경질대만 사용한다고 한다.

이것은 각자의 선호도에 국한되는 얘기인데, 그런 선호도가 고정관념이 되어 더 이상의 발전을 저해하기도 한다. 낚싯대를 고를 때는 우선 자기의 취향을 고려하되, 그러면서도 가장 중요시해야 하는 것은 현장의 상황에 맞추는 것이다. 제사의 지방을 쓰면서 큰 붓을 잡을 수 없고, 작은 글씨를 쓰는 세필로 광화문 현판을 쓸 수는 없는 것이다.

따라서 낚싯대는 내가 어떤 기법의 낚시를 구사할 것인가? 앞치기로 할까 구멍치기로 할까? 생각한 다음에 선택할 문제다.

만약 떡밥낚시를 하려 한다면 앞치기 기법으로 낚싯대를 운용하는 것이 타당할 것이다. 그리고 수초가 적당히 분포되어 있다면 앞치기든 휘둘러치기(스윙)든 취향대로 해도 될 것이다. 그러나 수초가 아주 밀생해 있는 지점의 좁은 수초 사이에 찌를 세우려 한다면 직접 들어서 채비를 넣는 직공법(구멍치기)이 타당할 것이다. 그리고 주로 앞치기를 사용하는 사람이라도 비바람이 심하게 불 때라면 휘둘러치기 방법이 타당할 것이다.

따라서 낚싯대를 어느 경우든 자유롭게 사용하기 위해서는 이러한 기법들이 사전에 숙달되어 있어야 한다. 대개 '수초구멍치기 대신 앞치기로 수초 속에 던져 넣어야 고수' 라고 말하는데, 꼭 그렇지는 않다.

수초직공채비를 기피하는 사람은 수초가 아주 밀생한 곳에선 찌를 세우기 위해 우선 수초부터 시원하게 제거하려 든다. 그 경우 소란함에 놀라 큰 붕어는 달아나버린다. 엄밀히 말하자면 수초도 자연의 일부이고, 다음에 그 자리에 낚시를 하러 오는 사람마다 보는 안목과 기법의 차이가 있으므로 가능하면 수초를 많이 훼손시키지 말고, 있는 그대로의 상태에서 낚싯대 운용 기법으로 해결하면서 낚시를 하는 것이 바람직하다.

근래 대어가 많이 출현하여 유명해진 포인트를 가보면 얼마 지나지 않아서 그 부분의 수초가 뿌리까지 다 없어지고 휑하니 망가져 있는 경우를 흔히 볼 수 있는데, 진정 낚싯대를 명검으로 쓸 줄 아는 사람들은 그런 짓을 하지 않는다. 수초를 일부 제거하더라도 줄기 몇 가닥만 정리할 뿐 바닥 뿌리까지 훤하게 없애지는 않는 것이다.

붕어낚시의 고수가 되려면 4칸 대까지는 앉아서 정확한 앞치기를 구사할 수 있도록 숙달되어야 하고, 5칸 대도 비바람 속 낮은 파라솔 아래에서 휘둘러치기로 원하는 자리에 찌를 세울 수 있어야 하며, 갈대가 밀생하여 전혀 구멍이 없어 보이는 자리에도 낚싯대를 들어서 흔들림 없이 직공으로 찌를 세울 수 있어야 하는 것이다.

낚싯대를 젖히며 수초 속으로 파고드는 붕어를 빼내고 있다. 긴 낚싯대도 유연하게 다룰 수 있을 정도로 숙련하는 것이 필요하다.

고수는 낚싯대 휘두르는 소리가 작다

영화나 TV에서 보면 칼을 휘두를 때 바람 가르는 소리가 난다. 그러나 그것은 극적 효과음일 뿐 실제로 뛰어난 무사가 휘두르면 바람 가르는 소리가 작다. 힘 센 장사도 팔 힘만으로 대나무나 짚단을 일거에 자르려 한다면 소리만 크고 깔끔하게 잘려 나가지 않는다. 유연한 동작에서 순간 칼질이 되어야 소리 없이 깔끔하게 잘려 나간다.

바로 낚싯대를 운용하는 원리도 이와 같다. 우리가 낚싯대를 들고 던지는 것은 팔이지만 온 몸의 동작이 유연하게 이루어져야만 채비가 부드럽게 제 자리에 날아가 안착하는 것이다.

낚시터에서 아무리 갖은 폼을 다 잡고 최고급 낚싯대를 휘두르고 있어도 휙휙 하는 바람소리가 많이 난다면 고수라 할 수 없다. 바람 소리가 많이 난다는 것은 낚싯대를 힘으로 휘두르고 있다는 얘기다.

제8장 찌

물밖에 있는 낚시인이 물 속에 있는 붕어의 움직임을 알 수 있는 것은 '찌'가 있기 때문이다. 찌를 보고 있으면 붕어가 물 속에서 바늘의 미끼를 물었는지, 미끼 주위에 몰렸는지, 찌를 통해 나타나는 움직임을 보고 감지할 수 있다. 붕어의 움직임이 찌를 통해 고스란히 낚시인에게 전달되므로, 찌를 잘 사용하고 그 움직임을 잘 읽어내는 것이 붕어와의 승부에서 승패를 가름한다.

붕어찌는 몸통의 재료와 형태, 길이, 부력에 따라 다양하게 분류한다.

재료에 따른 분류

오동찌-오동나무를 쪄서 진을 뺀 뒤 건조한 재료를 찌의 몸통으로 사용한 찌다. 재료로 가장 많이 쓰이며 형태도 다양하다.

발사찌-주로 남미에서 수입한 발사목을 잘라 만든 찌다. 비중이 0.2로 오동나무보다 가벼워 부상력은 좋으나 재질이 약한 편이다. 발사목은 1년에 4m씩 자라기 때문에 속이 무르고 부력이 세다.

스기찌-스기목(일본 삼나무)으로 만든 찌를 말하며, 재질이 단단하여 긴 찌를 주로 만든다. 부력이 약한 편이다.

고요한 수면의 찌. 낚시인은 찌의 움직임을 통해 물속 붕어의 움직임을 알 수 있다.

공작찌–공작새 꼬리 깃털의 몸통 부분에서 기름성분인 유지를 빼고 건조한 뒤 3~4개를 붙여 몸통 재료로 사용한 찌다. 형태는 단순하나 부상력은 좋아 고급 찌로 통한다.

갈대찌–갈대의 텅 빈 마디를 몸통으로 사용한 찌이며, 공작찌와 유사한 단순형태가 많다. 한 개의 갈대를 이용한 찌도 있고 여러 개를 붙여 만든 찌도 있다.

수수깡찌–수수의 이삭이 열리는 대공을 소재로 사용한 찌다. 공작, 갈대찌와 유사한 형태를 갖는다.

콜크찌–콜크나무의 껍질을 이용한 찌로 껍질 특성상 길게 만들기 어려워 주로 오뚜기형이나 유선형의 형태를 갖는다.

합성찌–오동과 공작, 공작과 갈대 등을 합성하거나 플라스틱 재료 등을 합성하여 제작된 찌를 말한다.

기타–나무열매, 수초 줄기, 스티로폼, 여뀌대공, 솔껍질 등 부상력을 갖는 모든 재료는 찌의 재료가 될 수 있다. 메추라기 알을 이용한 찌도 출시되고 있다.

형태에 따른 분류

막대찌–몸통이 긴 막대 모양을 가지며, 찌놀림이 가볍고 예민하다.

유선형찌–몸통이 유선형이며, 찌놀림이 유연하다.

오뚜기찌–몸통이 둥근 원형이며, 직립성이 강하다.

이중부력찌–몸통이 두 개 이상으로 분리된 형태이며, 직립성이 강하다.

수초직공찌–찌톱에 고리를 장착한 고리찌와 찌몸통 또는 찌톱부분부터 원줄을 관통하여 작은 수초구멍에 곧바로 세울 수 있도록 제작된 찌다.

부력에 따른 분류

저부력찌–1돈중(=10푼, 3.75g) 이내의 부력을 갖는 찌를 말한다. 상용 중인 도래추로는 0.8호 이내, 고리추로는 4호 이내에 해당된다.(이는 제조 회사별로 차이가 있다)

중부력찌–1~1.5돈중(약3~6g) 정도의 부력을 갖는 찌를 말한다. 상용하는 도래추로는 1~1.5호, 고리추로는 5~7호가 이에 해당된다.

고부력찌–2돈중(약7g) 이상의 부력을 갖는 찌를 말한다. 상용하는 도래추로는 2호 이상, 고리추로는 8호 이상이 해당된다.

좋은 찌를 고르는 요령

전체 균형을 본다

눈으로 보아 찌의 균형이 전체적으로 잘 잡혔는가를 확인한다. 저부력의 찌인데 멋을 부리기 위해서 과도하게 길게 만든 찌는 아닌지, 찌톱이나 찌다리가 일직선이 되지 않고 구부러진 상태인 건 아닌지 확인하는 것이다. 육안으로 가늠하여 찌의 톱과 몸통 그리고 다리까지 일직선이 되어야 하고, 몸통에 굴곡이 없어야 한다.

회전시 대칭을 본다

찌를 똑바로 세우거나 찌톱과 찌다리를 잡고 돌려보아서 똑바로 회전되어야 하고, 불규칙하게 회전하면 불량품이다.

찌의 무게중심이 잘 맞는지 가늠해보는 필자.

도포가 매끈한지 본다

매끈하고 고르게 도포가 되어 완전한 방습이 되어야 한다. 찌 몸통의 도포가 제대로 되지 않으면 기포가 생기고, 사용 중에 습기가 스며들어 부력에 변동이 생겨 정확한 찌올림을 볼 수 없다.

색상이 산뜻한지 본다

산뜻하고 찌톱의 마디 구분이 명확해야 하며, 각자의 시력에 맞는 색상 및 배열인가를 고려한다.

찌 선택의 제1기준은 '부력'

대체로 떡밥낚시를 즐기는 낚시인들은 저부력의 찌를 선호하고, 새우 등 생미끼 대어낚시를 즐기는 낚시인들은 고부력의 찌를 많이 사용한다. 떡밥콩알낚시를 할 땐 저부력 찌가 예민하기 때문에 작은 입질 동작에도 초기 반응이 민감하여 찌끝의 어신을 읽어 내기가 용이하다. 반면 생미끼 대어낚시에서는 부력이 커야 수초지대에서 채비를 안착시키기 쉽고, 잔 입질을 피하여 무겁고 중후한 입질을 유도해내기 좋다.

그러나 저부력 찌라서 붕어가 잘 올리고 고부력 찌라서 붕어가 입질을 하는데도 못 올리고 하는 경우는 없다. 다만 예신 상황에서 민감성에 약간의 차이가 있을 뿐 정상적인 붕어의 입질이라면 본신은 정상적으로 나타난다.

찌의 형태와 크기에 있어서도 낚시인 개개인마다 취향이 다르다. 어떤 낚시인은 저부력의 아주 날렵하고 찌톱이 가늘고 긴 찌를 좋아하고, 또 다른 이는 고부력이면서 중후하고 무게감이 있는 찌를 선호한다. 또 어떤 이는 긴 장찌를 선호하고, 어떤 이는 짧은 단찌를 선호한다.

찌의 형태에서도 어떤 낚시인은 날씬한 막대형을 좋아하고, 어떤 이는 안정감이 있는 원구형 찌를 좋아하며, 또 다른 누군가는 유선형이나 그와 유사한 혼합형 찌를 좋아한다.

그러나 잘 제작된 찌는 어느 형태, 어떤 크기, 어떤 부력을 가진 찌이든 호불호를 결정할 수가 없다. 문제는 얼마나 찌의 기능을 잘 살릴 수 있도록 제작하였느냐에 따라서 좋고 나쁨의 차이가 생길 뿐이다.

떡밥낚시엔 저부력찌가 좋다

양어장이나 수초가 없는 맨바닥 포인트에서 떡밥콩알낚시를 할 때는 저부력의 찌를 사용하는 것이 좋다. 그 이유는 떡밥낚시를 할 때는 예신 동작에서 민감한 찌의 반응을 필요로 하고, 씨알보다는 마릿수 위주의 낚시를 즐기기 때문에 작은 입질에도 예민한

균형 잡힌 찌 선택법

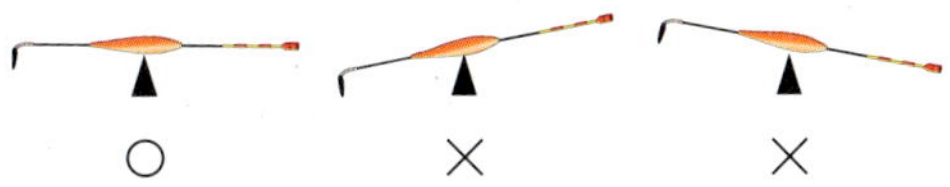

①무게 중심이 맞는지 본다

찌 몸통의 중심점을 손가락 위에 놓았을 때 찌 전체가 기울지 않고 수평을 유지할수록 좋다.

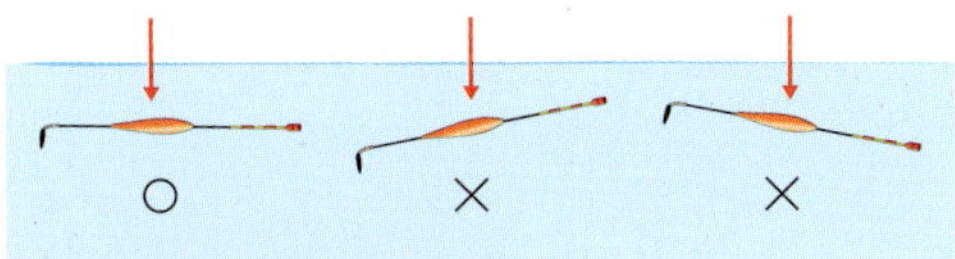

②부력 중심이 맞는지 본다

찌를 물에 띄우고 찌 몸통의 중심점을 지그시 눌렀을 때 찌가 기울지 않고 수평상태로 잠겨들수록 좋다.

이러한 무게중심과 부력중심은 따로 위치하는 것이 아니라 가급적 찌 몸통의 무게중심부분에 일치되어야 수직입수와 부드러운 찌놀림의 효과가 크다.

찌를 고르는 필자. 낚시점에는 다양한 형태와 소재, 부력, 길이를 가진 찌들이 진열되어 있어 그 중 자신의 낚시스타일에 맞는 제품을 찾아야 한다.

찌놀림이 있어야 하기 때문이다.

또 떡밥낚시를 구사할 때는 주로 연질 낚싯대를 사용하게 되는데, 봉돌이 무거운 고부력의 찌를 사용하면 앞치기할 때 낚싯대 끝이 봉돌의 무게를 이기지 못하고 처지는 현상이 생겨서 정확한 투척이 어렵다. 더불어 최대한 묽게 반죽해서 달아 던지는 떡밥도 날아가는 도중에 쉽게 떨어져 나간다. 또 수면에 착수할 때도 상당한 소음을 일으키며, 입수 동작도 비교적 빠르게 나타난다. 따라서 떡밥낚시를 할 때는 고부력의 찌보다 저부력의 찌를 사용하는 것이 좋다.

생미끼낚시엔 고부력찌가 좋다

수초지대를 주요 공략 대상으로 하는 생미끼 대어낚시에서는 고부력의 찌를 사용하는 것이 좋다. 대어낚시에서는 잔챙이의 경박스럽고 민감한 입질보다 큰 붕어의 무겁고 정확한 입질을 읽어내는 낚시를 하기 때문이다.

또 대어낚시를 할 때는 대부분 경질대를 사용하기 때문에 고부력의 무거운 봉돌도 낚싯대의 탄력만으로 충분히 감당할 수 있다. 더불어 수초지대의 작은 구멍이나 수초 언저리에 투척하여 찌를 세울 때도 부력이 큰 찌가 유리함은 당연하고, 바닥층에 있는 침수수초나 삭은 수초 줄기 등을 봉돌이 누르고 채비를 안착시키는 데도 유리하다.

특히 대어낚시를 하면서 수초구멍을 직접 공략하는 직공법(들어뽕)을 할 때는 흔들림과 바람의 영향을 줄일 수 있는 고부력찌의 중요성이 증대된다.

대가 길수록 찌도 길고 센 부력을 세팅

찌의 형태는 개인 취향에 맞추더라도 사용하는 낚싯대의 길이에 따른 찌 길이와 부력은 개인의 취향을 벗어나 일정한 기준에 맞춰 쓰는 것이 좋다.

1칸 대부터 5칸 대까지 다양한 길이의 낚싯대를 가지고 있다면 천편일률적으로 같은 길이, 같은 부력의 찌를 사용하는 것은 좋지 않다. 짧은 대에는 그에 맞는 저부력의 짧은 찌를, 긴 대에는 그만큼 길고 부력이 큰 찌를 사용하는 것이 합리적이다.

수초를 주로 공략하는 대어낚시를 제외하고, 일반적인 낚시 상황을 기준으로 대략적인 기준을 예시한다면,

-2칸 이하의 짧은 낚싯대에는 35cm 전후로 짧고 3g 정도의 저부력을 가진 찌를 사용하고,

-2.1칸~3.0칸의 낚싯대에는 40~50cm 길이에 3.5~4g 부력을 가진 찌를 사용하며,

-3.1칸~4.0칸의 낚싯대에는 50~60cm 길이에 4.5~6g 부력을 가진 찌를 사용한다.

-4칸 이상이 되면 부력은 증가하나 찌의 길이는 오히려 짧은 게 좋다. 4칸~5칸의 낚싯대라면 40cm 정도의 길이에 찌톱이 굵어 시인성이 좋은 찌로 7g 정도의 부력이면 적당하다.

그러나 이렇게 낚싯대에 맞는 찌를 선택하여 채비할 때도 위에서 구분한 찌의 길이에 꼭 맞춰서 균일하게 사용하는 것은 아니다. 예를 들면 2칸 낚싯대에 40cm 길이의 찌를 채비한다면 2.5칸에는 45cm, 3.0칸에는 50cm와 같이 순차적으로 길이와 부력 정도를 적용하여 채비하는 것이 좋다.

근래 들어 예민한 낚시가 유행을 타면서 찌 길이는 점점 길어지고, 반대로 부력은 점점 작아지는 경향이 있다. 그러나 찌는 몸통 부력과 찌의 길이 사이에 균형이 적절히 맞아야 찌로서의 제 기능을 갖게 된다. 만약 찌 길이가 50cm가 넘는데 비해 부력이 3g 미만이라면 정상적인 찌의 기능을 갖기 어렵다.

예쁜 찌에 현혹되지 말자

낚시를 할 때 실제로 물고기를 걸어내는 것은 낚싯줄과 바늘이다. 그러나 우리 붕어낚시인들은 실제로 물고기가 달려 나오는 채비와는 거리가 먼 찌를 가장 중요하게 여긴다.

이유는 간단하다. 우리가 물 속을 볼 수 없으니 우리 눈을 대신해서 물 속 상황을 전달해 줄 매개체가 필요한데, 그 역할을 해줄 수 있는 것이 바로 찌이기 때문이다. 이 찌야말로 우리에게 붕어낚시의 참맛을 배가시켜 주는 역할을 한다.

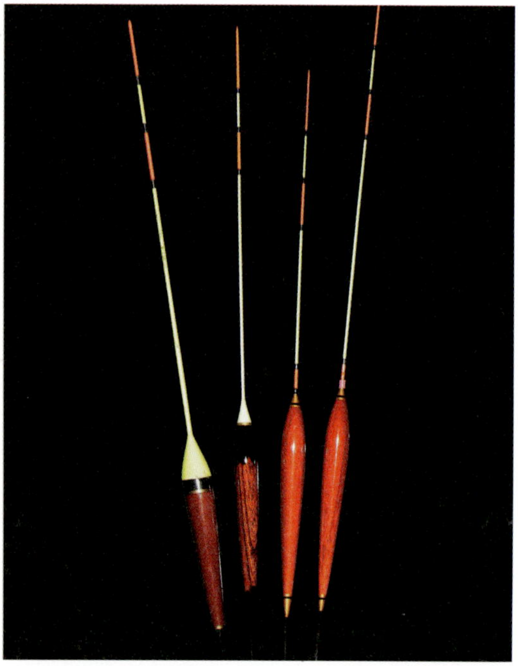

찌는 형태보다 부력이 중요하다. 사진의 찌들은 비슷한 형태지만 부력이 제각각 다르며 그에 따라 찌의 성질이 달라진다.

초보 낚시인들은 찌에 대해서 크게 고민하지 않지만 중급쯤 되면 찌에 온갖 열정을 쏟아붓는다. 모양새가 잘 생긴 찌, 즉 보기에 좋은 찌를 선호하여 비싸게 구입한다. 그리고 낚시점에 들를 때마다 새로 나온 예쁜 찌를 구입하면서 소장하는 찌가 날로 늘어난다.

그러다가 조력이 쌓이면 찌 모양에 따라서 사용처를 구분하는 등 찌의 실전 사용법에 대한 고민을 한다. 이때가 비로소 자기 취향과 낚시터 상황에 따라 궁합에 맞는 찌를 골라서 채비를 할 수 있게 되는 단계다.

따지고 보면 고수들은 어떤 경우에 어떤 찌를 사용하더라도 그 찌 끝의 움직임을 읽어내는 능력이 있기 때문에 찌의 소재나 외적인 미관 따위는 그리 중요하게 생각하지 않는다. 다만 그 장소와 구사하고자 하는 기법에 맞는 찌인가를 고려할 뿐이다.

찌의 형태에 따른 특성

막대형 찌 – 빠르고 민감하다

막대형 찌는 부력의 중심이 몸통 전체에 분산되어 있고, 수중에서 상하 운동을 할 때 물의 저항을 덜 받는다. 따라서 입질이 왔을 때 찌에 나타나는 반응이 민감하므로 예로부터 가장 많이 사용해 온 형태다.

그러나 찌의 입수가 비교적 빠르기 때문에 찌 입수과정에서의 찌맛은 덜한 편이며, 수로나 강과 같은 흐르는 물에서는 물의 저항을 심하게 받는 특성이 있다. 그러므로 막대형 찌는 물의 흐름이 있는 곳은 피하고 물의 흐름이 없는 장소에서 떡밥콩알낚시를 구사하고자 할 때 적당하다. 특히 챔질감각이 민감한 낚시꾼에게 잘 어울리는 찌다.

붕어찌의 여러 형태

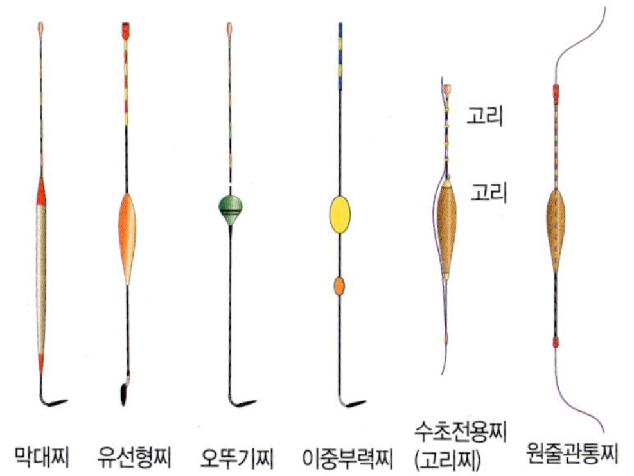

오뚝이형(원구형) 찌 – 차분하고 부드럽다

오뚝이형 찌는 흔히 '다루마 찌' 라고도 부른다. 다루마는 일본어로 '1달마대사, 2오뚝이' 의 뜻을 가진다. 아마 배가 불룩한 달마대사의 형상에서 오뚝이라는 뜻이 파생된 것이 아닐까 한다. 어쨌든 그 몸통이 원형이거나 원형에 가까운 모양, 또는 실제 오뚝이 모양으로 제작된 찌를 다루마찌라고 말하는데(원구형 찌를 별도로 구분하기도 한다), 오뚝이찌나 원구형 찌라는 우리말로 사용하는 것이 좋겠다.

이러한 오뚝이형 찌는 부력의 중심이 몸통의 중심에 집중되어 있고, 물 속에서 상하 운동을 할 때 물의 저항을 많이 받는다. 따라서 입수할 때는 수면에서 받는 물의 저항 때문에 채비가 정렬되는 과정에 따라서 서서히 입수를 하고, 입질이 들어왔을 때는 찌에 나타나는 반응이 차분하고 부드럽다.

또 찌의 중심이 잘 유지되기 때문에 물의 흐름에 지탱력이 강하여 강이나 수로와 같이 물 흐름이 있는 장소에서 유리하다.

유선형 찌 – 가장 무난한 형태

유선형 찌는 막대형과 오뚝이형의 중간형이다. 흔히 '헤라형'이라고 하는데, 이는 일본식 표현이므로 유선형 찌라고 하는 게 좋겠다. 제작 작업에 따라서 그 모양은 다양하지만 근본적으로 찌의 중심유지와 물의 저항 정도 등의 특징은 유사하며, 찌 부력의 중심은 거의 몸통의 한 부분에 집중된다. 따라서 흐르는 물에서도 비교적 잘 지탱하며, 물 속에서 상하 운동을 할 때에도 물의 저항을 크게 받지 않아 입질시 반응도 비교적 예민한 편이다.

이러한 유선형 찌는 어느 장소나 기법을 사용하더라도 무난히 공용할 수 있는 찌다.

이중부력 찌 – 차분하고 수직입수 잘 된다

이 형태는 찌의 몸통이 두 개 이상의 부력 통으로 나뉘어 있는 찌를 말한다. 이때의 부력 통은 위 아래로 분리되어 제작되거나 원구형에 막대형을 연결하는 등의 형태로 제작된다. 이때 대개 주 부력 통이 위에, 보조 부력 통이 아래에 위치한다.

이러한 이중부력 찌는 수직입수에 유리하고, 물의 흐름에 비교적 지탱력이 강하여 흐르는 물에서 사용하기 유리하며, 물 속에서 상하 운동을 할 때 물의 저항을 많이 받게 되므로 입질시에 그 반응이 비교적 차분한 편이다.

관통찌 – 수초직공에 특효

찌톱부터 찌다리까지 완전히 관통하는 관통찌와 찌 몸통만 관통하는 반관통찌가 있다. 이 관통찌는 유동찌와 같이 날라리가 없이 유동채비로 사용하며, 주로 수초지대의 작은 구멍을 공략할 때 사용한다.

아무리 작은 수초 구멍이라도 일단 그 수초 구멍에 찌를 떨구기만 하면 원줄이 찌를 관통하여 내려가서 자리를 잡게 되므로 수초 걸림을 방지할 수 있고, 수초에 의한 찌 손상도 예방할 수 있는 장점이 있으나, 예민성이 다소 떨어지므로 민감한 낚시 기법을 구사하는 데는 일부 제한이 된다. 또한 반관

유선형 찌

오뚝이형 찌

수심이 깊을수록 고부력찌가 좋다

저부력찌를 선호하는 낚시인이라 하더라도 수심이 아주 깊은 포인트라면 중부력 이상의 찌를 사용해야 한다. 대개의 경우 떡밥낚시를 할 때는 2~3m 수심대를 선호하는데 그 정도라면 저부력의 찌를 사용해도 문제가 없다. 그러나 수심이 5m 정도가 되면 수압의 영향을 받게 되므로 저부력찌는 그 기능을 수행하는데 지장을 초래한다. 그것은 봉돌뿐만 아니라 수중에 길게 잠긴 원줄이 수압의 영향을 받기 때문이다.

경우에 따라서는 수압뿐만 아니라 대류의 영향을 많이 받아 채비가 흐르게 되므로 수심이 깊은 곳에서의 저부력찌는 불리한 경우가 많다.

물이 흐르면 오뚝이형 찌가 좋다

물 흐름이 있는 곳에서는 자체 중심이 잘 유지되어 물의 흐름을 지탱할 수 있는 오뚝이형 찌가 유리하다. 막대형 찌는 중심이 분산되어 있어서 물 흐름을 많이 타 눕거나 잠기기 일쑤다. 물의 흐름이 있는 곳에서는 부력도 중부력 이상을 사용하는 것이 좋다.

통 찌는 찌톱을 수시로 교환할 수 있도록 되어있고, 사용 중에 찌톱의 손상이 자주 일어나므로 항상 예비 찌톱을 준비하여 필요시 교환할 수 있도록 준비해야 한다.

고리찌 – 수초 공략용 모델

고리찌는 찌의 톱 부분에 원줄을 끼울 수 있는 작은 고리를 부착한 것으로 관통찌와 함께 수초 전용 찌다. 고리찌는 관통찌가 찌 중심을 통해 원줄이 유동하는 것과 달리 찌 고무에 꽂아 쓰는 고정찌다.

사용할 경우와 사용 방법은 관통찌와 유사하나 찌톱의 손상이 자주 일어나는 단점이 있다.

제9장 찌맞춤

'찌맞춤' 이란 찌에 봉돌을 세팅하는 것이다. 이때 찌의 부력에 꼭 맞는 무게의 봉돌을 달아야 찌가 최대한의 예민성과 성능을 발휘하여 붕어가 약간만 미끼를 건드려도 그 순간을 낚시인에게 정확히 전달해준다.

즉 붕어낚시에 있어서의 찌맞춤은 조과를 결정하는 기본적 요소다. 더불어 우리가 붕어낚시를 하면서 빼놓을 수 없는 '찌맛' 을 극대화시켜주는 요소가 바로 찌맞춤이다.

찌맞춤 잘 해야 '찌맛' 이 좋아진다

이러한 찌맞춤 방법은 낚시를 하는 사람마다 약간씩의 미세한 차이가 있고, 각각의 주장이 첨예하여 낚시계의 영원한 논쟁거리이기도 하다. 나는 그 중 찌맞춤의 기본을 제시하고 그 방법을 단순화하고자 한다.

찌맞춤의 기본은 '낚시인이 어떤 기법의 낚시를 구사할 것인가에 따라서 그에 맞게 찌의 부상력과 봉돌의 침하력을 조절하는 것' 을 말한다. 만일 찌의 부상력이 더 크면 수중의 봉돌이 바닥에 닿지 않고 떠있는 상태가 될 것이고, 봉돌의 침하력이 더 크면 봉돌이 바닥에 너무 무겁게 가라앉아 붕어가 입질을 하더라도 그 반응이 즉각 전달되지 않을 것이다. 찌맞춤 방법은 표준으로 할 것인가, 가볍게 할 것인가, 무겁게 할 것인가의 세 가지로 대별된다. 이 세 가지 범주 안에서 어느 것이 표준인가, 얼마나 가볍게 해야 하는가, 얼마나 무겁게 해야 하는가 하는 것은 낚시인마다 추구하는 기법의 차이가 있고, 각각의 개성과 취향이 다르기 때문에 교과서적 통일이 어려운 것이다.

그러나 남을 따라 하는 초보시절을 벗어나, 스스로 채비를 연구하며 하는 수준에서 가장 많은 연구와 고민을 해야 하는 이 찌맞춤의 굴레는, 어느 시기가 되면 자신도 모르게 앞서 언급한 세 가지 방법으로 대범한 상태가 된다. 그리고 얼마나 가볍거나 무겁게 할 것인가에 대한 스스로의 적용점을 찾아서 쉽게 맞추고 단순하게 사용하게 된다.

봉돌은 떠 있고 바늘만 살짝 바닥에 닿아 있는 '가벼운 찌맞춤'. 이런 찌맞춤은 떡밥낚시에서 붕어의 입질이 아주 미약할 때만 사용하며, 대부분 봉돌이 바닥에 닿게끔 찌맞춤을 해야 찌올림이 시원스럽게 나타난다.

찌맞춤이 둔해도 붕어는 낚인다

최선의 찌맞춤은 남의 충고가 아니라 자기 스스로에게서 그 답을 찾아야 한다. 그리고 단순하게 생각해서 찌맞춤을 하고 자기가 한 찌맞춤에 대한 믿음을 가지고 있어야 한다. 자기 스스로가 어디에서 어떤 낚시를 할 것인가를 결정하면 그에 맞는 방법의 찌맞춤을 하고, 그대로 믿고 사용하면 되는 것이다.

자연 노지에서 전통적인 기법의 붕어낚시를 하려면 봉돌이 바닥에 닿도록 하는 맞춤법을 사용하고, 전층(중층이나 내림)낚시를 구사하려면 봉돌이 필요로 하는 만큼 떠 있도록 찌맞춤을 하면 된다.

또 양어장 낚시터나 하우스 낚시터에서도 구사하고자 하는 기법에 따라서 대상어와 환경에 맞도록 찌맞춤을 하면 되는 것이다.

즉 낚시기법에 따른 찌맞춤은 단순하다. 그런데 이러한 단순한 기준을 가지고 아주 미세한 변화에 너무 민감하게 반응하기 때문에 우리가 찌맞춤의 혼란에 빠지는 것이다.

찌맞춤으로 너무 고민하지 말자

예를 들면 '수온의 변화에 따라서 찌맞춤을 매번 달리해야 한다'는 주장이나, '물의 탁도에 따라서도 찌맞춤을 달리해야 한다'는 등의 생각은 지나친 걱정이다. 찌맞춤을 지나치게 강조한 나머지 수온에 따른 물의 비중, 탁도에 따른 물의 비중까지 감안하여 찌맞춤을 해야 한다는 주장인데, 내 생각으

수초대 공략. 이렇게 수초가 많은 곳에선 예민한 찌맞춤보다 약간 무거운 찌맞춤이 더 유리하다.

로는 이건 모르는 게 약이다.

내가 그동안 많은 사람이 주장하는 경우별 다양한 찌맞춤을 직접 경험해 보니, 사용하고자 하는 찌 한 개에 17가지 경우의 다양한 찌맞춤이 된 봉돌을 각각의 경우를 표시해서 가지고 있어야 할 지경이었다. 또 그때그때 상황에 따라서 하루에도 몇 차례씩 교체하면서 낚시를 해야만 하는 경우가 발생했다. 과연 이렇게 복잡해야만 찌맞춤이 완전하게 해결되는 것인가?

결론적으로 말하면 그렇게 할 필요까지는 없다. 그 각각의 주장에 논리성이 있기는 하나, 실제 자연상태의 수중에서 일어나는 현상은 우리가 생각하는 만큼의 큰 변화가 없다. 다소 미세한 변화가 있기는 하나 이는 붕어의 능력을 우리가 너무 과소평가하고 접근한 데서 비롯된 것이다.

찌맞춤은 낚기 위함이 아니라 즐기기 위함

5봉채비(멍텅구리채비)로 낚시를 해보자. 붕어의 능력과 찌올림 반응을 실험하고자 한다면 5봉 낚시에 그 답이 있다. 5봉채비는 바늘이 다섯 개나 주렁주렁 달려있고, 그 가운데는 큰 별사탕 모양의 납이 달려있다. 그리고 물을 먹으면 무거워지는 스폰지 조각도 달려 있다. 여기에다 탁구공만한 딱딱한 떡밥을 달아서 던져놓고 기다려보라.

붕어가 입질하면 그 무거운 채비를 물고 올라와서 찌를 넘어뜨린다. 이때 챔질을 해서 붕어를 걸어 내보면 그때까지도 탁구공만한 떡밥이 그대로 붙어 나올 정도다. 그토록 무거운 미끼와 채비도 거리낌없이 들어올릴 수 있는 입심을 붕어는 가지고 있다.

그렇다면 찌맞춤을 하지 않거나 대충 하여도 된다는 뜻인가? 그런 것은 아니다.

우리는 낚시를 맛으로 즐겨야 한다. 따라서 붕어낚시의 찌맛을 충분히 느끼게 해 주고 붕어와 찌를 통한 대화가 가능하며, 붕어와 진정한 대결을 하고자 한다면 수중에서 붕어 움직임을 미세한 동작까지 읽어낼 수 있도록 해야 하는데 이것을 도와주는 것이 정확한 찌맞춤이므로 찌맞춤은 꼭 필요한 것이다.

그러나 찌맞춤이 좀 둔하다고 해서 붕어를 낚지 못하는 것은 아니다. 즉 찌맞춤을 하는 이유는 낚여주는 붕어를 건져내는 것이 아니고 스스로 낚아내는 낚시를 하기 위함이다. 그것이 아주 정밀하지 않다고 해서 붕어를 전혀 낚지 못하는 것은 아니다.

실험-찌맞춤에 따라 붕어입질 동작이 달라질까?

필자는 대형 수족관에 붕어를 넣어놓고, 붕어의 동작과 찌의 움직임에 대해 실험을 했다. 찌맞춤의 예민성 정도에 따라 붕어의 행동이 어떻게 변할까 실험해본 것이다.

수조에서 찌올림 비교 실험

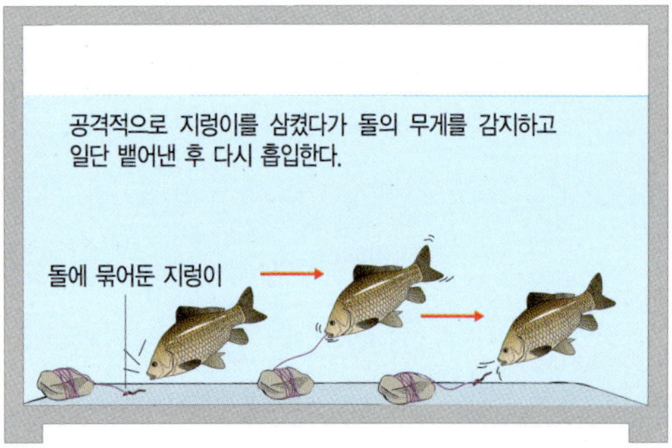

무거운 찌맞춤을 해도 일단 지렁이를 삼키고 떠오르면 붕어는 찌 몸통이 수면 위로 올라올 때까지 이물감을 느끼지 않는다. 완전히 찌몸통 부분까지 올라왔을 때 비로소 이물감을 느낀 붕어는 지렁이를 뱉어낸다.

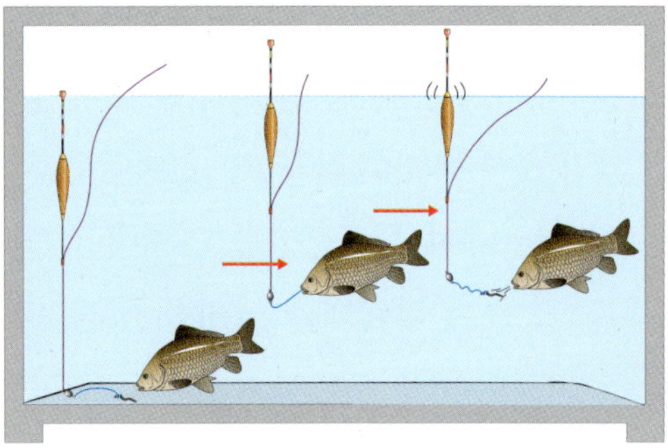

봉돌이 지나치게 무거울 때

이 실험을 위해서 엄지손가락만한 조약돌에 지렁이 한 마리를 달아서 넣어두고 관찰을 했다. 한동안 반응을 보이지 않던 붕어가 일정 시간이 지난 후 서서히 접근하더니 지렁이를 살짝 건드려 보고는 아주 공격적으로 단숨에 흡입하고 지렁이를 빼가기 위해 세차게 흔들면서 들어 올리려고 애를 썼다. 그러다가 아무래도 돌이 들리지를 않자 이내 뱉어 내고는 한 바퀴 휙 돌아서 포기한 듯 무관심하다가 한참 후 다시 서서히 접근하더니 순식간에 지렁이를 물고 머리를 흔들어 빼가려고 애를 썼다.

두 번째 동작에서는 머리를 들고 올리려는 동작 없이 곧바로 머리를 흔드는 동작을 한동안 하다가 뱉어냈다. 이 동작이 크고 과격하여 바닥의 모래가 패일 정도였다. 그 이후로는 한동안 지렁이 미끼에 접근하지 않았다. 아마도 포기한 듯했다.

먹이를 눈앞에 둔 붕어. 수조 실험 결과 일단 먹이를 입에 넣은 붕어는 그 끝에 돌이 달려 있어도 개의치 않는 과감성을 보였다.

고수들의 찌맞춤

붕어낚시에 입문하여 가장 먼저 갖는 의문이자 가장 오랫동안 가지는 의문이 '찌맞춤을 어떻게 할 것인가'다.

그러나 고수가 되면 이 부분에 대단히 너그러워진다. 마치 산사의 큰 스님처럼 초연해져서 찌맞춤에 대한 고민을 크게 하지 않고 자기에게 맞는 찌맞춤을 쉽게 해서 적용한다. 이렇듯 찌맞춤의 굴레에서 벗어나야 비로소 고수가 될 수 있는 것이다.

실제로 붕어낚시 고수들은 다음에서 정리하는 찌맞춤 방법 중 어느 한 가지 방법을 선택하여 쉽게 사용한다. 흔히 말하는 1/100mg 정도의 예민성을 가지고 고민하지는 않는다.

무거운 찌맞춤일 때

이번에는 무거운 찌맞춤(봉돌이 찌 부력보다 무거운)을 한 상태에서 지렁이를 달아서 넣어놓고 관찰을 했다. 이 실험에서 붕어는 바늘에 꿰어놓은 지렁이를 단숨에 흡입하고는 별 부담 없이 서서히 머리를 들고 떠오르면서 오물거리다가 찌톱이 다 올라서 찌 몸통이 수면에 이르자 잠시 후에 뱉어냈다.

뱉어 낸 지렁이는 약간 손상이 되어 늘어진 상태가 되었고, 한참 후 다시 접근하여 눈 깜짝할 새에 지렁이를 흡입하더니 한 쪽으로 끌고 가서 오물거리다가 다시 뱉어냈다. 그런 후에는 무관심해져버렸다. 그리고 시간이 지나자 다른 붕어가 접근하여 같은 동작을 했다.

가벼운 찌맞춤일 때

이번에는 봉돌이 약간 떠있고 바늘만 바닥에 닿도록 찌맞춤을 가볍게 하여 실험을 했다. 이 실험에서도 붕어의 동작은 위의 무거운 찌맞춤일 때와 별 차이가 없었고, 찌에 나타나는 찌놀림 또한 눈에 띄는 차이가 없었다.

미약한 찌올림은 찌맞춤 탓 아니다

수족관 실험 관찰에서 본 바와 같이 붕어는 다소 무거운 찌맞춤을 하더라도 미끼를 흡입하고 들어주는 동작에 어려움을 느끼지 않고, 찌는 자체 상승력이 작동하여 솟아오른다.

또 무거운 찌맞춤이나 가벼운 찌맞춤이나 찌는 붕어가 들어주는 폭에 따라서 그에 비례하여 오르는 모습으로 나타난다. 즉 찌올림은 붕어가 할 나름이라는 것이다.

문제는 붕어가 먹이를 흡입했을 때 이질감을 느끼면 입질을 하다가도 뱉어내는 경우가 있기 때문에 붕어가 그 이질감을 크게 느끼지 않도록 부력을 조절해 주는 것이 필요하다. 이것이 우리가 하는 찌맞춤이다.

표준 찌맞춤을 하는 필자. 봉돌만 단 상태로 찌톱 끝을 수면에 일치시킨다.

붕어가 먹이를 흡입했을 때 이질감을 느끼지 않을 만큼의 허용범위는 표준 찌맞춤을 기준으로 했을 때 다음 찌맞춤 방법에서 제시하는 무거운 찌맞춤법이나 가벼운 찌맞춤법의 범주에 들 것으로 생각된다.

낚시할 때 간혹 미세한 찌올림이 나타난다면 그 이유는 우리가 찌맞춤을 한 봉돌이 무거워서가 아니라 붕어의 입질 동작이 그러하기 때문이다. 붕어가 입질하였는데도 찌가 시원하게 올라오지 못하는 것은 당시의 수중환경이 지저분해서 입질이 시원하지 못했거나, 붕어의 활성이 떨어져 입질이 약했거나 하는 것이 원인일 경우가 많다. 결코 찌맞춤이 둔해서 찌올림이 미세한 것은 아니다.

물론 찌의 자체 상승력이 떨어지는 불량품인 경우, 찌의 몸통에 물이 스며들어 그 기능이 상실된 경우도 있겠지만 극히 예외적인 상황이다.

표준 찌맞춤

가장 많이 쓰고 실전효과가 좋은 방법

이 방법은 전통 찌맞춤, 또는 수평 찌맞춤이라고도 하며, 붕어낚시인들이 가장 오랫동안 사용해 온 방법으로 지금도 가장 많이 쓰는 방법이며, 필자가 즐겨 쓰는 방법이기도 하다.

자연 저수지나 대형 호수, 강, 수로 등 어느 곳에서나 토종붕어를 대상으로 전통 바닥낚시를 하는 경우라면 전천후로 사용할 수 있다. 대상어종으로는 붕어를 주 어종으로 하여 잉어, 향어는 물론 마자 등 기타 어종 낚시에서도 통한다.

표준 찌맞춤의 가장 큰 특징은 낚시를 할 때 봉돌이 바닥에 '살포시' 안착하는 상태가 된다는 것이다. 따라서 물 흐름, 수온변화에 의한 대류현상(물 돌기)에도 안심하고 사용할 수가 있다.

이 방법은 붕어가 입질을 할 때 예신과 본신의 구분이 명확하고, 비교적 찌올림이 차분하고 중후하다.

①봉돌만 달고 맞추기(기본형)

전통적인 표준 찌맞춤의 기본은 찌에 봉돌만 달고 수조에 넣었을 때, 찌가 서서히 가라앉다가 잠시 멈춘 후 다시 서서히 상승하여 찌 끝이 수면과 일치하여 멈추게 하는 찌맞춤법이다.

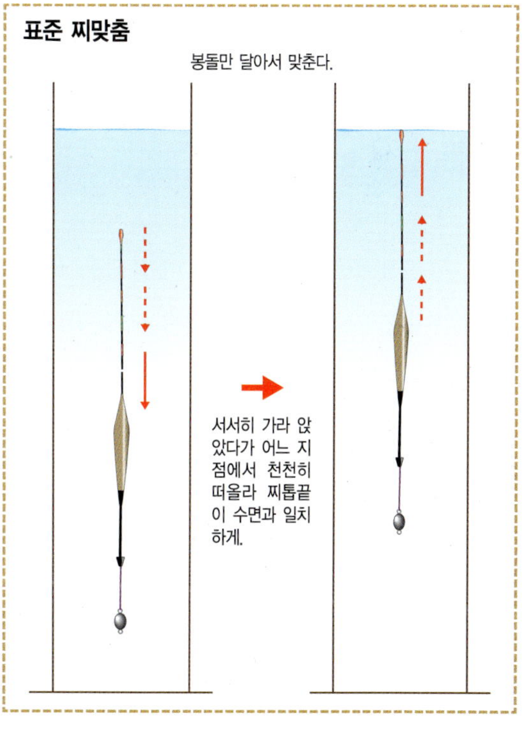

이렇게 맞추기 위해서는 처음에는 바닥까지 내려가서 정지할 정도의 약간 무거운 봉돌을 선택해서 조금씩 봉돌을 깎아가면서 원하는 상태로 맞춘다. 이렇게 기본적인 표준 찌맞춤을 하여 바늘만 달아서 넣어보면, 찌가 서서히 가라앉아 다시 떠오르지 못하고 바닥에 바늘이 닿고 목줄이 약간 휜 상태로 정지하게 된다. 그러나 원줄까지 채비해서 넣어보면 비로소 봉돌이 더 내려가서 바닥에 살포시 안착한 상태가 된다.

이 상태가 우리가 실제로 낚시할 때에 표준 찌맞춤에서 수중의 채비가 안착되는 모습이다.

②케미 달고 맞추기

표준 찌맞춤에서 조금 더 예민성을 키운, 케미라이트(찌에 다는 밤낚시용 발광체)의 무게까지 감안하여 맞추는 방법이다. 실제로 기본적인 표준 찌맞춤을 한 찌에 케미를 '깊이 끼워' 넣어보면 찌가 서서히 내려가서 올라오지 못하고 바닥에 가라앉은 상태가 된다(다만 케미를 조금만 끼우면 케미꽂이 내부에 공기층이 남아서 그것이 부력으로 작용, 찌는 다시 떠올라서 기본 찌맞춤과 유사한 모습을 보인다).

이렇게 맞춤할 경우도 실제로 낚시를 할 때는 찌 끝이 수면에 도달하거나 조금이라도 노출된 상태로 찌를 세우게 되면 봉돌은 바닥에 살포시 닿은 상태가 된다. 따라서 비록 응용방법으로 케미라이트를 끼워서 맞추더라도 표준 찌맞춤과 별 차이가 없으며 그 범주에 포함할 수 있는 방법이다.

③바늘 달고 맞추기

표준 찌맞춤의 기본에서 한층 더 예민성을 강조한 찌맞춤이다. 이 방법은 찌에 케미를 달고, 낚싯바늘까지 달아서 맞추는 방법이다. 즉 케미에 낚싯바늘의 무게까지 추가하여 기본 찌맞춤보다 가볍게 맞추는 것이다.

이때도 찌 끝은 수면과 일치하게 맞춘다. 이렇게 바늘을 달고 찌맞춤을 했을 경우도 실제 낚시를 할 때 평소에 우리가 낚시하듯이 찌 끝을 수면에 노출되게 세우고 바닥의 채비 상태를 관찰해 보면 봉돌은 바닥에 안착된 상태가 된다. 따라서 이 방법도 표준 찌맞춤의 범주에 포함한다.

수초낚시, 대어낚시엔 무거운 찌맞춤

이 방법은 주로 수초지대에서 낚시를 하고자 할 때 많이 쓰는 찌맞춤 방법이다. 수초지대를 노릴 때에는 바닥의 삭은 수초 줄기나 침수수초 가닥에 채비가 얹히는 것을 방지하고 원활하게 채비를 바닥에 안착시키기 위해 무거운 찌맞춤을 한다.

특히 대어낚시를 할 때는 수초가 없는 곳에서도 무거운 찌맞춤을 자주 쓴다. 큰 붕어는 그만큼 입심이 강하기 때문에 무거운 찌맞춤에도 아랑곳없이 찌를 시원스레 올려주기 때문이다. 오히려 무거운 찌맞춤이 잔챙이 붕어의 미세한 입질을 적당히 걸러주기 때문에 잔 입질에 일일이 반응하는 피로감을 덜어주기도 한다.

직공채비로 좁은 수초구멍에 미끼를 넣으려 하고 있다. 이런 상황에선 약간 무거운 찌맞춤이 유리하다.

무거운 찌맞춤 방법은 표준 찌맞춤보다 약간 더 무거운 봉돌을 단다. 즉 찌에 봉돌만 단 상태에서, 찌가 서서히 내려가서 살포시 바닥에 안착한 후 올라오지 못하고(표준 찌맞춤은 도로 올라오지만) 그대로 자리 잡는 상태로 맞춘다. 이때는 처음에 빠르게 내려가는 봉돌을 선택해서 조금씩 깎아내 가면서 아주 서서히 내려가서 안착하도록 맞춘다.

만약 무거운 찌맞춤을 할 때 찌가 빠른 속도로 내려가서 봉돌이 바닥에 닿는 소리가 툭! 하고 날 정도면 봉돌이 지나치게 무거운 것이므로 조금씩 더 깎아서 소리가 나지 않고 살포시 자리를 잡도록 맞추는 것이 좋다.

이러한 무거운 찌맞춤을 하더라도 미세한 반응은 전달이 더디나 큰 붕어의 정확한 입질은 어김없이 찌에 전달되므로 걱정하지 않아도 된다.

그러나 이 경우는 표준 찌맞춤의 범주는 벗어난 것이다.

유료낚시터에선 가벼운 찌맞춤

가벼운 찌맞춤 방법은 자연 노지보다 양어장에서 많이 사용하는 방법이다. 인공적으로 방류한 양어장 등 유료낚시터의 붕어와 중국에서 수입한 붕어, 떡붕어 등은 입질이 자연산 토종붕어에 비해 미약하기 때문에 가벼운 찌맞춤을 해야 많이 낚을 수 있다(무거운 찌맞춤으로는 낚지 못할 수도 있다).

가벼운 찌맞춤은 우리가 실제로 낚시를 할 때 모든 채비를 다 세팅한 상태에서 봉돌은 뜨고 바늘과 미끼만 바닥에 닿은 상태를 만드는 것이다.

이 경우 실제 낚시를 할 때 찌톱을 한 마디쯤 노출시켜서 낚시를 하여도 봉돌은 바닥에 닿아있지 않고 떠있는 상태가 된다. 따라서 아주 미세한 입질에도 찌가 반응을 하지만, 반면에 찌에 나타나는 입질동작은 짧은 단점이 있다. 그러므로 챔질 동작이 빠른 낚시인에게 적합한 방법이다. 특히 마릿수 낚시에서는 유용하나 대어낚시에서는 불리하다.

또 물의 흐름이 있는 곳에서는 사용하기

붕어는 우리 생각보다 찌를 많이 올린다

낚시를 하면서 흔히 경험하는 것 중에 하필이면 식사할 때나 옆 자리에 잠깐 가 있을 때, 혹은 잠든 사람의 찌가, 우리가 평소에 지켜보고 앉아 있을 때보다 곱절이나 높이 올라온다.

왜 그때 그렇게도 멋지게 찌를 올릴까? 붕어가 물 속에서 낚시인을 보고 놀리는 것일까? 아닐 것이다. 우리 낚시인들이 그렇게까지 찌를 올리기 전에 챔질해버렸기 때문이다. 붕어가 찌를 조금만 올렸다가 입질을 끝내버린 경우가 있었기 때문에 우리는 불안한 나머지 더 기다리지 못하고 챔질해버린다.

가벼운 찌맞춤

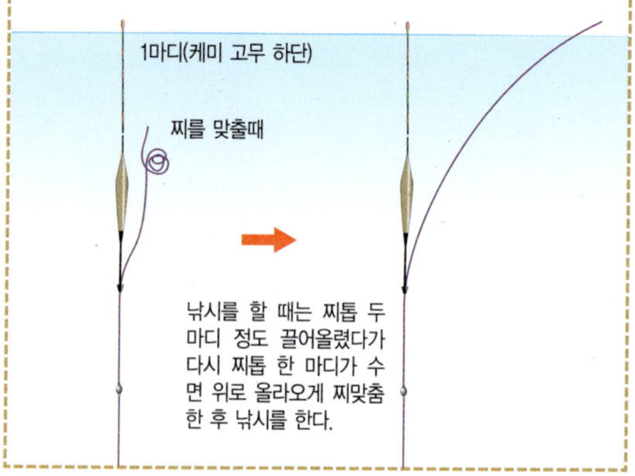

유료낚시터의 붕어는 입질이 약으므로 그것을 잡아내기 위해 예민한 찌맞춤이 필요하다.

곤란하며, 피라미 등의 잡어가 성화를 부리는 곳에서도 불리하다.

가벼운 찌맞춤 요령은 찌와 케미, 바늘, 원줄까지 모두 달아서 실제 낚시할 때와 같이 케미꽂이 하단의 잘록한 부분이 수면과 맞도록 맞춘다. 이런 상태에서 찌 끝의 케미만 제거하여도 찌는 수면 위로 솟구쳐서 몸통 가까이까지 수면에 올라온다. 그리고 실제 낚시 중에 찌톱을 수면 위로 많이 띄우면 바늘과 미끼가 바닥에 닿게 할 수 있다.

수심 조절 방법은 찌톱이 수면 위로 서너 마디쯤 노출된 상태에서 수심을 확인하고, 조금씩 내려서 한 마디 정도가 수면에 노출되도록 한다.

특히 표준 찌맞춤이나 무거운 찌맞춤의 경우는 수조에서 맞춘 상태 그대로, 낚시터에서 현장 찌맞춤을 별도로 하지 않아도 되지만, 가벼운 찌맞춤의 경우는 현장에서 그 맞춤 상태를 꼭 확인해야 한다. 그래서 현장 상황이 달라진 경우에는 현장에서 다시 조절해서 맞춰야 한다.

찌맞춤 고민 해소를 위한 제안

여러분이 알고 있는 여러 가지 찌맞춤법을 낚싯대마다 각각 다르게 적용해서 놓아두고, 입질이 오면 챔질하지 말고 가만히 관찰해 보라. 아마 찌맞춤에 따른 찌올림의 차이는 거의 없다는 사실을 발견할 수 있을 것이다.

이렇게 하루만 붕어를 낚지 말고 관찰해 보면 찌맞춤의 고민에서 해방되어 한 차원 높아진 의식 속으로 나갈 수 있다. 특히 케미라이트가 찌올림에 미치는 영향 등 아주 미세한 부분에 신경을 많이 쓰는 독자들에게 강력히 권한다. 꼭 챔질하지 않고 관찰하는 실험낚시를 해보기 바란다.

찌맞춤의 목적은 물 속에서 이루어지는 붕어의 입질이 물 밖에 있는 낚시인에게 정직하게 전달되도록 하는 것이다. 만약 붕어가 10cm밖에 올리지 않는데 20cm 올라오는 찌맞춤이 있다면 좋은 찌맞춤이 아니며 논리적으로도 맞지 않다.

만약 10cm 정도를 붕어가 올렸다면 목줄의 사각지대를 일부 고려하여 찌톱 2마디 정도에서 찌올림이 끝나야 옳다.

제10장 찌와 채비의 수중 세계

'찌는 무생물이면서도 생물이다' 하는 말이 있다. 붕어의 입질이 없을 때 가만히 서있는 찌는 무생물이다. 그러나 일단 붕어가 미끼에 접근하여 입질을 시작하면 찌는 즉시 살아 움직이는 생물로 바뀌어 우리 낚시인에게 수중의 붕어 행동을 전달해 주는 전령사 역할을 한다.

그러나 이처럼 찌가 생명력을 갖추고 마치 살아 움직이는 것처럼 물 속 붕어의 행동을 물 밖 낚시인에게 전달하기 위해서는 물 속에 있는 채비와 조화를 이루어야 한다.

물 속 채비의 형태는 우리 생각과 많이 다르다

실제로 실험을 하면서 물 속 채비를 관찰해본 결과 우리 낚시인들이 생각해온 것과 실제 채비의 움직임은 많이 다르다는 것을 알 수 있었다.

우리가 물 밖에서 막연한 상상만 할 것이 아니라 실험을 통해 실제 수중 세계를 관찰하면 상상과 실제 사이에 차이가 있다는 것을 알게 되고, 좀 더 과학적이고 논리적인 답을 얻어낼 수가 있다.

그리고 막상 답을 얻어놓고 보면 '아하! 그렇구나' 하는 지극히 상식적인 현상임을 금방 깨우치게 된다.

낚시란 그 물 밑에 과연 붕어가 있는지 없는지를 전혀 알 수 없는 불확실한 상황에서 수면에 찌를 세워놓고 기다리는 것이다. 언제일지 모르지만 붕어가 미끼에 접근해서 입질을 하면 그 붕어의 행동은 곧바로 수면에 있는 찌에 전달된다.

이때 찌에 나타나는 움직임은 붕어가 '나 여기 있소. 그리고 미끼를 물었소' 라고 말하는 것이며, 낚시인은 그 붕어의 말을 찌를 통해서 듣고 챔질한다. 이와 같은 일련의 과정은 원줄과 찌, 그리고 봉돌과 바늘 등 기본적인 채비의 조화를 통해서 일어난다. 그러나 그 조화는 우리가 상상하는 것과 많은 차이를 보인다.

▶수면에는 찌톱의 끝만 나와 있을 뿐 찌의 대부분과 목줄채비는 수중에 있다. 그런 물속 채비의 형태는 우리의 생각과는 많이 다르다.

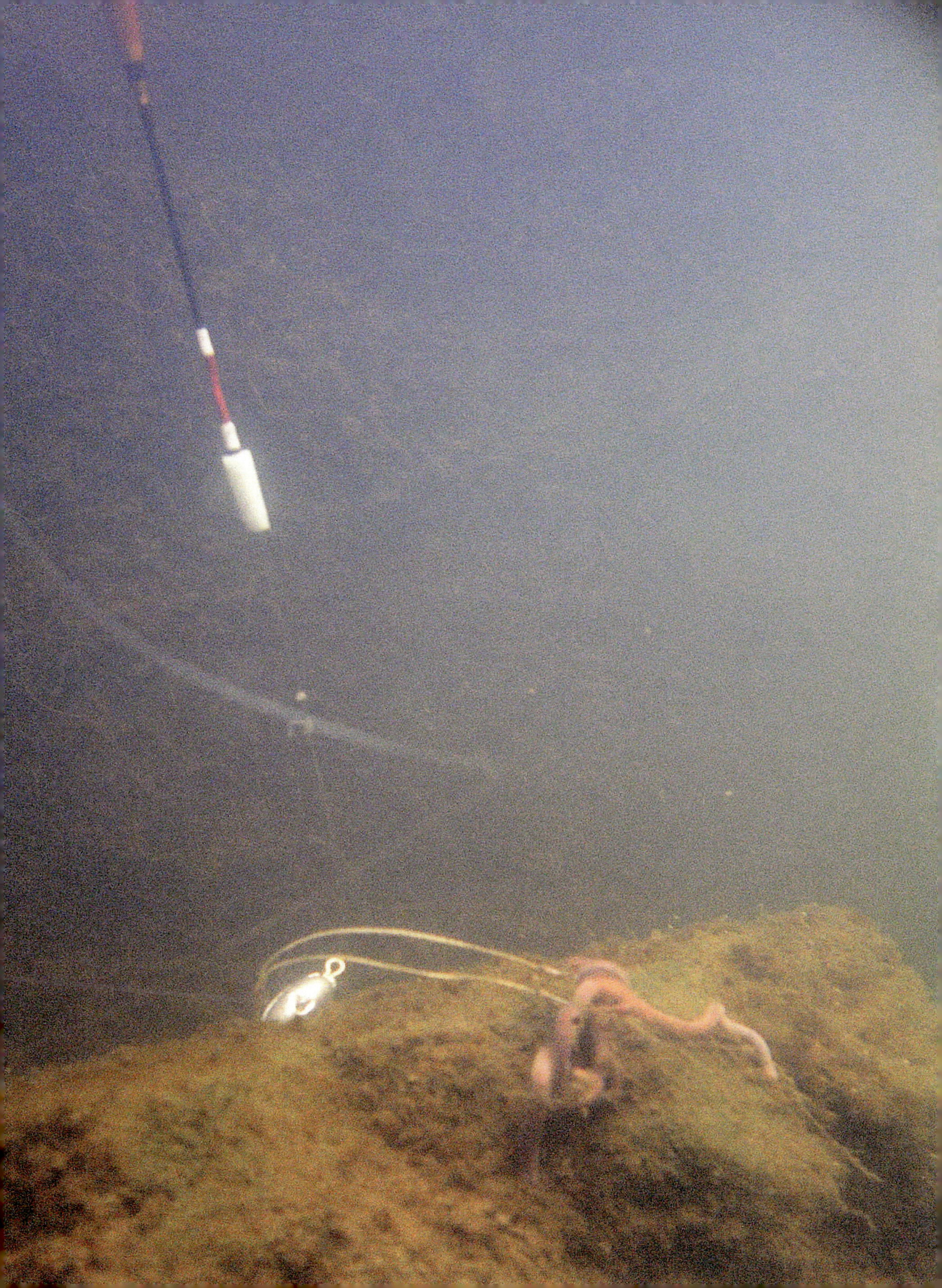

봉돌과 바늘 중 먼저 가라앉는 것은?

붕어낚시 채비를 물에 던지면 봉돌과 바늘 중 어느 것이 먼저 바닥에 닿을까? 상식적으로는 봉돌이 바늘보다 무거우니까 먼저 착지할 것 같은데, 과연 그럴까?

〈그림1〉과 같이 봉돌이 먼저 바닥에 닿는다고 생각하는 사람이 많지만 실제 봉돌과 바늘의 안착 순서를 관찰해보면 〈그림2〉와 같이 처음에는 봉돌이 먼저 빠른 속도로 바늘을 끌고 가라앉다가, 찌와 원줄의 각이 약 70도 각도를 이룰 때쯤(수면에 누워있던 찌가 벌떡 일어서는 순간에) 봉돌이 주춤하면서 바늘이 먼저 아래로 내려온다. 이후는 찌의 부력에 의해서 천천히 그 모습대로 내려가서 바늘이 먼저 바닥에 닿고, 이어서 봉돌이 바닥에 닿는다.

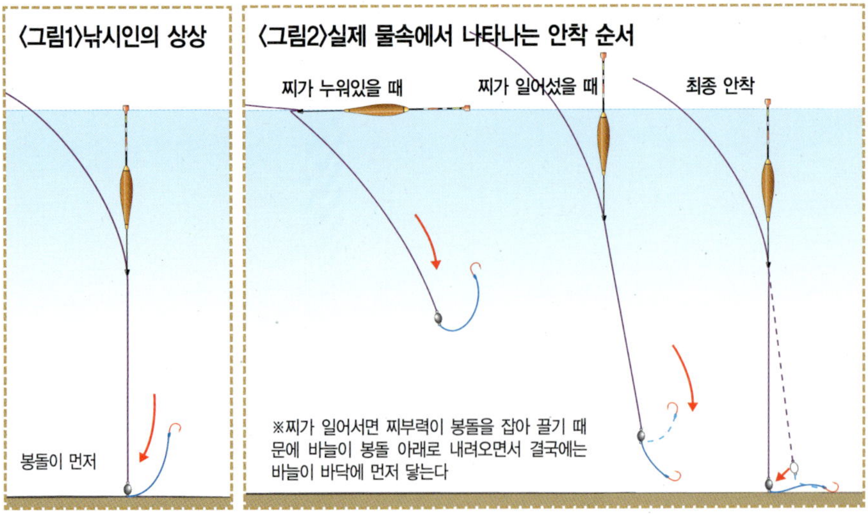

봉돌이 먼저 내려가지만 나중엔 바늘이 먼저 착지한다

이런 상황은 표준 찌맞춤을 했을 경우를 그림으로 설명한 것이지만 무거운 찌맞춤이나 가벼운 찌맞춤의 경우도 이와 같다. 만약 가벼운 찌맞춤의 경우라면 최종적으로 봉돌은 떠있고, 바늘만 바닥에 닿아있겠으나 안착하는 순서는 다르지 않다.

원줄의 사각은 무시해도 된다

예민한 낚시를 즐기는 낚시인일수록 원줄의 사각(斜角)에 대해 많은 신경을 쓴다. 즉 내가 사용하고 있는 채비의 원줄이 수중에서 바닥과 과도한 사선(斜線)을 그리며 비스듬히 서있는 것은 아닐까 하는 의구심을 많이 갖는다. 물 속을 볼 수 없으니 이러한 의구심은 당연하나 특히 찌올림이 생각보다 시원하지 않을 때는 결국 답답함으로 이어진다.

많은 사람들은 원줄과 바닥이 직각을 이루지 못하면, 즉 사선을 그리고 서있으면 찌올림에 지대한 영향을 준다고 생각한다. 그러나 실험 결과 원줄의 사선은 그렇게 크게 걱정할 문제는 아닌 것으로 나타났다.

좋은 찌(중심 유지가 잘 된 찌)로 제대로 찌맞춤을 해서 사용한다면, 물속에서 나타나는 찌와 미끼 사이의 사각은 우리가 우려하는 만큼 크지 않고, 설령 약간의 사각이 발생하더라도 찌올림에 큰 영향을 줄 정도는 아니다.

찌가 서서히 곧추설 때 원줄은 이미 수직 정렬

〈그림3〉원줄의 사각이 사라지는 이유

※바늘은 바닥에 닿은 후에도 봉돌을 따라 끌려 들어오며 봉돌이 닿은 후에도 약간 더 앞쪽으로 들어오기 때문에 실제로 생기는 채비(원줄)와 바닥이 이루는 각도는 90˚에 가깝다

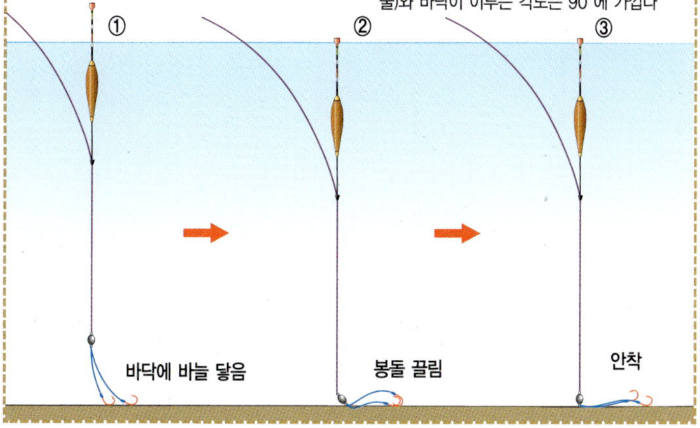

앞에서 채비를 수면에 투척하면 봉돌이 먼저 가라앉다가 찌가 일어설 때 바닥을 향해 내려가던 봉돌이 주춤한다고 설명했다. 이때 찌는 몸통과 수면에서 생기는 표면장력에 의해 잠시 누운 채로 채비가 내려가기를 기다리다가 벌떡 일어서서 다시 잠시 멈춘 후에 서서히 입수한다.

이렇게 찌가 수면에서 벌떡 일어서는 순간은 물속에서 가라앉고 있는 봉돌이 바닥과 거의 70도 각도를 통과할 때이며, 이때부터 봉돌의 아래로 당기는 힘이 크게 작용할 때이다.

이어서 찌가 서서히 입수하는 동안 원줄은 계속해서 바닥과의 각도를 수직에 가깝게 접근해 간다. 그리고는 수직상태에 거의 도달할 무렵에 바늘이 먼저 바닥에 닿는다〈그림3의 ①〉.

바늘이 바닥에 닿은 후에도 봉돌은 계속 원줄을 당기며 찌 밑의 수직 상태로 끌고 오면서 살포시 바닥에 닿는다. 계속해서 봉돌이 바닥에 닿은 상태에서도 장애물이 없는 한 봉돌은 조금 더 수직방향으로 끌린 후에 비로소 자리를 잡는다〈그림3의 ②〉.

따라서 원줄과 바닥이 이루는 최종적인 각도는 거의 수직에 가까우며, 장애물에 걸림이 없는 한 원줄과 바닥이 이루는 사선의 각도는 육안으로 그 차이를 구분하기 어려운 정도가 되고, 찌 밑 수직각도를 기준으로 봉돌까지 벌어지는 거리는 목줄의 길이 정도에 불과하다〈그림3의 ③〉.

그러나 수직입수 안 되는 찌도 있다

그러나 찌의 기능에 따라서 수직에 가까운 채비의 입수 여부가 달라질 수 있다. 만약 채비를 던졌을 때 잠시 누워 있다가 곧추서서 서서히 입수하지 않고, 수면에 떨어지자마자 곧바로 비스듬히 끌려 들어가는 찌라면 수직에 가까운 채비의 입수는 힘들다. 원줄이 찌 아래 수직방향으로 이동하는 시간을 벌어주지 못하고 찌가 끌려들면서 봉돌이 바닥에 닿아 버리기 때문이다.

그래서 중심이 잘 유지되는 찌가 좋은 찌라고 할 수 있다.

또 똑같은 찌를 사용하더라도 어떤 찌맞춤을 했느냐에 따라서 수직 입수에 약간의 차이를 보인다. 즉 가벼운 찌맞춤을 했을 때가 무거운 찌맞춤을 했을 때보다 조금이라도 수직에 가깝게 정렬이 된다. 그러나 그 범위가 아주 미세하므로 이도 걱정할 정도는 아니다.

그래도 안심이 안 된다면 채비를 투척한 후 찌가 수면에 일어서기 전에 낚싯대 손잡이를 한 뼘쯤 당겼다가 찌가 완전히 안착한 후 다시 앞으로 밀어주면 수중의 원줄은 완벽한 수직상태가 된다.

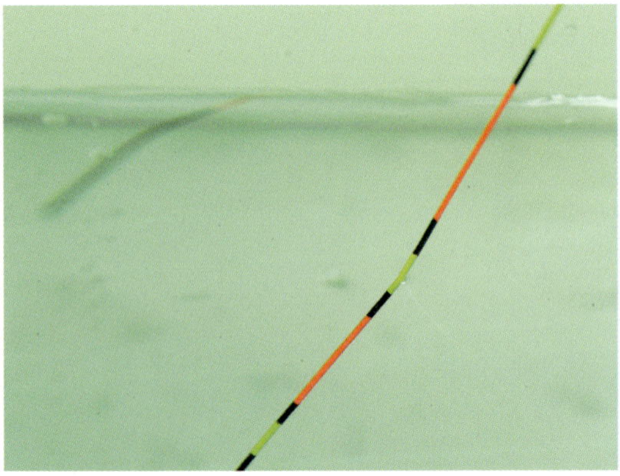

수중의 채비각도는 수면에서 보는 것보다 굴절돼 보인다.

물 밖에선 수직의 줄도 굴절돼 보인다

그런데 바닥이 훤히 보이는 물에서 이 채비의 사각 실험을 해본 이라면 필자가 설명한 내용을 이해하기가 어려울 것이다. 왜냐하면 바닥이 들여다보이는 큰 수조에서 채비를 내려놓고 물 밖에서 관찰해 보면 물 속 원줄과 바닥이 이루는 각도는 직각과는 상당히 멀게 보이기 때문이다.

필자도 실험하면서 수심 2m의 맑은 물에 채비를 넣었을 때 원줄은 직각에서 심하게 벗어나서 꺾여보였다. 그런데 낚싯대를 앞으로 밀어 사선을 없이 하여 찌 높이의 변화를 관찰해 보니, 눈으로 보이는 그 사선각이 직각으로 가까워지면 그만큼 찌톱은 올라와야 하는데, 실제로는 그렇지 않았다. 한 뼘 이상 올라와야 하는 상황인데도 찌톱은 반 마디 올라오는 것이 고작이었다.

왜 그럴까? 그 이유는 물 속에서 굴절되는 빛의 굴절각에 의해 물 밖에서 바라보는 우리의 눈에는 그렇게 실제보다 큰 각으로 꺾여 보인 것이다.

그래서 나는 좀 더 정확한 실험을 위해 추와 부표를 연결한 줄을 찌 옆에 수직으로 가라앉혀 놓고 관찰해 보았다.

이렇게 관찰한 결과 수직선상에서 벌어진 원줄의 바닥 거리 차는 불과 5cm 정도였으며, 이를 수직 상태로 다시 맞추었을 때 찌톱은 겨우 반 마디 정도 상승하였다. 따라서 우리가 낚시를 하면서 흔히 염려하는 채비 수직 입수의 유무는 실제로는 그리 걱정할 것이 못 되는 '반 마디' 수준인 셈이다.

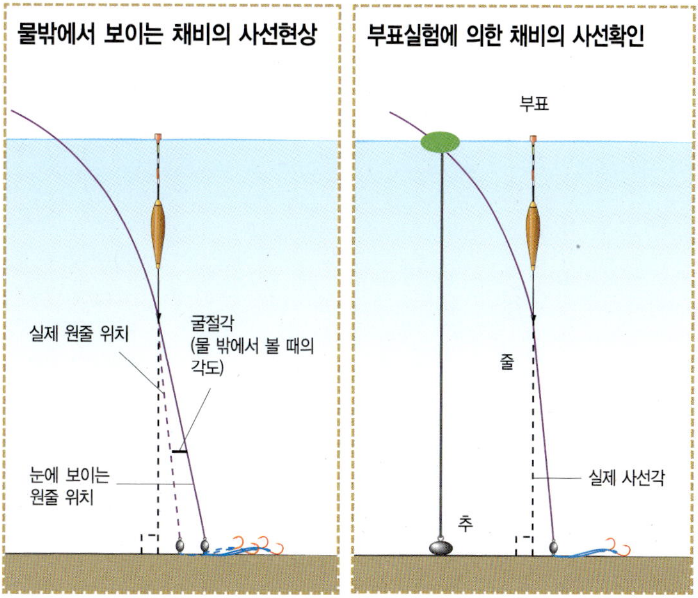

봉돌은 눕지 않고 목줄도 꼬이지 않는다

우리는 채비가 물 속에 들어가서 실제로 어떤 모양으로 있는지 볼 수가 없다. 봉돌과 목줄의 놓인 상태를 확인할 수 없기 때문에 항상 어떤 상태일까 궁금한데, 간혹 책이나 기타 자료를 보면 어떤 경우는 봉돌이 바닥에 누워있는 그림을 그리고, 또 어떤 경우는 봉돌이 서있는 그림을 그린다. 어느 쪽이 진실일까?

이런 의문은 목줄 상태도 마찬가지다. 어떤 이는 물 속에 들어간 목줄이 쉽게 꼬이게 되어 지장을 받으므로 벌린 채비를 하거나 아예 목줄에 순간접착제를 발라 빳빳하게 만들어 사용한다. 과연 수중의 목줄은 쉽게 꼬일까?

필자가 해본 실험과 관찰에 따르면 봉돌은 찌맞춤이 되어 있는 한 물 밑바닥에서 절대로 눕지 않는다. 또 목줄은 채비를 아예 수직으로 떨어뜨리지 않는 한 거의 꼬이는 일이 없다. 그 이유는 찌와 봉돌과 목줄이 갖는 수중에서의 채비 정렬과 안착 과정에서 찾아 볼 수 있다.

〈그림1〉봉돌이 바닥에 눕지 않는 이유

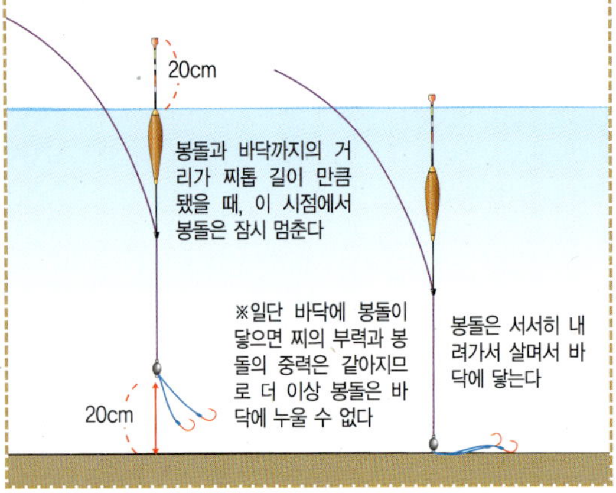

물속의 고리봉돌은 늘 꼿꼿이 선다

채비가 물 속에 가라앉을 때는 봉돌이 바닥에 닿기 전까지는 찌의 부력이 봉돌의 중

물속의 고리봉돌. 무거운 찌맞춤을 해도 수중의 고리봉돌은 생각과 달리 옆으로 눕지 않는다.

력을 위에서 당기고 있다. 그리고 찌가 일어선 다음 잠시 멈춘 후에 서서히 입수하면서는 바늘이 아래로 향한 상태에서 천천히 바닥으로 내려간다. 이어서 바늘이 바닥에 살며시 닿으면서 수직방향으로 살짝 끌리게 되며, 이때 목줄은 꼬이지 않고 펴지게 된다. 그 다음으로 봉돌이 살포시 바닥에 닿아 약간 수직 쪽으로 끌리는 듯하면서 자리를 잡게 되고, 자리를 잡은 상태가 되면 수면의 찌가 그 상승력으로 봉돌을 잡고 안정되게 서 있게 된다. 이때는 찌맞춤이 된 찌의 상승력과 봉돌의 침하력에 의해서 봉돌이 눕지 못하고 서있게 되는 것이다〈그림 1〉.

〈그림2〉봉돌이 바닥에 눕지 않는 이유 증명

※찌맞춤을 한 ①번 상태에서 바닥의 뜰채를 들어 올리면 봉돌은 서있는 상태 그대로 올라오고 (②), 좀더 들어 올려 찌몸통이 수면에 올라설때 비로소 봉돌이 눕기 시작한다(③)

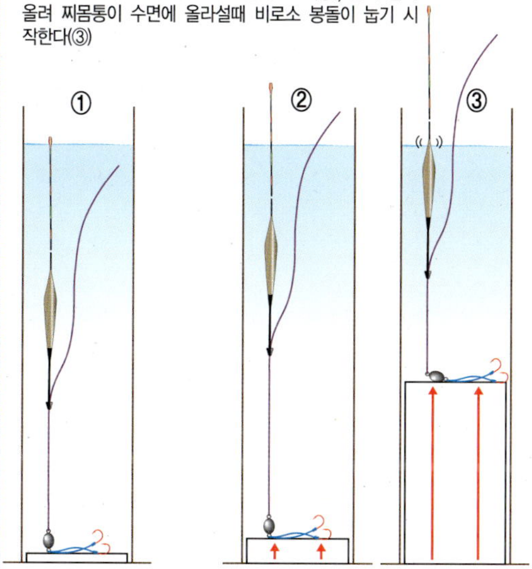

찌 몸통까지 솟아야 비로소 봉돌 눕는다

만약 봉돌이 어느 시점에서 바닥에 눕는가를 확인하고 싶다면 수조에서 실험하면 쉽게 관찰할 수가 있다.

표준 찌맞춤 상태로 수조에서 찌를 세워보면 바닥에 봉돌이 서있는 모습이다. 이때 수조 뜰채를 이용해서 서서히 봉돌을 들어 올려 본다. 그러면 찌톱이 거의 다 올라오도록 봉돌이 눕지 않고 올라오는 것을 볼 수 있다〈그림2의 ②〉.

그러다가 계속 들어 올려 찌의 몸통이 수면에 도달하였을 때 봉돌도 기울기 시작하여 눕는다. 이때가 찌의 상승력이 제로에 가깝게 떨어진 때이며, 이 상태일 때가 실제 붕어가 찌를 올리다가 봉돌의 무게를 한꺼번에 느끼는 때이고, 따라서 이물감을 느끼고 뱉어내는 때이기도 하다〈그림 2의 ③〉.

따라서 실험에서 보는 바와 같이 우리가 낚시를 하면서 약간 무거운 찌맞춤을 하거나 혹은 찌를 조금 높이 세운다고 해도 봉돌은 바닥에 눕지 않고 서있는 상태가 된다.

제11장 찌올림에 대한 이해

낚시인들은 대개 '찌를 무겁게 맞추면 찌올림 폭이 작고, 찌를 가볍게 맞출수록 찌올림 폭이 크다'고 알고 있다. 그럴까?

낚시인들은 "무거운 찌맞춤, 즉 봉돌이 바닥에 닿아있는 찌맞춤을 하면 붕어가 느끼는 이질감이 크므로 미끼를 빨리 뱉어 버리기 때문에 찌올림의 폭이 작다"고 말한다. "반면 가벼운 찌맞춤을 하면 붕어가 살짝만 건드려도 찌가 상승하기 시작하여 이질감을 느끼지 못하고 끝까지 올려주기 때문에 찌올림의 폭이 크다"는 것이다.

붕어낚시의 참맛은 '찌맛'에 있다. 우리가 찌와 찌맞춤에 대해 열정을 기울이는 이유는 멋진 찌올림을 얻기 위함이다.

그러나 이러한 주장은 실제와 다른 사람 입장의 생각에 불과하다.

☞무거운 찌맞춤과 가벼운 찌맞춤을 구분하는 기준은 무엇일까? 오랫동안 여러 매체를 통해 소개되어 온 의견을 종합해 본 결과로는 봉돌이 바닥에 닿아 있느냐 아니면 떠 있느냐의 차이로 구분하고 있다. 즉 앞서 찌맞춤 편에서 제시한 무거운 찌맞춤과 표준 찌맞춤은 무거운 상태로 구분하고, 봉돌이 떠 있게 되는 가벼운 찌맞춤은 가벼운 상태로 구분하고 있다.

무거운 찌맞춤과 찌올림

무거운 찌맞춤의 경우, 수중에서 벌어지는 미세한 현상에 대해 찌가 보여주는 반응은 실제로 미흡하다. 봉돌이 비교적 무겁게 자리를 잡고 있어 아주 작은 변화에는 즉각적인 반응을 못해주기 때문이다.

그러나 붕어가 미끼에 접근하여 정상적인 흡입동작 즉 확실한 예신을 하는 정도면 그 반응이 찌에 전달된다. 이때의 반응은 비록 작더라도 차분한 모습으로 나타난다.

그리고 붕어가 본격적인 흡입을 하여 본신으로 연결되면 찌는 이상 없이 상승 동작을 보여준다. 무거운 찌맞춤을 했더라도 찌의 상승력과 붕어의 입질이 합작하여 봉돌을 들고 자체 상승할 능력이 있기 때문이다.

그러나 붕어가 비정상적인, 아주 민감한 입질을 할 경우에는 예신 동작이 나타나지 않거나 본신에서 약간의 찌올림으로 끝나고 만다. 그것은 붕어의 섭이동작이 미미한데 반해 미세하나마 봉돌의 중량감이 있어서 미끼를 취하는 반응이 목줄을 통해서 봉돌까지 전달되는 과정에서 일부 완충되어버리기 때문이고, 나머지 충격만큼의 움직임만 찌에 전달되기 때문이다.

이러한 현상을 그림으로 그리면, 무거운 찌맞춤 상태에서 붕어가 입질했을 때 목줄

〈그림1〉무거운 찌맞춤시 목줄 현상

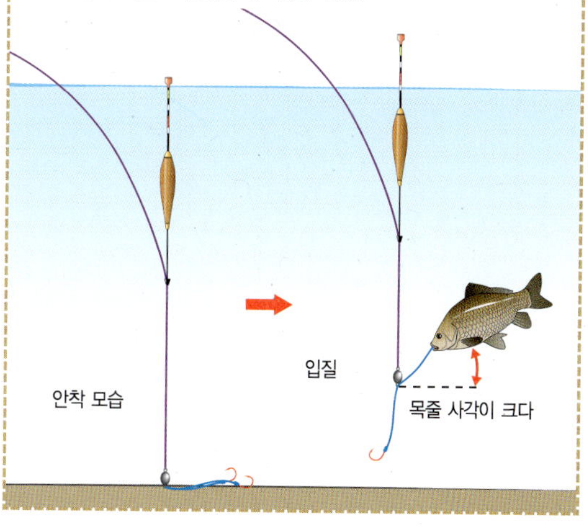

에 생기는 사각현상이 표준 찌맞춤보다 많이 발생하는 것을 알 수 있다〈그림 1〉.

한편, 대어낚시를 하면 무거운 찌맞춤법을 사용해도 대부분 시원한 입질을 볼 수 있다. 그것은 큰 붕어의 경우 봉돌의 무게 정도는 문제가 되지 않기 때문이다. 그러나 마릿수 위주의 예민한 떡밥낚시를 한다면 무거운 찌맞춤법으로는 일부 악영향을 받는다.

찌맞춤을 좀 더 예민하게 하기 위해 봉돌을 깎아내고 있다.

표준 찌맞춤과 찌올림

표준 찌맞춤의 경우는 봉돌이 바닥에 닿아 있긴 하나 무거운 찌맞춤과는 달리 봉돌의 중량감이 거의 없이 살포시 닿아있는 상태다. 따라서 미세한 자극에도 봉돌이 움직일 수 있다. 즉 봉돌이 바닥에 닿아있는 것은 무거운 찌맞춤법과 유사하지만 찌 움직임의 민감성에서는 차별이 되는 것이다.

〈그림2〉표준 찌맞춤시 목줄현상

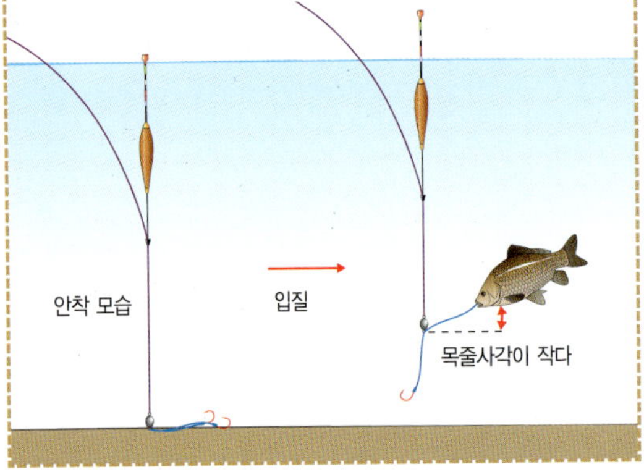

그러므로 표준 찌맞춤 때에는 붕어가 입질을 하면 예신과 본신 동작이 정직하게 잘 전달된다. 여기에서 '정직한 전달'이라는 것은 경박스럽거나 둔감하지 않고 붕어의 입질 현상을 비교적 정확하게 전달한다는 뜻이다. 이러한 현상을 그림으로 나타내 보면, 〈그림2〉와 같이 목줄의 사각 지대가 무거운 찌맞춤 때보다 적은 상태에서 찌올림의 반응이 시작된다.

표준 찌맞춤에서의 찌올림은 차분하고 중후하며 높게 나타나는 것이 특징이다. 그러나 냉수대가 형성되거나 붕어가 긴장하여 아주 민감한 입질을 보일 때, 혹은 양어장 붕어의 경우는 아주 미세한 입질 형태로 끝나는 경우도 있다. 붕어의 입질이 너무 미약하고, 미끼를 물고 들어주는 각도가 작아서 바닥에 안착되어 있는 봉돌을 크게 움직여주지 못하기 때문이다. 이때는 가벼운 찌맞춤을 해줄 필요성이 있다.

가벼운 찌맞춤과 찌올림

가벼운 찌맞춤의 경우 붕어가 입질했을 때 찌 끝에 나타나는 반응은 가장 민감하다. 봉돌이 바닥에서 떠 있기 때문에 붕어의 아주 작은 입질 동작에도 봉돌이 움직여서 찌 끝에 반응이 나타나는 것이다. 그래서 대부분 '가벼운 찌맞춤이 가장 시원하고 높은 찌올림을 볼 수 있다' 고 생각한다.

그러나 실제로 낚시할 때 나타나는 현상은 꼭 그렇지만은 않다.

이에 대해 실험을 해보면, 가벼운 찌맞춤을 했을 때 밑에서 수조 뜰채로 채비를 들어올리면 분명히 바늘이 봉돌 아래에 있는 상태에서 목줄이 펴진 상태로 찌가 상승하기 시작한다. 이 형상은 무거운 찌맞춤이나 표준 찌맞춤 시에 바늘이 봉돌 위로 어느 정도 들어올려져야만 찌가 상승하기 시작하는 것과는 차이가 있다. 따라서 여기에서 실험을 그만두면 틀림없이 가벼운 찌맞춤 시에 찌올림은 현저히 높게 나타날 수 있다〈그림 3〉.

그러나 우리가 실제로 많이 사용하는 두바늘 채비로 실험하면 전혀 다른 양상을 보인다. 각각의 바늘에 미끼를 달고 넣은 다음,

〈그림3〉미끼 없이 수조실험

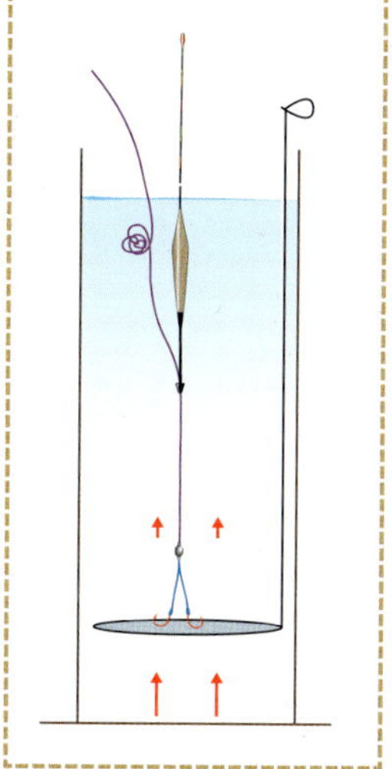

〈그림4〉미끼 달고 입질실험

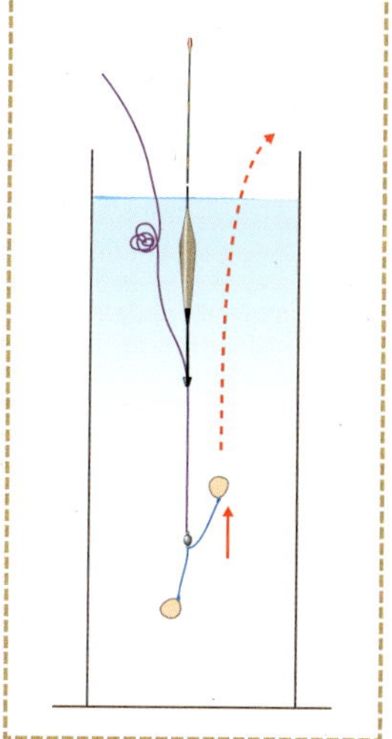

한 바늘의 미끼만 붕어가 입질하는 모습과 똑같이 들어 올려 보자. 그러면 최초 찌 끝의 움직임 즉, 예신 반응은 즉각 나타나지만 이후 연속되는 상황에서는 한 바늘은 봉돌 아래로 처져있고, 들어 올리는 바늘이 봉돌 위로 들어 올려져야만 찌가 본격적으로 상승하는 것을 관찰할 수 있다〈그림 4〉.

여기에서 붕어가 동일한 상태의 입질을 했다고 가정한다면 봉돌이 떠 있는 거리만큼의 공간이 봉돌이 바닥에 닿아 있을 경우보다 더 발생한다는 것을 확인할 수 있다. 이것은 목줄의 사각지대가 봉돌이 바닥에 위치할 때보다 오히려 더 커졌다라고 말할 수도 있겠다.

간단하게 내림낚시의 경우와 비교해 보자. 내림낚시의 찌맞춤은 지극히 가볍고 예민한 찌맞춤이다. 그러나 입질시에 찌가 예민하고 높게 상승하는 것보다는 오히려 끌려 내려간다. 왜 그럴까? 그것은 목줄이 25~35cm 정도로 길어서 붕어가 입질을 하는 동작범위보다 바늘과 봉돌 사이가 멀어서 사각을 극복하고 올라올 범위가 초과되고 떠있는 봉돌이 붕어 쪽으로 끌리기 때문이다. 만약 목줄을 10cm 이내로 짧게 하여 목줄의 사각 범위를 줄여서 똑같이 내림낚시를 한다면 찌는 올라오는 반응을 보일 것이다〈그림 5〉.

〈그림5〉내림채비의 경우

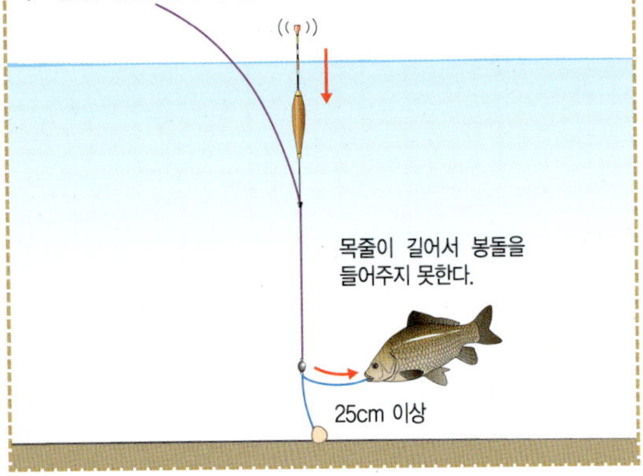

따라서 가벼운 찌맞춤일 때 찌가 오히려 적게 상승할 수 있다. 다만 우리가 물 밖에서 바라보는 찌에 나타나는 형상은 실험할 때와 같이 서서히 단계별로 붕어가 움직이는 것이 아니고, 예신에서 본신까지 순간적이고 연속된 빠른 행동을 하기 때문에 민감한 예신에 이어서 곧바로 본신으로 연속해서 보이는 것이고, 이러한 수중 동작이 가벼운 찌맞춤의 경우에 더 민감하게 전달되어 주기 때문에 붕어의 활성도가 떨어져서 작고 민감하게 입질할 때나 양식 어종을 대상으로 하는 양어장 낚시에서는 가벼운 찌맞춤이 유리하다고 하는 것이다.

찌맞춤과 이물감에 대한 이해

일반적으로 '무거운 찌맞춤을 했을 때는 가벼운 찌맞춤 때보다 붕어가 봉돌 무게에 의한 이물감을 빨리 느껴 이내 뱉어내 버리므로, 최대한 예민하고 가벼운 찌맞춤을 해야만 붕어가 이물감을 못 느껴서 찌를 제대로 올려 준다' 고 말한다.

그런데 앞서 말한 바와 같이 5봉채비의 큰 납덩이와 5개의 바늘, 그리고 탱자만한 떡밥도 문제없이 들어 올리는 것이 붕어다. 혹자는 '이미 바늘이 붕어 주둥이에 걸려 있어서 그럴 것' 이라고 하지만 실제로는 5봉채비라 해도 찌를 올릴 때 적절히 챔질해주지 않으면 뱉어버리고 입질이 끝나는 경우가 더 많다.

또 릴낚시에서처럼 봉돌이 아주 무거우면 올리다 말고 끌고 가기도 한다. 즉 붕어는 한 번 선택한 먹이는 이물감을 느껴서 즉각 뱉어내기보다 어떻게든 먹이를 취하려고 노력한다는 것이다.

필자는 이 부분의 의문을 풀기 위해 수중 실험을 해보았다. 하나는 가벼운 찌맞춤을 하여 지렁이를 꿰어놓고, 하나는 무거운 찌맞춤을 하여 지렁이를 꿰어 붕어가 실제로 입질하는 모습을 관찰한 것이다. 그 결과 붕어는 흡입과 뱉음을 반복하면서도 봉돌의 무게에 의한 감각은 별로 느끼지 않는 듯 했다. 일부 약간의 무게감을 느끼더라도 무시했는지도 모르겠다.

붕어가 흡입 직후 뱉어낼 때는 두 가지의 어느 경우든 흡입 후 곧바로 뱉어내었고, 흡입하여 한참을 입에 넣고 아가미를 껌뻑거리는 동작을 할 때는 어느 경우든 쉽게 뱉어내지 않고 입에 물고 올라서거나 서서히 후진 동작을 했다. 이로써 붕어가 먹이를 취할 때, 찌맞춤에서 오는 무게 차이 정도로 인한 이물감은 크게 문제가 되지 않는다는 것을 관찰할 수 있었다.

봉돌 무게를 정밀하게 조절할 때는 니퍼 대신 칼로 깎아내는 것이 좋다.

목줄 길이와 찌올림

목줄이 긴 경우와 짧은 경우 찌올림은 어떻게 달라질까? 그리고 적절한 목줄의 길이는 따로 있을까?

결론부터 말해 목줄의 길이가 다르면 찌올림은 달라진다. 그러나 적절한 목줄의 길이는 단언할 수 없다. 목줄의 길이를 어느 정도로 해야 좋은가의 문제는 각자의 취향에 달렸기 때문이다.

낚시를 하면서 관찰해보면 본능적으로 반응이 빠른 사람은 찌가 솟아오르기 시작했을 때 좀 더 기다리라고 당부해도 챔질해 버린다. 반대로 반응이 느린 사람은 옆에서 챔질하라고 소리를 쳐야 챔질할 정도다. 그것은 그 사람의 체질과 습관이다.

그렇다면 낚시인마다 적절한 목줄 길이는 달라야 한다고 말할 수 있다.

목줄이 짧을 때 (4cm 이하)–찌올림폭 작다

목줄이 4cm 이하로 짧을수록 붕어가 최초 흡입시 찌의 반응이 빠르다. 즉 예신 전달이 즉각적이고 빠르게 나타나고, 곧바로 찌올림으로 연결되며, 빠른 챔질로 연결되지 않으면 이내 입질 동작이 끝나버리므로 빠른 챔질을 요구한다.

목줄이 짧을 때 생각 같아서는 목줄의 사각이 최소로 이루어지므로 찌올림의 폭이 가장 클 것 같아도 실제로는 웬만큼 오르다 가는 입질이 끝나고 그만 찌가 내려가 버린다. 그것은 봉돌의 중력 영향을 붕어가 그만큼 빨리 느끼고 뱉어내는 동작으로 가기 때문일 것이다.

목줄이 중간일 때 (5~9cm)–찌올림 폭 최대

이 경우가 찌올림의 폭이 가장 크다. 우리 선배 조사들이 두 치 목줄(약 6cm)을 선호한 것도 이러한 이유에서일 것이다. 이러한 현상은 붕어가 입질을 할 때 봉돌의 무게를 늦게 느끼게 되어 충분한 높이까지 먹이를 물고 올라서서야 뱉어내기 때문일 것으로 사료된다. 이때는 예신 동작이 다소 차분하게 나타나며, 잠시 시차를 두고 느긋한 본신으로 연결된다. 이 경우는 충분한 찌올림 후

에 챔질에 들어가면 된다.

목줄이 길 때 (10cm 이상)–찌올림 폭 감소

목줄이 길면 찌올림의 폭은 다시 감소한다. 목줄이 10cm 이상으로 길 때는 붕어가 초기 흡입 시에 나타나는 예신이 즉각적으로 봉돌의 들림으로 연결되지 못하기 때문에 예신 때의 찌 모습이 미세하게 나타나며, 본신 역시 아주 느긋하고 찌올림이 높게 나타나지 않으므로 찌올림이 진행 중인 적절한 시기에 챔질을 해야 한다.

필자가 한창 낚시를 배울 때는 선배 조사들이 '목줄이 길수록 찌올림이 좋다' 고 하기에 20cm 목줄까지도 사용해 보았으나 사실은 그와 달랐다.

목줄이 길면 봉돌이 들리는 시점이 그만큼 늦게 되고, 붕어가 먹이를 물고 오르는 범위가 차분하고 높더라도 목줄의 길이에서 오는 사각의 범위가 넓어지기 때문이다.

그러나 목줄 길이가 3cm 이내로 과도하게 짧거나 20cm 이상으로 과도하게 길지만 않다면, 실제로 찌올림에서 입질을 구별하는데 지장을 받을 만큼의 큰 차이로는 나타나지 않는다.

목줄 길이에 따른 찌올림 반응 및 폭

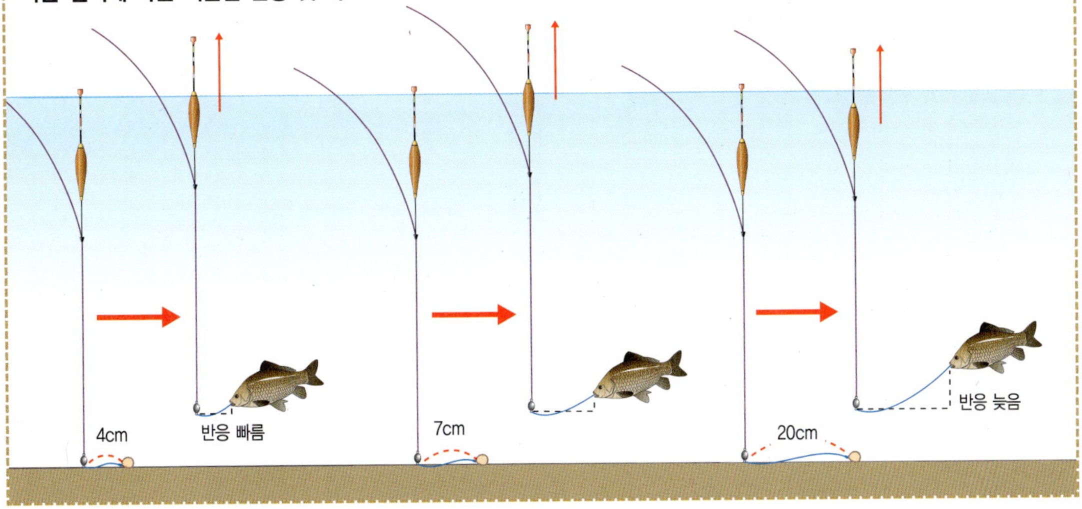

실험-목줄의 사각과 찌올림

우리는 목줄이 가지고 있는 길이만큼의 사각지대 때문에, 붕어가 입질을 했을 때 봉돌이 바닥에 안착한 상태라면 목줄의 길이만큼(즉 사각만큼) 찌올림은 손해를 본다고 생각해 왔다〈그림 1〉.

그런데 실제로 낚시를 하면서 관찰해 보면 목줄이 5cm 이내로 짧을 때와 20cm로 길 때에, 그 차이 만큼인 15cm 정도의 찌올림 차이는 발견할 수가 없었다. 사각지대가 목줄의 길이에 비례하여 발생한다면 분명히 그만큼의 차이가 나타나야 하는데도….

그러나 초기 입질 반응시에 민감성의 차이가 있고, 입질 모습의 경박함과 중후함의 차이, 그리고 찌올림 높이에서 약간의 차이는 있었다. 하지만 그 큰 폭의 사각지대를 느낄만한 찌올림의 차이는 발생하지 않았다. 그래서 필자는 실내 수영장에서 또 실험해보았다.

실험 1

우선 목줄 5cm의 채비를 넣고 나서 수조에서와 같이 바늘을 수직으로 들어 올리면서 목줄과 봉돌의 움직임을 관찰했다.

이 실험에서는 목줄이 수직방향으로 완전

〈그림1〉기존개념의 사각지대

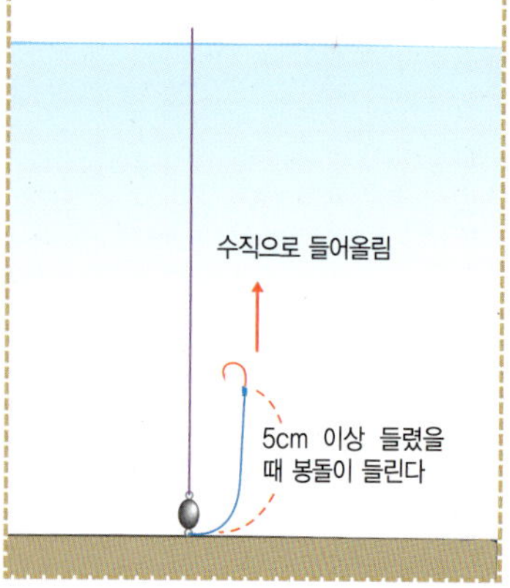

〈그림2〉

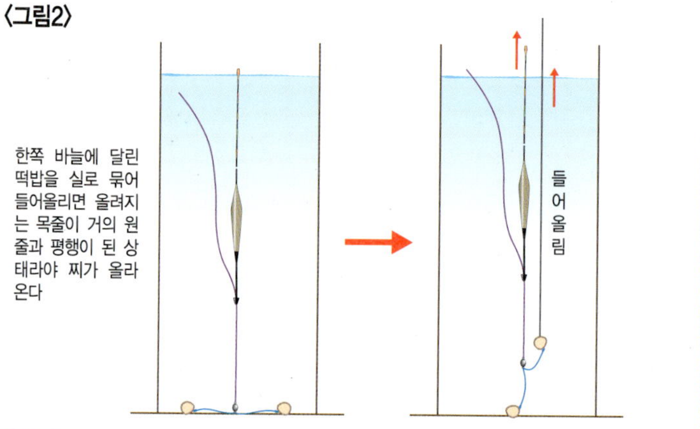

히 다 들린 다음에야 봉돌을 들고 올라오는 현상을 보였다. 즉 목줄의 길이만큼의 사각이 발생한 것이다〈그림2〉. 이것은 수조에서 들어 올리면서 실험을 한 바와 다르지 않았다〈그림2〉.

만약 붕어가 거꾸로 서서 수직으로 들어 올리는 입질을 한다면 이러한 현상이 맞을 것이다.

실험 2

이번에는 붕어가 실제로 수중에서 입질하는 형상을 고려하여 바늘을 45도 당기면서 들어 보았다. 이것은 붕어가 먹이를 취할 때 45~60도 각도로 몸을 숙여서 빨아 당겨서 취하고, 다음 동작으로 들고 올라온다는 것을 고려하여 그대로 실험을 한 것이다〈그림3〉.

목줄 길이가 서로 다른 두 개의 채비.

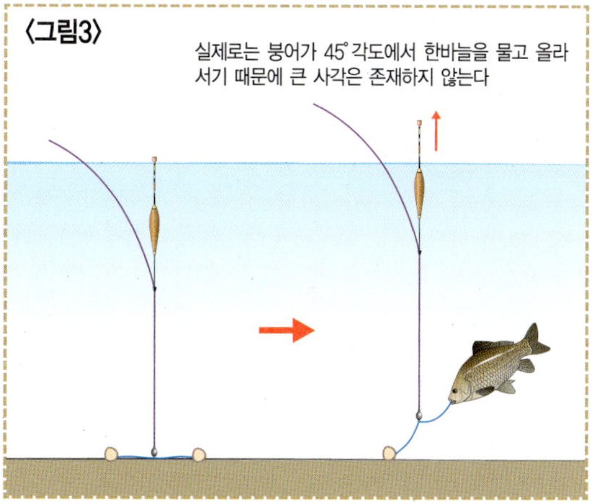

이 실험에서는 초기 45도로 당기는 과정에서 목줄이 바닥으로부터 약 20도 각도를 이룰 때 봉돌이 살짝 들리기 시작했다. 그러면서 수면에 있는 찌에 예신 반응이 나타났다. 이후 연속해서 들어 올리는 과정에서도 목줄은 수직형상이 되지 않고 약간의 사선형상으로 지속적인 찌올림을 보였다〈그림4〉.

실험 3

이번에는 찌 앞쪽의 원줄 없이도 그 자리에서 찌가 상승하는가를 실험해 보았다. 즉 찌와 낚싯대 사이의 원줄 없이 실험한 것이다.

우선 실험 1과 같이 수직으로 들어 올려 보았다. 이때 찌는 실험 1과 같은 형상으로 봉돌이 수직방향으로 들리면서 올라왔다. 즉 원줄 유무와는 무관하게 같은 형상을 보인 것이다.

다음으로 실험 2와 같이 당기면서 드는 실험을 해 보았다. 이 실험에서는 초기 예신 모습에서 찌가 오르지 못하고 약간씩 움찔거리면서 끌려가다가, 이어지는 본신 초기에는 봉돌이 계속해서 미세하게 끌리면서 들리게 되고, 이때 수면의 찌는 정면에서 보았을 때는 그 자리에서 서서히 상승하는 모습으로 보이나 측면에서 관찰을 하니 약간씩 끌리면서 상승하였다. 그 이후 붕어가 입안에 먹이를 물고 지속적인 상승을 할 때는 목줄이 큰 사각의 모습을 보이면서 찌는 그 자리에서 상승하였다.

이러한 현상은 찌 앞의 원줄이 없을 경우 찌를 그 자리에 잡아주는 역할을 할 수 없기 때문에, 붕어가 입질하는 초기에는 붕어가 당기면서 흡입하는 동작에 따라서 찌 끌림 현상이 일부 발생한 것이다.

이 실험에서 찌올림에 영향을 주는 원줄의 역할을 알 수 있었다〈그림5〉.

목줄이 들리면 거의 동시에 봉돌 상승

앞의 세 가지 실험을 통해서 본 바와 같이 목줄의 사각지대는 일부 발생하나 우려할 정도는 아니다. 붕어가 실제로 먹이를 흡입하는 모습을 수중 촬영해보면 우리가 예신이라고 하는 초기 흡입 시에 대단히 강한 흡입력을 보이고, 그 흡입동작 시 이미 앞의 실험 2에서 발생하는 초기 사

〈그림4〉실제의 사각지대

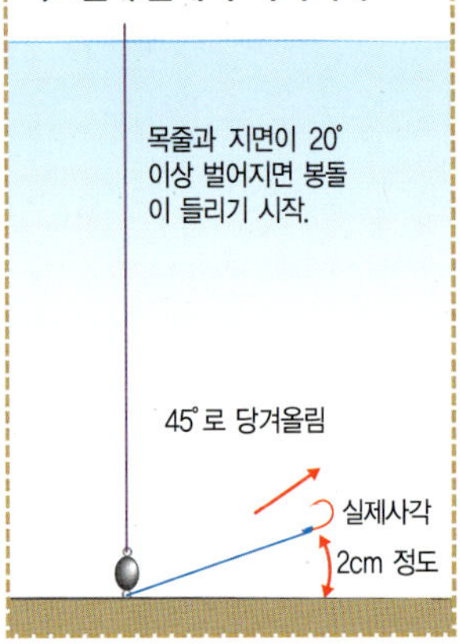

〈그림5〉원줄의 유무에 따른 봉돌과 찌의 반응

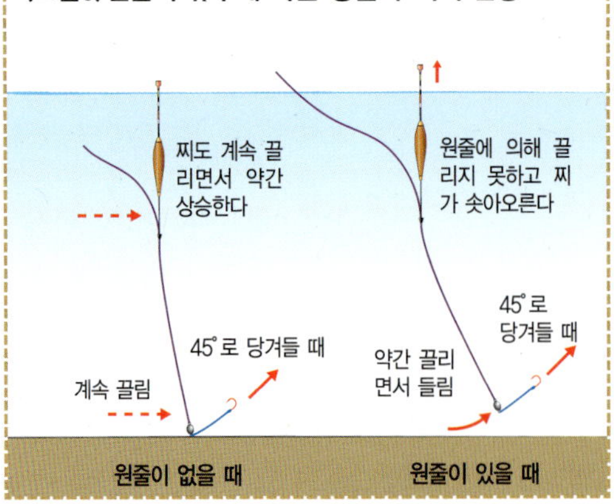

고부력 찌와 저부력 찌 중 어떤 찌가 많이 솟을까?

수중에서 붕어가 동일한 동작을 했을 때, 그 변화를 전달해주는데 고부력 찌는 둔감하고 저부력 찌는 민감하다. 그러나 이것은 찌올림의 정도를 비교해서 말하는 것이 아니고 초기 반응을 말하는 것이다.

붕어가 낚싯바늘에 달린 미끼를 강하게 흡입할 때 그 변화는 목줄을 통해서 봉돌에 전달이 되고 이어서 원줄을 통해 찌에 영향을 주게 되는데, 이 과정이 통합되어 찌오름의 모습으로 우리에게 전달된다.

바로 이 과정에서 고부력 찌의 경우는 큰 봉돌과 표면적이 넓은 찌 몸통에 의해 일부 완충작용이 생긴다. 이 고부력 찌에 생기는 완충작용 때문에 최종적으로 우리에게 찌가 움직일 때는 조금 둔한 모습을 보여 주는 것이다.

그러나 저부력의 찌는 이러한 완충작용이 고부력 찌보다 훨씬 작다. 그러므로 붕어가 입질을 할 때 그 동작이 비교적 민감하게 우리에게 전달되는 것이다.

그러나 이러한 충격흡수 현상은 주로 초기 흡입과정 즉 예신에서 이루어지는 것으로 일단 봉돌을 비롯한 채비 전체에 영향을 주는 본신 과정에서는 그다지 큰 작용을 하지 않는다. 일단 바닥에서 봉돌이 떠오른 후로는 붕어가 동작하는 대로 우리에게 전달되기 때문이다.

그렇기 때문에 붕어가 아주 예민한 입질을 하는 날, 즉 예신과 본신 동작이 아주 작은 날은 고부력 찌보다 저부력 찌를 사용하면 그나마 입질을 파악할 수 있다고 말하는 것이다.

그러나 고부력 찌는 주로 대어낚시를 구사할 때 사용하므로 여기에서 말하는 예민성 관계는 우려하지 않아도 될 것이다. 큰 붕어의 경우 흡입동작 자체가 강하여 고부력에서 오는 완충효과 정도는 무시해도 될 만큼이기 때문이다. 다만 떡밥낚시를 하거나 양어장 낚시를 한다면 고부력찌의 완충효과는 고려해야 할 사항이다. 아무래도 저부력찌가 약간 낫다는 것이다.

각 정도는 흡입과 동시에 소멸되어 곧바로 예신 상태의 모습을 찌가 보여주게 된다. 그리고는 이어서 본격적인 찌오름, 즉 본신으로 진행된다.

그러므로 우리가 낚시를 하면서 목줄의 사각에 대한 걱정은 크게 하지 않아도 된다. 목줄이 5cm일 때 사각이 5cm가 발생하여 손해를 보거나, 아니면 일부에서 말하는 것처럼 '5×2=10cm, 즉 붕어가 10cm를 들어주어야 비로소 봉돌이 바닥에서 들리고 찌가 상승하기 시작한다' 는 것은 아니라는 얘기다.

다만 낚시를 하는 그날 현장의 자연환경에 따라서 붕어가 입질을 달리하는 경우가 많이 발생하므로, 그러한 현상에 맞춰서 예신과 본신을 읽어낼 수 있는 경험을 갖는 것이 더 중요하다. 그래서 진정한 마니아들은 사각지대에 대한 걱정을 하지 않는다.

Part Ⅲ

현장실습

자, 이제 모든 준비는 끝났고

붕어를 만나러 물가로 나서볼 시간입니다.

우리나라에는 붕어가 사는 저수지가 3만8000여 개나 있고,

그밖에도 이루 헤아릴 수 없을 만큼 많은 샛강과

수로와 둠벙들이 흩어져 있습니다.

가히 붕어낚시의 천국이라 할 만하지요?

그 수많은 낚시터 중 과연 어디로 가야 할까요?

제12장 낚시터 선정

낚시인에게 있어 원초적이면서도 영원한 숙제가 있다면 그것은 바로 '어디로 갈 것인가' 즉 낚시터를 고르는 일일 것이다.

특히 이제 갓 붕어낚시를 시작하는 입문자는 아무런 사전지식과 정보가 없으니 낚시터를 선택하기 어렵다. 인터넷 조황정보나 낚시 잡지, 낚시방송을 보고 낚시터를 고르기도 하겠지만 역시 주변의 낚시선배와 함께 출조하는 것이 가장 현명한 방법이다.

낚시를 수 년 이상 한다고 해서 낚시터를 쉽게 찾을 수 있는 것은 아니다. 늘 떠나기에 앞서 여러 가지 정보를 취합하여 장소를 선

필자와 '평산가인' 팬클럽 회원들이 출조지를 고르느라 즐거운 고민에 빠졌다.

택하겠지만, 자연은 항상 변화를 거듭하고 있으므로 작년에 호황이었던 장소가 올해는 엉뚱하게 변해 있을 수 있고, 봄철에 호황이었던 장소가 여름으로 들면서 몰황으로 갈 수도 있으며, 지난 주에 호황이었다는 정보를 가지고 출조하여 허탕치고 돌아오는 수도 있다. 뿐만 아니라 어제 낚시터에서 돌아온 사람의 조황을 눈으로 확인하고 출조하였음에도 입질 한 번 제대로 받지 못하고 돌아오는 경우도 허다하다.

그렇기 때문에 자연을 상대로 하는 낚시는 그 장소와 포인트 선정에 있어서 일정한 공식이 없고, 오로지 경험에서 오는 감각에 따라 할 수 밖에 없는 것이다.

우리 인간은 자연현상에 대해 본능적으로 대처하는 붕어보다 원초적 감각이 둔하지만, 대신 경험을 기억하고 그 경험을 학습하는 능력을 가지고 있다. 따라서 각각의 경험을 바탕으로 판단하면 어느 정도 불확실성을 줄이면서 낚시를 즐길 수가 있다.

다양한 경험만이 붕어낚시에서 손맛 볼 확률을 높이는 방법이며, 그런 경험은 출조를 통해 직접 얻을 수도 있지만, 낚시점이나 낚시회에서 다른 낚시인들의 얘기(대개 약간의 허풍이 가미되지만)를 통해 간접 경험할 수도 있고, 선험자의 체험담을 책이나 잡지를 통해 배워 응용할 수도 있다.

우리나라는 사계절이 뚜렷하고 그 계절의 변화에 따라 물속의 상황이 변하며, 이에 따라 붕어의 활동도 변한다. 따라서 한 낚시터라도 계절마다 판이한 낚시여건의 차이를 보인다.

낚시장소를 선정할 때는 우선 계절별 특성과 자신의 취향을 고려해야 하며, 여기에 부가하여 선호할 장소와 피해야 할 장소의 특징을 고려하면 대부분 적절한 낚시터를 선택할 수가 있다.

충남 공주시의 유구천을 찾은 낚시인들. 붕어낚시터는 주로 저수지이지만 이런 샛강낚시도 운치가 있고 큰 손맛도 볼 수 있다.

봄 · 여름 · 가을 · 겨울의 낚시터 고르기

봄

수량, 일조량, 수초 풍부한 곳이 좋다

봄은 만물이 소생하는 계절이다. 이는 수중 세계에서도 마찬가지여서, 물속의 풀들이 싹을 틔우고, 겨우내 움츠렸던 붕어들도 수온이 빨리 올라가는 연안으로 접근하여 활동을 시작한다. 따라서 붕어낚시인들이 물가로 나가기 시작하는 계절이자 연중 붕어가 가장 잘 낚이는 계절이기도 하다.

봄을 맞은 충북 충주시 추산지. 봄은 연중 붕어가 가장 잘 낚이는 계절이다.

이러한 봄철의 출조지 선정은 세 단계로 구분하여 살펴볼 필요가 있다.

초봄에는 해안 수로나 햇볕이 잘 드는 평지형 소류지를 우선 고려하고, 점차 봄이 무르익어 가면 내륙의 저수지까지 출조 범위를 넓혀 나간다. 그러다가 개나리꽃이 활짝 피어나는 때부터는 붕어의 산란이 본격화하는데 이 시기를 즈음하여서는 거의 모든 낚시터가 출조지로 좋은 조건이 된다.

봄에 좋은 낚시터는 겨울 동안 수위가 잘 유지된 낚시터로 일조량이 많고, 수초가 잘 어우러진 곳이며, 대형지보다 수온이 빨리 오르는 소류지가 유리하다.

그러나 겨울 동안 수위가 많이 줄어 연안이 드러나 있는 저수지, 산그늘이 진 북향 저수지, 그리고 수초가 없는 계곡형 저수지, 물의 유입이 많아 수온 유지가 어려운 저수지

봄철의 낚시터 선정

좋은 장소	회피할 장소
해안 수로	내륙의 계곡지
평지형 저수지	강, 내륙의 댐
동절기에 수량이 유지된 곳	물이 빠져 연안이 많이 드러난 곳
일조량이 많은 곳	수초가 없는 곳
수초가 잘 발달한 곳	물의 유입이 많은 곳
물을 빼지 않는 곳	배수가 진행 중인 곳
소류지	대형지

4월 창녕 천왕소류지의 푸르른 청보리밭.

는 피한다.

그리고 늦봄이 지나 배수기가 되면 배수 여부를 사전 확인하여 가급적 배수가 이루어지지 않는 곳을 택하는 것이 좋다. 또 산란기가 되어 한창 붕어가 푸덕거리며 산란 중인 장소는 낚시가 잘 안 되니 출조 대상에서 제외한다.

여름

연안의 키 큰 수초대, 산간 계곡지가 좋다

여름철의 더위는 붕어의 활성을 떨어뜨린다. 물 속의 붕어도 여름의 따가운 햇볕 아래에서는 활발한 활동을 하지 못하고 그늘 쪽에 은신하거나 수온이 적당한 중층에 떠서 머무르다가 물이 좀 식는 시간이라야 활발한 활동을 한다.

이러한 여름철에 출조지를 선정할 때는 낚시인 자신이 시원함을 느낄 수 있는 장소를 우선 고려하는 것이 좋다. 내가 시원한 곳은 붕어도 시원한 곳이기 때문이다.

여름에는 연안에 갈대, 부들 등 키가 큰 수초대가 형성되어 붕어의 은신과 활동을 보장해 주는 저수지, 비가 내려 물이 만수위로 불어나 있는 저수지, 그리고 산간 계곡물이 시

여름 장마철 오름수위 때의 충북 음성군 맹동지. 육초가 물에 잠기면 굵은 붕어들이 떼 지어 들어온다.

여름철의 낚시터 선정

좋은 장소	회피할 장소
시원한 장소	물의 순환이 적은 저수지
정수수초가 발달한 장소	수량이 극도로 적은 저수지
물이 불어난 저수지	수초가 삭아 가스가 발생하는 저수지
냉수가 유입되는 저수지	흙탕물이 된 저수지
장마시 큰물이 유입된 저수지	

원하게 흘러주는 저수지 등 물의 순환이 잘 되는 저수지가 유리하다.

특히 장마기가 되어 큰 물이 다량으로 흘러드는 장소는 대박 조황을 맛볼 수 있는 장소가 된다. 또 여름철은 소형지보다 대형지가 충분한 손맛을 전해주는 장소가 되는 경우가 많다.

반대로 장기간 물이 정체되어 물의 순환이 없이 용존 산소량이 적은 저수지, 갈수 상태로 수량이 극도로 적은 저수지, 밀생한 침수수초의 하단부가 삭으면서 갈색의 물색을 띠고 있는 저수지 등은 피하는 것이 좋다. 특히 수초가 전면을 덮고 있는 장소는 자칫 삭은 수초로 인해 수중에 가스가 생길 수 있으므로 피하는 것이 좋으며, 토사 유입에 의해 흙탕물이 진 장소도 피해야 할 장소다.

여름낚시 명소로 유명한 강원도 화천군 파로호. 여름은 댐낚시가 가장 잘 되는 계절이다.

가을

수초 발달한 소류지나 연밭이 좋다

가을의 낚시터 선정

좋은 장소	회피할 장소
연안에 뗏장수초가 발달한 곳	냉수가 흘러드는 계곡지
갈대, 부들, 줄풀이 발달한 곳	수초에 물때가 많이 낀 곳
소류지	물색이 맑은 곳

가을이 되면 수중에도 쾌적한 상태가 회복된다. 여름에 과도하게 올라있던 수온도 점차 안정되고, 각종 풀씨 등 붕어의 먹잇감도 풍부해지며, 겨울을 대비한 붕어의 섭이 활동도 활발해지는 계절이다.

이러한 가을에 유리한 곳으로는 연안에 뗏장수초가 잘 발달해 있으면서 갈대나 부들이 혼재되어 있는 장소다. 밀생한 뗏장수초 지대도 수온이 내려가면서 물벼룩 등의 수서곤충이 다량 서식하는 장소가 되어 여름과는 달리 유망한 장소로 변한다.

또 가을철로 접어들어서는 대형지와 소류지를 다 같이 고려할 수 있으나 가을이 깊어가면서는 소류지를 우선 택하는 것이 좋다.

벼가 누렇게 익어가는 가을 수변을 걸어가면 일상의 스트레스가 말끔히 가신다. 경북 상주시 송지지.

가을 들판의 황금붕어. 경기도 김포시 검단수로.

또 여름 동안에는 넓은 연잎으로 인해 낚시가 힘들었던 연밭 저수지도 가을에는 연잎이 점차 삭아들면서 낚시여건이 좋아진다. 연잎이 삭은 늦가을에는 최상의 낚시조건이 되는 곳이 연밭 저수지라고 할 수 있다.

대부분의 낚시터가 낚시여건이 좋아지기 때문에 낚시터 선정에 있어 큰 고민을 하지 않아도 되는 시기가 가을이라고 할 수 있다. 그러나 가을에도 피해야 할 장소는 있다. 산간 계곡의 냉수가 다량으로 흘러드는 장소, 수중의 수초 밑동이나 돌무더기에 물때나 이끼가 많이 끼어있는 곳이다.

특히 가을은 여름에 수온이 높았던 곳은 청태가 많아져서 낚시 포인트로 나쁜 조건이 된다. 또 여름철 많은 비로 인해 낚시터 여건이 심하게 바뀐 곳, 바닥에 장마의 토사물이 유입되어 쌓인 장소 등은 피해야 할 포인트라 하겠다.

겨울

해안 수로나 평지형 저수지가 좋다

겨울이 되면 만물이 움츠린다. 수중의 붕어도 자연현상에 맞춰서 본능적으로 활동범위를 좁힌다. 이때 붕어는 활성 집단과 비활성 집단으로 구분되는데 가급적 활성 집단이 움직이는 장소를 출조지로 해야 붕어를 만날 수 있다.

겨울에 활성 붕어가 많은 장소로는 해안가의 수로나 해풍의 영향을 받는 평지형 저수지다. 따라서 겨울에는 섬이나 해안 수로, 그

서리가 하얗게 내린 물가에서 텐트를 치고 추위와 싸워가며 겨울붕어를 기다리는 낚시인.

리고 넓은 들의 평지형 저수지를 출조지로 삼는 것이 유리하다. 불가피하게 내륙지방으로 출조해야 한다면 일조량이 많고, 정수수초가 삭았거나 침수수초의 새싹이 자라 올라오고 있는 평지형 저수지를 선택하는 것이 좋다.

중부지방에서는 겨울철에 얼음낚시를 즐긴다.

결빙이 빨리 진행되는 곳은 해발고도 250m 이상, 남쪽에 산그늘이 높은 산을 낀 동서방향으로 만들어진 저수지, 남북 방향으로 계곡형 바람이 많이 부는 저수지들이다. 이런 장소는 대개 12월 말경부터 얼음낚시가 가능하다. 그러나 눈이 전면을 덮고 있는 장소는 얼음낚시가 잘 안 된다.

겨울의 낚시터 선정

좋은 장소	회피할 장소
해안 수로	강과 댐
해풍이 닿는 평지형 저수지	산간의 계곡지
일조량이 많은 저수지	물색이 맑은 곳
삭은 정수수초가 많은 저수지	눈이 전면을 덮고 있는 저수지
말풀의 새싹이 자라는 저수지	

겨울철에 피해야 할 출조지는 강이나 댐이며 산간 계곡지도 피한다. 이런 장소는 붕어 전체가 비활성을 보인다. 특히 겨울에 샘물처럼 맑은 물을 가지고 있는 장소는 비록 해안가라 하더라도 피하는 것이 상책이다.

겨울엔 서해안의 바닷가 수로가 붕어낚시 명당으로 떠오른다. 전남 신안군 증도의 우전리둠벙.

취향에 따른 낚시터 선정

낚시터를 선정할 때 가장 중요한 요소는 어떤 낚시를 할 것인가 하는 취향이다. '운치와 맛을 즐기는 낚시'를 할 것인가, 아니면 낚아내는 재미인 '조황 위주의 낚시'를 할 것인가가 고려되어야 하고, 생미끼로 대어낚시를 할 것인가, 아니면 떡밥으로 마릿수낚시를 할 것인가가 고려되어야 한다.

운치와 멋을 즐기려면

운치와 멋을 즐기는 낚시를 하려면 그에 걸맞은 강이나 댐 혹은 풍치 좋은 저수지를 선택하는 것이 좋다. 풍경이 아름다운 자연 속에 녹아 들어가서 조황과 무관하게 하루 낚시를 즐기는 것도 낚시의 참맛 중 하나다. 이런 경우는 혼자도 좋고 지인들과 어울려도 좋고, 가족과 함께 해도 좋다. 그야말로 대자연을 가슴으로 낚고 돌아오는 것이다.

이때는 자리가 편안해야 하고, 주변에 볼만한 관광지나 유적, 혹은 특징 있는 음식점이 가까이 있으면 더욱 좋다.

낚는 재미를 즐기려면

조황 위주의 낚시라 함은 일단 마릿수 위주의 낚시를 말한다. 즉 자주 입질이 와서 낚아내는 데서 재미를 느끼는 경우다. 아내나 자녀에게 낚시의 맛을 들이려고 할 때, 초보자와 동행하여 낚시에 입문시키고자 할 때, 꼭 그렇지 않더라도 가벼운 손맛을 잠시 즐기고자 할 때 이런 곳을 택하는 것이 좋다.

조황 위주의 낚시를 즐길 요량이면 씨알에 무관하게 마릿수가 많이 낚이는 장소를 택해야 한다. 만약 주변에 그런 장소가 없다면 인근의 양어장형 유료낚시터를 찾는 것도 한 방법이다.

첨언하자면 이러한 장소 선정시 고려하는 사항들은 낚시의 즐거움을 배가시키기 위해 유리하게 적용하고자 하는 공통적인 사항일 뿐 절대적이지는 않다는 점이다.

가장 중요한 것은 누구와 어울려서 어떤 낚시를 즐길 것인가이다.

▶ 맑은 물에 수려한 풍광을 지닌 저수지는 붕어가 많이 낚이지 않아도 운치가 있어 낚시가 즐겁다. 충남 보령시 옥계지.

제13장 포인트 찾기

낚시에서 '포인트'란 붕어가 있을 만한 곳, 즉 입질을 자주 받을 수 있는 곳을 말한다. 그런 곳을 찾아야 붕어를 많이 낚을 수 있으니 포인트 선정이야말로 실전낚시의 핵심인 것이다.

붕어낚시 최고의 포인트는 '수초(水草)'다. 붕어는 수초를 끼고 일생을 보낸다고 해도 과언이 아니며 수초 있는 곳에 붕어 있다.

초보자들은 밑걸림이 많은 수초 속에 채비를 던져 넣기를 두려워하는 면이 있는데, 가급적 수초에 접근해야 한다. 그렇다면 수초대 중에선 어떤 자리가 명당이 될까?

수초 속에 붕어 있다

●특정지역에만 수초가 발달한 곳이 좋다

어느 낚시터에 갔을 때 전역에 수초가 덮여 있다면 포인트를 찾기가 쉽지 않다. 일단 붕어가 전역에 분산되어 어느 특정 포인트로 집결되지 않는다는 것이다.

상류나 중류의 작은 물골 등 어느 한 곳에만 특징적으로 발달한 수초가 있는 낚시터가 유망한 포인트가 된다.

●특징있게 발달한 수초가 좋다

만약 넓은 면적에 수초가 고루 분포하고 한 부분에 정수수초 무더기가 형성되어 있다면 그때는 정수수초대가 곧 포인트다. 예를 들면 전역에 마름수초가 발달해 있고, 어느 부분에 갈대나 부들, 줄풀이 무더기로 혼재해 있는 곳, 또는 전 연안에 뗏장수초가 띠를 두르듯 자라 있는데 정수수초 무더기가 한 곳에 발달해 있는 곳, 또는 전체가 연밭인데 어느 한 부분에 갈대나 부들이 발달해 있는 곳이 유망한 포인트가 된다.

●어로가 형성된 곳이 유리한 포인트다

어로(魚路)라고 하는 것은 밀생한 수초지대의 공간과 공간이 적절히 연결된 곳, 또는 안쪽부터 연안으로 수초띠가 형성되어 붕어가 은신처를 제공 받으면서 접근할 수 있는 곳이다. 이렇게 붕어가 안심하고 이동할 수 있는 어로가 적절히 형성되고 찌 세울 자리에 특징 있는 수초가 있다면 그곳이 유망한 포인트다.

수초를 피해야 할 예외상황도 있다

●과도하게 밀생한 수초대는 불리하다

수초가 지나치게 밀생한 지역은 대개 물의 흐름에서 벗어난 지역이거나 홈통을 이루는 곳에 있다. 이런 곳은 하절기를 넘긴 뒤 수중의 수초 잎이 삭아 내리며 가스가 발생하고, 물의 순환이 되지 않아서 용존산소량이 모자라게 된다. 이런 곳에서는 붕어를 낚아서 넣어 놓아도 금세 죽는다. 따라서 그런 장소에는 붕어가 잘 접근하지 않고, 혹 접근하더라도 바로 떠서 빠져 나간다.

수초 사이에 기름띠가 보이거나 수초를 손으로 뒤집어 보아서 메탄가스 냄새가 심하게 나면 그런 곳은 피해야 한다.

●수초 밑동에 물때가 낀 곳은 불리하다

주로 정수수초대에서 수초 밑동을 잘 관찰해 보면 줄기나 바닥에 많은 물때가 끼어 흐늘거리는 현상을 볼 수 있다. 이런 곳에는 붕어가 잘 접근하지도 않고, 혹 접근하더라도 먹이활동을 하지 않는 곳이다. 그러므로 이런 곳에서 정수수초를 노릴 때 찌를 너무 수초대에 바짝 붙이면 물때에 미끼가 묻혀 입질을 받지 못할 수 있다.

●청태(물이끼)가 있는 곳은 포인트가 아니다

수초가 잘 어우러져서 육안으로 보아 아주 훌륭한 조건을 갖추었더라도 녹색의 청태가 끼어 있으면 일단 피해야 한다. 청태는 대개 낚싯바늘에 길게 묻어나오기 때문에 채비를 던져보면 바로 알 수 있다.

붕어는 청태가 있는 곳은 떠서 이동은 하나 바닥층에서 먹이활동을 하기는 꺼린다. 혹 붕어가 먹이활동을 하는 경우가 있더라도 미끼가 청태에 묻혀 입질을 유도하기가 쉽지 않다.

어디에 앉아야 붕어를 만날까? 낚시터에 도착하여 낚시할 자리, 즉 '포인트'를 살피고 있다.

붕어는 탁한 물을 좋아한다

물색이 맑은 곳엔 붕어가 머무르지 않는다. 물색이 맑다는 것은 수중에 플랑크톤이 풍부하지 않다는 뜻이다. 붕어는 일생 동안 영양 공급의 90% 이상을 미세 플랑크톤에 의존한다고 한다. 그러므로 미세 플랑크톤이 없는 맑은 물에는 붕어가 머물지 않고, 따라서 그런 곳은 포인트로서 역할을 하지 못한다.

낚시터 현장에 도착하여 물가를 돌아보면 같은 저수지에서도 위치에 따라 물색의 차이가 나는 것을 발견할 수가 있는데, 가급적 물색이 탁한 쪽을 골라야 한다.

그러나 탁한 물색도 제한 사항이 있으니, 그 부분은 아래에서 알아보자.

●탁한 물과 오염된 물은 다르다

낚시에서 '탁하다'는 것은 단순히 흐리다는 뜻 뿐 아니라 '농도가 짙다'는 뜻을 포함하고 있다. 우리가 단순히 흐리다고 하는 물은 외부에서 흙탕물이 유입되거나 풍랑으로 인해 바닥이 뒤집어진 경우를 말하는데 이런 경우에는 붕어의 입질을 받기가 쉽지 않다.

적당히 탁한 물색과 어우러진 수초. 이런 곳이 붕어낚시의 명당이다.

그러나 '탁한' 물이란 수중에 플랑크톤이 풍부하여 물의 농도가 높아져서 물색이 탁하게 보이는 경우를 말함이다. 그것은 오염된 물과 다르다.

●찌높이에서 바닥이 비치지 않으면 된다

물색이 맑아도 수심이 깊으면 바닥이 보이지 않아 언뜻 보기에 물색이 좋아 보인다. 그러므로 얕은 수심의 물색을 보고 판단해야 한다. 제법 깊은 수심의 바닥이 보일 정도라면 물색이 좋다고 말할 수 없다.

우리가 연안에서 바라보아서 수심이 얕은데도 바닥이 비치지 않는 물색, 그런 곳이 물색이 좋은 곳이다. 특히 토사유입 같은 외부 영향이 없는데도 물색이 탁하다면 더 좋은 조건이 된다.

탁한 물을 피해야 할 예외상황도 있다

●짙은 황톳물이 된 곳은 불리하다

비가 많이 오거나 상류 공사 등의 이유로 토사와 함께 밀려드는 황톳물은 초기이거나 적은 양의 물이라면 호조건이 될 수도 있으나 많은 양이 범람하여 전체가 황토 빛이 되었다면 불리한 조건이다. 물론 몇몇 낚시터는 조건에 따라서 장마 오름수위에 황톳물로 뒤집힌 상황에서 붕어의 입질이 붙기도 하지만 대부분의 경우 물색이 황토 빛으로 탁해진 곳은 좋은 조건이 못된다. 낚시터에 도착했을 때 이런 상황이라면, 포인트는 황톳물의 바깥쪽, 본래의 맑은 물과 합수되는 지점이 된다.

●큰 계곡수 유입부는 불리하다

큰 계곡에서 흘러드는 물은 저수지에 담긴 물에 비해 수온이 지나치게 낮다. 그래서 대형 계곡지의 최상류 물 유입부는 붕어가 잘 낚이지 않는 편이다.

다만 하절기에 수온이 높을 때는 오름수위 때 특수호황을 불러오는 등 유리하게 작용할 때도 있으나 기타 계절, 특히 동절기에는 수온을 급격히 떨어뜨려 냉수대가 형성되므로 붕어가 피하는 장소다.

●갈색 물은 좋지 않다

간혹 침수수초가 많은 저수지나 전역에 수초가 밀생한 저수지에서 수초가 삭으면 그 삭은 수초에서 나온 갈색 물이 전역에 퍼져 있다. 이러한 곳은 수중에 용존산소량이 적고 신선도가 떨어지므로 붕어가 활발한 입질을 하지 않는다.

깊은 곳보다 얕은 곳이 명당

전체적으로 수심이 깊거나 반대로 전체적으로 얕은 낚시터라면 별개지만 보통의 낚시터라면 한 수면 안에 1m 이내의 얕은 수심과 3m 이상의 깊은 수심대를 함께 가지고 있다.

이때 가장 안성맞춤한 자리는 수심 1.5m 정도의 얕은 곳이다. 여기에서 수심 1.5m 지역을 강조하는 것은 그러한 수심대라야 일조량이 바닥까지 영향을 주어 식물성 플랑크톤이 풍부하며, 그 식물성 플랑크톤을 먹이로 삼는 동물성 플랑크톤이나 미생물, 수서곤충이 번성하게 되고, 또 그런 미생물이나 수서곤충을 먹이로 취하는 새우나 참붕어가 그러한 곳에 서식하게 되므로, 붕어가 먹이활동을 하기 위해서는 이러한 곳을 즐겨 찾을 수밖에 없기 때문이다. 따라서 얕은 수심대가 주요한 포인트가 된다.

약 1.2m의 찌밑수심. 큰 붕어는 1.5m 이내의 얕은 수심에서 잘 낚인다.

그렇다면 항상 1.5m 수심대가 주요 포인트 역할을 하는가? 그렇지는 않다. 예외에 관한 내용은 고급 테크닉을 소개하는 다음 파트를 참고하기 바란다.

●큰 붕어는 깊은 곳에서 입질하지 않는다

큰 잉어나 초어 등은 간혹 호수의 깊은 곳에서 릴낚시에 낚이기도 하지만 큰 붕어는 3m 이상의 깊은 수심대보다 1m를 전후한 얕은 수심대에서 훨씬 더 자주 만난다. 그것은 붕어의 취이 습성 때문이다. 붕어는 연안 가까이로 접근해야만 붕어가 좋아하는 새우나 참붕어 등 수서생물이나 플랑크톤을 양껏 취할 수가 있다.

●붕어 떼는 1.5m 안팎의 얕은 곳에 몰린다

깊은 곳은 수압이 강하여 붕어의 활동에 부

담을 준다. 따라서 붕어는 수심이 깊은 곳에선 바닥층이 아닌 중층을 이동하며 활동 적정 수심대로 접근한다. 이 활동 적정 수심대라고 하면 연안 수심 2~4m의 장소를 말하며, 새우나 참붕어가 주로 서식하는 1.5m 전후 수심대가 붕어가 가장 선호하는 수심대다. 따라서 1.5m 안팎의 수심대가 붕어를 집어하기에 가장 유리한 수심대라고 말할 수 있다.

●**물이 불어날 때는 아주 얕은 수심도 좋다**

완만한 경사에서, 혹은 수몰나무나 육초지대에서 물이 차오르는 순간을 만난다면 구태여 1.5m 전후의 수심층을 고집할 필요가 없다. 이런 때에는 붕어가 연안의 지근거리까지 차고 올라서 먹이를 찾아다니는 현상을 보이므로 비록 30cm의 수심층이라도 바닥만 훤히 보이지 않으면 좋은 포인트가 될 수 있다.

얕은 수심을 피해야 할 예외상황도 있다

●**배수 상황엔 깊은 수심이 유리하다**

붕어낚시에서 최적의 수심은 1.5m 내외라고 했지만 예외가 있다. 만약 물이 빠지고 있는 상황이라면 수심이 얕은 연안자리보다 오히려 하류 쪽의 수심 안정권이 더 유리한 경우가 많다. 이런 경우는 제방권이 유리한 포인트가 되며, 최소한 중하류의 2m 이상 수심대를 고려해야 한다.

●**고수온의 한여름엔 깊은 수심이 유리하다**

물은 온도가 섭씨4도일 때 비중이 가장 높다. 온도가 낮은 물은 아래쪽에 머문다. 그래서 늘 얕은 곳의 수온이 깊은 곳의 수온보다 높다. 그런 면에서 동절기에는 얕은 수심의 수초대 등에서 붕어가 잘 낚이지만, 하절기, 특히 한여름에는 얕은 수심은 너무 더워서 붕어가 머물지 않는다. 그래서 8월의 혹서기엔 계곡지의 2m 이상 수심에서 굵은 붕어가 잘 낚이는 경우가 많다.

전남 해남군 고천암호의 샛수로에서 붕어낚시를 즐기고 있다. 물색만 흐리면 60cm 수심의 이렇게 얕은 수초대에서도 월척붕어가 낚인다.

제14장 낚싯대 편성

성미가 급한 사람들은 낚시터에 도착하자마자 곧바로 물가로 가서 가방을 열어젖히고 낚싯대를 펼친다. 그러나 이것은 바람직하지 않다.

낚싯대 편성은 곧 하루 낚시를 위한 포석이며, 한번 낚싯대를 잘못 편성해 놓으면 낚시를 하는 중에 많은 불편을 감수해야 하므로 애초부터 그날의 낚시터 특성과 당일 구사하고자 하는 낚시 상황을 신중하게 고려해서 편성해야 한다.

낚싯대 편성은 곧 세밀한 포인트 공략 요령이 되므로, 찌 세울 자리를 정확하게 고려하여 세심하게 주의해가면서 편성하지 않으면 안 된다.

이러한 낚싯대 편성의 기본은 붕어가 입질할 만한 곳을 우선 고려하되, 여러 낚싯대를 엉킴 없이 사용하기에 편리하도록 해야 한다는 것도 고려해야 한다.

낚싯대를 펼치는 순서

①기준이 될 낚싯대(주로 2.5칸 대)를 이용하여 중앙, 좌, 우 순서로 수심의 변화와 바닥의 수초 분포 및 장애물 여부, 그리고 바닥의 상태(청태, 감탕, 물때 등)를 세밀히 확인한다.

②눈으로 보아서 가장 합당하다고 판단되는 찌 세울 위치를 판단하고, 상황에 맞는 대 편성을 구상하여 받침대를 설치한다.

③낚싯대를 펼쳐서 배치한다.

④수심에 따라서 찌 높이를 맞춘다.

⑤의자를 안정되게 배치하고, 주변 정리를 하고 나서, 낚시 중에 사용될 소도구를 의자 옆에 정돈한다.

⑥미끼를 달아 투척한다.

낚싯대를 펼치는 여러 방법들

수심에 따른 대 편성

붕어는 그때그때의 수온이나 수압에 적응하여 물밑 바닥의 등고선을 따라서 활동한다. 즉 연안 포인트 중 수심이 얕은 곳은 붕어가 경계심을 품고 근거리 접근을 꺼려하기 때문에, 얕은 곳에선 긴 대를 써야 한다. 짧은 대를 얕은 곳에 설치하면 발 앞에 채비가 떨어지므로 올바른 대편성이라고 할 수 없다. 긴 대를 수심이 얕은 연안의 먼 거리에 배치하고, 짧은 대는 발 앞 수심이 깊은 자리에 배치한다.〈그림1〉

물 흐름에 따른 대 편성

강이나 수로에선 물이 흘러오는 상류 쪽에 짧은 대를 배치하고, 하류 쪽에 긴 대를 배치한다. 그래야 낚싯줄이 엉키는 것을 방지할 수가 있다. 물이 흐를 때는 〈그림2〉와 같이

▶ 낚싯대를 편성하고 있는 필자.

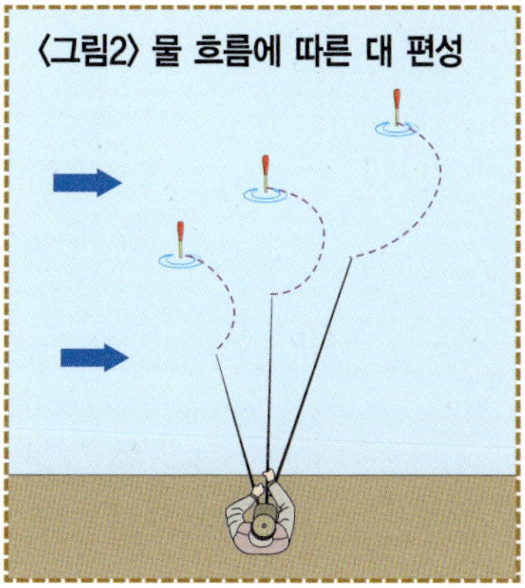

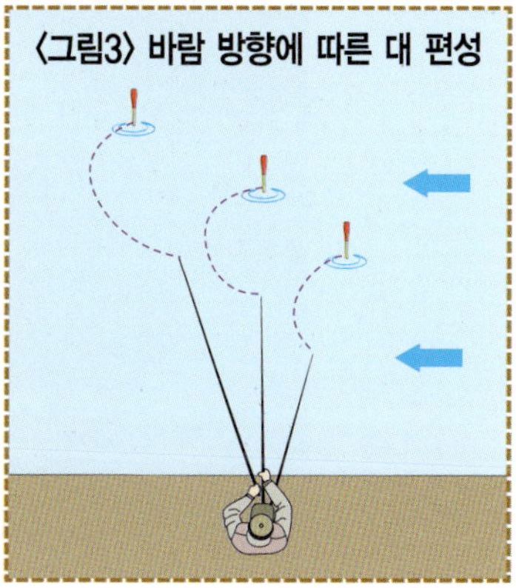

〈그림4〉 수초 분포에 따른 대 편성

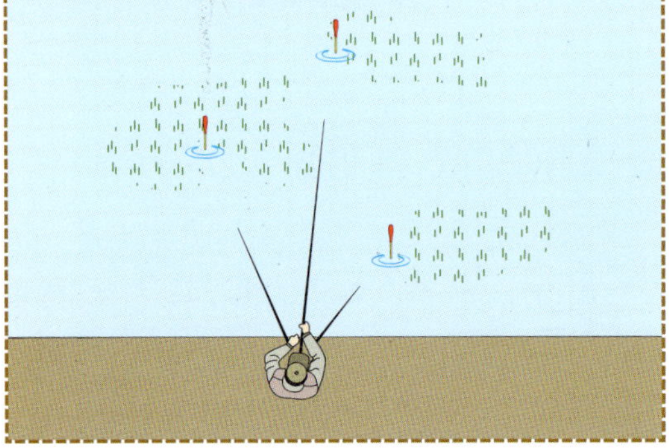

물 흐름에 영향을 받은 원줄이 하류 쪽으로 반달 모양을 그리며 휘어진다. 이럴 때 상류에 긴 대를 펼치면 채비 투척 시나 챔질 시에 줄의 엉킴이 자주 발생한다.

바람에 따른 대 편성

바람이 세게 불면 물 흐름과 마찬가지로 낚싯줄이 밀린다. 따라서 초릿대가 휘어질 만큼 심한 바람이 불 때는, 위의 물이 흐를 때와 같이 바람이 불어오는 방향에 짧은 대를 배치하고, 그 반대쪽에 긴 대를 배치한다. 바람이 불어서 원줄이 밀리게 되면 물이 흐를 때와 똑같은 줄 엉킴 현상이 발생하기 때문이다.〈그림3〉

그러나 이 부분은 바람이 심하지 않을 때는 고려하지 않아도 된다.

새우나 참붕어 등 생미끼를 사용해 대어낚시를 할 때 자주 쓰는 다대편성.

〈그림5〉 휘둘러치기를 할 때

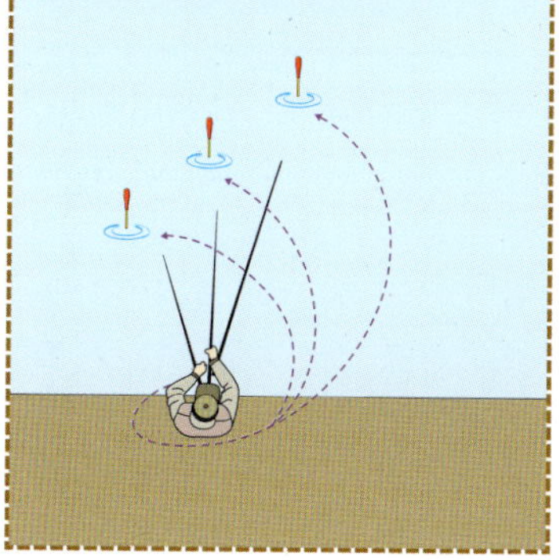

〈그림6〉 앞치기를 할 때

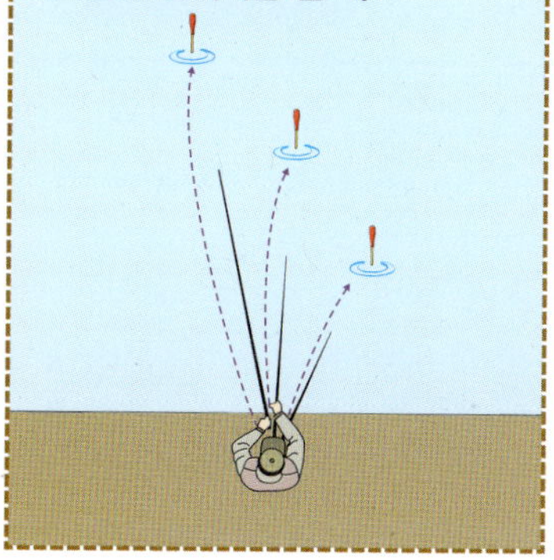

〈그림7〉 여러 대를 편성할 때

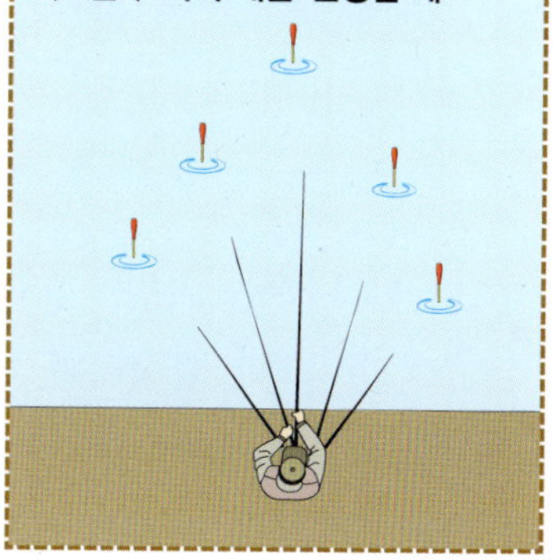

수초에 따른 대 편성

수초가 분포되어 있는 포인트에서 대 편성을 할 때는 낚싯대의 길고 짧은 정렬이 문제가 되는 것이 아니고, 수초 사이의 공간에 맞춰 낚싯대 길이를 정하고 대 편성을 한다. 어떤 원칙이 있는 것은 아니지만, 여러 낚싯대의 찌가 한눈에 들어올 수 있는 반경 내에 낚싯대를 편성하는 것이 바람직하다.〈그림4〉

투척 요령에 따른 대 편성

휘둘러치기를 할 것인가, 아니면 앞치기를 할 것인가에 따라서 낚싯대의 배치는 달라진다. 휘둘러치기를 할 때는 채비가 왼쪽에서 오른쪽으로 회전하게 되므로(오른손잡이의 경우) 긴 대가 오른쪽에 있는 것이 편하며〈그림5〉, 앞치기를 할 때는 긴 대가 왼쪽에 배치되어야 긴 대를 원거리로 날려 보내기에 유리하고, 투척할 때 받침대에 부딪치지 않는다.

특히 무거운 봉돌의 고부력 찌를 사용할 때는 긴 대가 오른쪽에 위치하면 채비 투척시 채비가 엉키는 등 불편이 따른다.〈그림6〉

여러 대를 편성할 때

낚싯대를 여러 대 편성, 운용할 때는 입질을 한눈에 파악하기 쉽도록 편성하는 것이 기본이다. 수초 분포 등 특별한 경우가 아니라면 가장 긴 대를 중앙에 놓고, 좌우로 교차하여 멀리는 긴 대를, 가까이는 짧은 대를 펴는 것이 시계 확보에 유리하다.〈그림7〉

제15장 미끼

전장에 나가는 군인에게 가장 긴요한 것이 총기와 탄약이라면, 이를 낚시에 비유할 때 총기는 낚싯대요, 탄약은 미끼다. 출조마다 신경을 써서 따로 챙겨야 하는 것이 당일 사용할 미끼다.

그런데 이 미끼라는 것이 항상 똑같은 종류를 쓸 수만은 없다. 그 날의 낚시터와 계절적 기상 환경에 따라 붕어가 좋아하는 미끼가 달라지기 때문이며, 구사하고자 하는 기법에 따라서 사용하기 편리한 미끼가 달라지기 때문이다.

따라서 출조 전 미끼를 준비할 때는 어디에서 어떤 낚시를 구사할 것인가를 고려해야 한다.

붕어의 입맛은 환경에 따라 달라진다

미끼를 결정하려면 먼저 붕어가 어떤 먹이를 즐겨 먹는지 알아야 한다. 그리고 가급적 그런 먹이를 미끼로 사용하면 좋을 것이다. 즉 붕어 눈높이에 맞추어, 낚시인의 입맛이 아닌 붕어의 입맛에 맞아야 훌륭한 미끼가 될 것이기 때문이다.

그렇다면 붕어의 식습관은 어떠할까? 한마디로 말해 붕어는 잡식성이다. 편식을 하지 않으며 어떤 먹이든 잘 먹는다. 다만 서식하는 장소와 기상 등의 환경 여건에 따라서 가장 선호하는 먹이와 덜 선호하는 먹이가 있다.

특정 낚시터에서는 특정 미끼만 선호하는 경우가 있다. 가령 호수나 강에 사는 붕어는 식물성 먹이를 좋아하고, 수로나 소류지 붕어는 동물성 먹이를 선호한다. 또 계절과 수온 변화에 따라서 특정 미끼가 잘 듣는 경우가 있다.

그러나 이러한 현상은 공통적으로 그렇다는 것이고, 호수든 수로든 혹은 어느 계절이든 당일의 포인트 환경 여건 변화에 따라서 수시로 그 취이습성이 변하는 경우도 있으므로, 그때그때 변화하는 붕어의 식성에 맞추어 미끼를 바꿔 써야 한다. 붕어의 식성을 이해하지 않고 미끼를 선택한다면 그날의 낚시는 실패하기 십상이다.

▶ 복사꽃이 흐드러지게 핀 봄날의 풍경. 붕어의 산란기인 봄에는 지렁이 등의 동물성 미끼가 잘 먹힌다.

미끼는 계절과 낚시터 따라 달라진다

미끼란 붕어를 유혹하는 매개체다. 따라서 무슨 미끼를 어떻게 쓰느냐는 것은 그날 조황에 결정적인 영향을 미치게 된다.

붕어낚시 미끼는 크게 동물성 미끼와 식물성 미끼로 구분한다. 동물성 미끼는 지렁이를 대표미끼로 하여 새우, 참붕어, 납자루, 구더기, 피라미, 풀벌레 등이 있고, 식물성 미끼는 떡밥을 대표미끼로 하여, 깻묵가루, 감자, 삶은 콩, 옥수수, 메주콩, 밥알, 빵 조각 등이 있다.

이러한 미끼를 선택하여 준비할 때는 자신과 주변 낚시인의 출조 경험을 참고하여 잘 먹히는 미끼를 선택하는 것이 우선이나, 만약 생소한 낚시터로 갈 때는 식물성 미끼와 동물성 미끼의 대표 격인 떡밥과 지렁이는 항상 준비해가야 하고, 아울러 새우 채집망을 휴대하여 필요하다면 현장에서 새우나 참붕어 등을 채집하여 사용할 준비도 해야 한다.

경험에 의해 잘 먹히는 미끼를 준비한 경우 입질을 받을 확률이 높은 것은 분명하다. 그러나 의외의 미끼가 의외의 조과를 가져오는 경우도 종종 있다.

우리가 대어낚시용 생미끼로 흔히 사용하는 참붕어나 납자루 같은 미끼는 평소에 낚시인들이 즐겨 사용하는 미끼가 아니었으나, 우연찮게 낚시터 현장에서 발견한 대표적인 '의외의 미끼' 다.

이처럼 낚시에서는 항상 돌발 변수가 있기 마련이다. 따라서 미끼에서도 고정관념을 버리고 항상 새로운 시도를 해 보면 한결 흥미로운 출조가 될 것이다.

아래 표는 계절별, 장소별로 잘 먹히는 미끼를 정리한 것이다.

붕어가 좋아하는 미끼

계절	저수지	호수	수로	강
봄	지렁이, 떡밥, 새우, 참붕어	떡밥, 지렁이	지렁이, 떡밥, 참붕어	떡밥, 지렁이
여름	떡밥, 지렁이, 새우, 참붕어	떡밥	떡밥, 지렁이, 참붕어, 납자루	떡밥
가을	떡밥, 지렁이, 새우, 참붕어	떡밥	떡밥, 지렁이, 참붕어, 납자루	떡밥
겨울	지렁이, 새우	지렁이	지렁이	지렁이

붕어가 선택하는 미끼 & 미끼가 선택하는 붕어

우리는 물 속의 물고기를 전혀 보지 못하는 상황에서 미끼의 역할로 물고기를 만난다. 미끼는 우리와 물고기와의 만남을 이어주는 매개체 역할을 해 주는 것이다. 우리가 사용하는 미끼가 매개 역할을 잘 해주지 못하면 물고기를 만날 수가 없고, 매개 역할을 잘 해주면 물고기를 쉽게 만날 수가 있다. 이렇듯 미끼는 낚시에 있어서 가장 핵심적인 역할을 한다.

붕어낚시용 미끼는 참으로 다양하다. 땅 속에 사는 지렁이와 땅 위에서 생산되는 각종 곡물, 그리고 수중에 사는 작은 생물들이 다 붕어의 먹잇감이 될 수 있고, 이러한 것들은 모두 붕어 미끼로 효능을 갖는다.

그러나 이렇게 다양한 모든 미끼가 항상 통하는 것이 아니고 그때그때마다 상황에 따라서 통할 수도 있고 통하지 않을 수도 있다. 즉 붕어가 항상 아무 먹이나 먹어 주는 것이 아니며 서식 환경이나 조건에 따라 선호하는 먹이와 회피하는 먹이가 있다는 것이다.

이것이 우리가 붕어낚시를 하면서 미끼를 잘 선택하여 사용해야 하는 이유다. 즉 그날 그 장소에 있는 붕어의 미각에 맞추어서 섭이 취향에 맞는 미끼를 사용해야 한다. 이것이 붕어가 선택하는 미끼다.

그러나 반대의 상황도 있을 수 있다. 미끼가 붕어를 선택하는 방법도 있다는 점이다.

우리는 붕어낚시를 하면서 미끼 운용으로 내가 원하는 붕어를 골라서 낚아 낼 수가 있다. 미끼의 종류와 크기를 변별하여 사용함으로써 작은 붕어는 걸러내고 큰 붕어만 선택적으로 낚을 수 있다. 이것이 미끼가 선택하

채집망에 든 참붕어. 새우나 참붕어를 쓰면 굵은 붕어만 골라서 낚을 수 있다.

는 붕어낚시다.

붕어낚시를 할 때는 내가 어떤 낚시를 즐길 것인가를 미리 정하고 그에 따라서 어떤 미끼를 어떻게 사용할 것인가를 정해야 우연이 아닌 내 의지로 목적하는 붕어를 만날 수가 있다. 그래야 붕어낚시의 즐거움이 배가된다.

붕어가 선택하는 미끼

●서식환경에 따른 미끼 선택

붕어는 서식하는 환경에 따라서 취이습성이 길들여진다. 그렇기 때문에 평소에 즐겨 취하는 먹잇감이 미끼로 사용되었을 때 반응을 잘 해준다. 이를 서식 환경에 따라서 정리해 보면 다음과 같다. 이는 통계적인 근사치이고 일부 다르게 나타날 수도 있다.

●계곡형 저수지–일반적으로 떡밥과 새우가 잘 듣는다.

●평지형 저수지–떡밥, 지렁이, 새우, 참붕어 등이 고루 듣는다.

●강, 댐, 대형 수로–떡밥이 잘 듣는다.

●해안 수로, 소형 수로–지렁이가 잘 듣는다.

●계절에 따른 미끼 선택

위에서 서식환경에 따른 미끼 선택을 개괄하여 보았으나 같은 서식처에서도 계절에 따라 붕어가 선호하는 미끼가 달라진다. 즉 하절기 동안 떡밥만 선호하던 강붕어도 수온이 내려가면 지렁이를 더 잘 먹는 것이 그 예다.

바늘에 떡밥을 달고 있는데 다른 낚싯대에 입질이 왔다. 언제라도 큰 붕어가 입질할 것 같아 낚시인의 마음은 늘 설렌다.

●이른 봄–지렁이, 새우가 잘 듣는다.
●늦은 봄–떡밥, 새우, 참붕어가 잘 듣는다.
●하절기–다양한 미끼가 다 듣는다.
●가을철–다양한 미끼가 다 듣는다.
●초겨울–지렁이, 새우가 잘 듣는다.
●한겨울–지렁이가 우선이다.

미끼가 선택하는 붕어

이 부분은 미끼에 의한 붕어 씨알의 변별력에 관한 사항이다. 앞의 붕어가 선택하는 미끼 분야에서는 그때 그 장소에서 그 상황에 따라 붕어가 좋아할 만한 미끼를 사용함으로써 입질을 유도하는 반면 여기에서는 미끼의 종류와 크기를 미리 설정함으로써 붕어의 크기를 추려내면서 입질하게 하는 부분이다.

붕어는 먹이를 취할 때 스스로의 섭이 능력을 고려한다. 즉 잔챙이 붕어는 작고 부드러우며 한 입에 쉽게 취할 수 있는 먹이에 쉽게 반응하며, 새우나 참붕어처럼 크고 부담스러운 먹이에 대해서는 몇 차례 접근하여 쪼아보는 등 관심만 보이다가 먹을 수 있는 상태가 아님을 깨닫고는 포기한다. 그러나 25cm 이상의 큰 붕어는 대추만한 떡밥 덩어리나 새

여러 가지 붕어낚시용 미끼

우, 참붕어, 메주콩 등 큰 먹잇감에 대해서도 일단 잠시 관찰한 후 달려들어 한 입에 먹이를 취한다.

●마릿수 낚시를 즐길 때

이때에는 작은 붕어까지 쉽게 먹을 수 있도록 작고 부드러운 미끼를 사용한다. 물론 채비도 그에 맞게 작고 예민하게 할 필요가 있다. 풍성한 마릿수를 올릴 수 있는 미끼 사용요령을 정리해 보면 아래와 같다.

●떡밥-물기가 많은 묽은 떡밥을 만들거나, 반대로 물기를 적게 하여 부슬부슬한 떡밥을 만든 후 바늘에 달 때는 붕어가 한 입에 흡입이 용이하도록 작게 단다.

●지렁이-작은 지렁이 한 마리를 꿰어 쓰거나 큰 지렁이라면 토막을 내어 사용한다.

●새우, 참붕어-2cm 전후의 아주 작은 새우나 참붕어를 사용한다. 특히 산 새우나 산 참붕어보다 죽은 새우나 죽은 참붕어가 빠른 입질을 유도하는데 유리하다.

●옥수수-메주콩보다는 옥수수가 빠른 입질을 받을 수 있다. 한 알갱이만 꿰어 쓰는 것이 유리하다.

●큰 씨알을 낚고자 할 때

작은 붕어는 피하고 큰 붕어만 입질할 수 있도록 선별력을 가져야 하기 때문에 큰 미끼를 사용한다. 물론 채비도 그에 맞게 묵직하고 안정감이 있어야 하며, 낚시인도 느긋한 자세로 낚시해야 한다.

●떡밥-고운 떡밥을 크고 딱딱하게 뭉치는 '고탄' 으로 사용하거나, 거친 떡밥을 부슬부슬하되 크게 달아 투척하는

식물성 미끼 모음. 떡밥, 옥수수, 삶은 메주콩이다.

'건탄' 으로 사용한다. 수심이 비교적 얕고 잡어나 잔챙이의 극성이 있는 곳에서는 고탄 떡밥으로 큰 붕어가 접근할 때까지 미끼가 덜 훼손되고 기다릴 수 있도록 사용해야 하며, 수심이 깊고 잡어의 입질이 없을 때는 수중에서 빨리 풀려 자리를 잡고 붕어의 입질을 유도하도록 건탄 형식으로 사용하는 것이 좋다. 이때 떡밥 크기는 대추알~밤톨 크기 정도로 한다.

●지렁이-한 바늘에 3~5마리의 통지렁이를 꿰어 사용한다.

●새우, 참붕어-4cm 전후의 큰 새우나 참붕어를 사용한다. 특히 큰 붕어를 대상으로 하는 낚시에서 새우나 참붕어 미끼는 싱싱하게 살아있는 시간이 길수록 좋다. 만약 새우나 참붕어가 죽게 되면 잡어나 동종인 새우, 참붕어 등이 미끼를 뜯어 먹어 원하는 붕어 입질을 유도하기 어렵다. 또 새우는 수염까지 그대로 사용하는 것이 잔 입질을 예방하면서 큰 붕어의 입질을 유도하는데 유리하다.

●메주콩-메주콩을 큰 것으로 골라서 삶는다. 메주콩도 너무 무르게 삶아진 것은 잡어나 잔챙이가 덤비기 때문에 기다리는 대어낚시에 지장을 줄 수가 있다.

옥수수를 2~3알 한 바늘에 꿰어 사용해도 큰 씨알을 선별할 수 있다. 옥수수는 알갱이가 또렷한 형태를 가진 것을 골라서 사용한다.

짝밥채비. 한 바늘엔 떡밥, 한 바늘엔 지렁이를 달면 붕어가 어떤 미끼를 선호하는지 빨리 알 수 있다.

제16장 어신 파악과 챔질

어신(魚信)이란 붕어의 입질이 찌를 통해 나타나는 신호다. 찌의 움직임을 이해하는 것이 어신 파악이다.

붕어낚시는 찌의 움직임, 즉 어신을 통해서 물속 붕어의 행동을 읽어내고, 적절한 시기를 포착하여 챔질을 함으로써 붕어를 낚싯바늘에 걸어내는 것이다.

붕어의 어신은 일정하지 않고 여러 가지 형태로 나타난다. 그것은 당시 그 곳 붕어의 취이자세와 바닥상태, 기상조건 등에 따라 달라지는데, 우선은 붕어의 취이자세에서 어신의 기본이 나타난다.

붕어는 먹이를 찾는데 있어 촉각, 후각, 시각, 미각 등 모든 감각기관을 동원한다. 그리고 이러한 감각기관에 의해 먹잇감으로 판단이 되면 서서히 접근하여 관심을 보이고 먹으려 든다.

붕어의 먹이활동 특징은 먹잇감을 눈앞에 두고도 성급하게 단숨에 취하려 들지 않는다는 것이다. 식물성 미끼의 경우는 접근하여 먹을 수 있는 상태인가를 파악하기 위해서 주둥이로 툭툭 건드려 보고, 크거나 딱딱하면 포기하고 돌아서거나 먹을 수 있는 상태가 되기를 기다려서 흡입한다.

지렁이나 새우와 같은 동물성 미끼의 경우는 근접하여 한동안 관찰하다가 한순간에 공격적으로 입에 문다. 특히 생물의 경우는 눈이 있는 머리 부분을 우선적으로 공격하여 단숨에 제압하려는 특징을 보인다.

붕어가 먹잇감에 접근할 때는 대략 수평 상태로 접근하지만 정작 먹이를 취할 때는 몸을 45~60도로 세워서 공격적으로 취한다. 이러한 동작이 우리가 낚시를 하면서 바라보고 있는 찌에 고스란히 전달이 되는 것이며, 그것이 곧 어신이다.

우리는 낚시를 하면서 물속의 붕어가 미끼를 취하는 동작을 전혀 보지 못한다. 단지 붕어가 미끼를 취할 때 그 동작이 찌에 전달되어 나타나는 신호만 보고 챔질하여 붕어를 낚는다. 이런 과정에서 붕어의 동작이 찌에 나타나는 신호가 바로 어신이며, 붕어의 처음 동작이 '예신'이고, 나중 동작이 '본신'이다.

어신과 찌의 반응

예신 – 움찔거릴 때는 채면 완돼

예신은 붕어가 먹잇감을 건드려 보는 순간부터 1차 흡입 상태까지의 행동이 찌에 나타나는 현상을 말한다. 이때는 낚싯대를 살며시 쥐고 본신을 기다려야 하며 챔질하면 안 된다. 뒷 장의 〈그림1〉은 예신 상태의 찌의 반응이다.

찌를 응시하며 챔질을 준비하는 필자. 찌가 움찔거리는 예신상태에서 낚싯대를 살며시 쥐고, 확연히 솟구치는 본신이 나타나면 가볍고 빠르게 챈다.

①이 모습은 찌 끝이 제자리에서 움찔움찔 흔들리는 모습으로 나타나는 예신이다. 주로 붕어가 미끼를 툭툭 건드리거나 몸을 낮추고 입에 댈 때 나타나는 모습이다.

②이 모습은 찌톱이 약간 상승하려다가 주춤하는 예신이다. 정상적인 흡입 동작 때에 나타나는 모습으로 가장 흔한 예신이다.

③이 경우는 찌톱이 약간 하강하여 슬며시 잠기는 듯한 예신이다. 바닥 경사가 급하거나 장애물에 미끼가 얹힌 상태에서 주로 나타난다.

본신 – 찌가 상승할 때 비로소 챔질

본신은 먹잇감을 가볍게 입에 문 붕어가 2차 흡입을 하면서 동시에 머리를 수평 상태로 들어 올리거나 안전지대로 이동하려는 동작에서 나타나는 찌의 반응이다. 이때 챔질하면 붕어를 낚을 수 있다.〈그림2〉

〈그림 1〉 예신 상태 찌의 반응

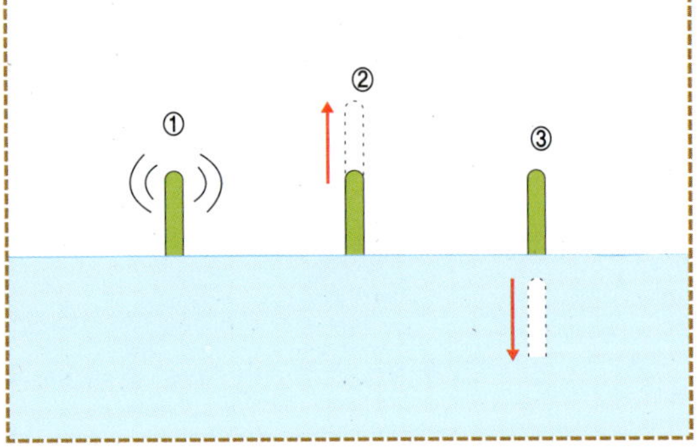

〈그림2〉 본신 상태 찌의 모습

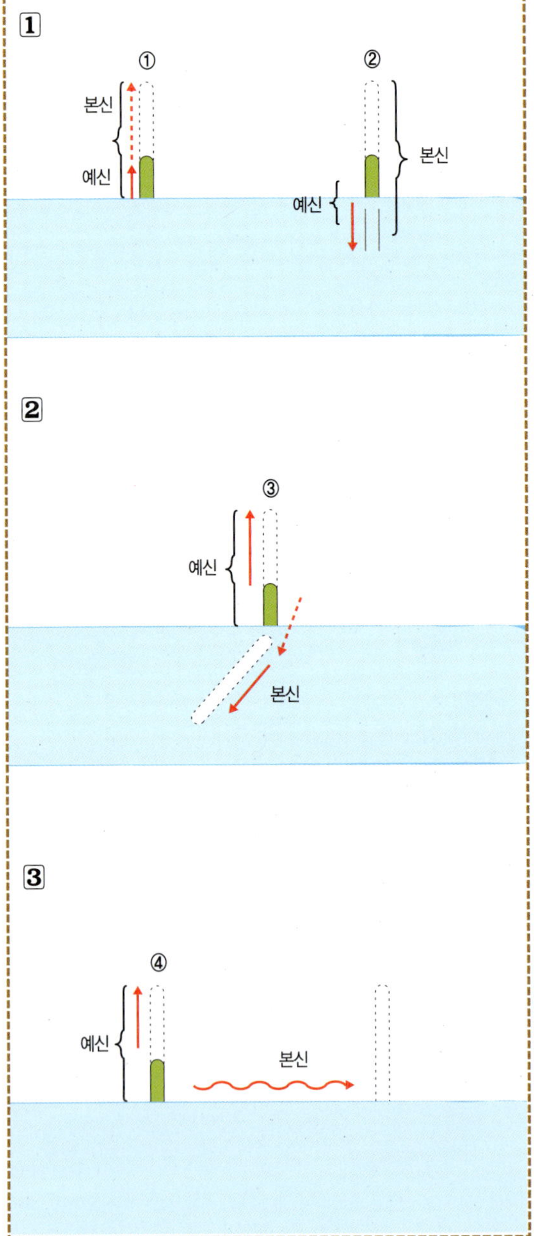

①1차 올리는 예신 후에 본신으로 이어지는 경우이며, 예신 후에 곧바로 찌가 상승하는 본신으로 이어진다.

②1차 내리는 예신 후에 본신으로 이어지는 경우이며, 찌가 슬쩍 내려갔다가 상승하는 본신으로 연결된다.

③1차 예신 후에 미끼를 흡입한 붕어가 위협을 느끼고 빠른 동작으로 안전지대로 이동하려는 모습이며, 예신 후에 곧바로 찌가 끌려 들어간다. 간혹 먹이 다툼을 하거나 급경사 지역에서 나타나는 찌 모습이다.

④1차 예신 후에 찌가 서서히 옆걸음 치듯 비쳐지는 본신이다. 이때는 찌가 서서히 수평이동을 하는데, 그 이동 속도가 빠르면 잔 씨알의 붕어이고, 이동 속도가 무겁고 느릴수록 큰 붕어다.

미끼에 따라 찌놀림은 각양각색

가나다라로 시작하는 한글 낱글자를 안다고 해서 한글을 깨쳤다고 할 수 없고, 더하기 빼기 곱셈 나눗셈의 셈법을 안다고 하여 수학에 통달했다고 할 수는 없듯이, 낚시에서도 낚싯대를 들고 몇 년간 낚시터를 쫓아 다녔다고 하여 조력이 깊은 낚시인이라고 할 수는 없다.

낚시에 대한 이해와 철학도 없이 어쩌다 월척 조사가 되었다고 낚시를 다 아는 양 해서는 안 된다는 말이다.

참나무를 구워 숯을 만드는 단순한 일에도 수많은 경험과 이론적 토대가 있는 장인이 필요하다고 한다. 참나무를 숯가마에 차곡차곡 쌓고 6일 동안 철야로 태우면서 불꽃의 변화를 읽어가면서 불을 조절하고 꺼낼 시기를 잘 맞춰야 제대로 된 참나무 숯을 얻어낼 수 있는 것이다.

숯을 굽는 과정은 낚시와 흡사하다.

가마에 참나무를 쌓을 때부터 경험에 의해 질서 있게 쌓고(낚시 채비), 위에 있는 나무부터 서서히 타 들어가서 중간에 무너지지 않도록 하며(낚싯대 배치), 중간 중간 그 불꽃의 색깔을 살펴서 꺼낼 시기를 결정하고(입질 분석 및 챔질), 겉흙을 허물고 꺼낼 때에도 조심스러워야 하며(제압 및 유도), 꺼낸 후에도 흙을 덮어 공기 중의 산소를 차단하

수면에 머리를 내민 찌. 붕어의 어신은 찌가 천천히 큰 폭으로 솟거나 이동하는 형태로 나타난다.

여야 제대로 된 숯을 탄생시킨다.

붕어 몇 마리를 남보다 많이 낚았다고 자만하거나, 어쩌다 월척이라도 만나고 나면 그것이 낚시의 완성인양 하면 안 된다. 낚시의 오묘한 이치, 하늘과 땅과 보이지 않는 물속을 읽어내고, 그 속에 있을지 없을지 모르는 붕어의 생태를 많은 경험과 논리적 이론을 토대로 알아내어야 제대로 된 낚시를 하는 것이다.

이러한 일련의 낚시 과정에서도 중요한 것은 미끼에 따른 변화무쌍한 찌놀림을 보고 정확한 챔질시기를 결정하는 입질 분석과정이다. 그것은 가마에서 숯을 꺼낼 시기를 정확하게 파악하는 것과 같다.

떡밥 미끼의 어신

●**공통** 떡밥을 미끼로 한 낚시에서는 단 한 번의 예신과 정확한 본신으로 나타나며, 입질의 시작과 끝이 짧은 시간에 이루어지므로 찌 상승 폭이 작은 편이다. 이는 붕어가 빠른 동작으로 흡입하고 빨리 뱉어내기 때문이다. 예신 직후 본신으로 이어질 때 챔질해야 한다.

●**잔챙이** 아주 짧은 예신이 있거나 경우에 따라서는 아예 예신 동작이 없이 순간적으로 찌를 올렸다가 내려간다. 찌올림은 빠르고 높이 나타난다.

●**중치급** 예신과 본신이 명확해지며, 비교적 부드러운 찌놀림으로 나타난다. 찌올림은 평균적으로 3~4마디에서 끝난다.

●**큰 붕어** 예신과 본신이 정확하며, 아주 느릿하고 부드러운 찌놀림으로 나타난다. 찌올림은 한 마디 정도로 낮거나 몸통까지 올리는 높은 찌올림으로 구분되며, 찌 놀리는 동작이 느릿하고 무거운 느낌이 든다.

지렁이 미끼의 어신

●**공통** 2~3회의 예신, 심한 경우 수 회의 예신으로 나타나며, 본신 동작이 비교적 부정확하고 찌 상승폭은 중간 정도다. 여러 차례 가벼운 예신이 있은 후 찌가 부드럽게 올라오고 상승폭이 클 때 챔질해야 한다.

●**잔챙이** 잔챙이의 예신은 흔히 붕어가 미끼를 가지고 논다고 표현한다. 잔챙이 붕어는 지렁이를 한입에 흡입하지 못하고 꼬리를 물고 흔들어 잘라먹으려 하기 때문에 찌놀림이 급하게 오르내리거나 끌고 다니다 한 순간에 갑작스레 올렸다 놓아 버리는 부정확한 본신

으로 나타난다.

●**중치급** 지렁이를 한 입에 흡입하므로 찌놀림이 비교적 부드럽게 나타난다. 이때에는 1~2회의 예신 후에 부드럽게 솟아오르는 본신으로 이어진다.

●**큰 붕어** 눈 깜짝할 새에 지렁이를 흡입한다. 따라서 대부분 단 한 번의 예신이 있은 다음에 본신으로 이어지며, 그 찌놀림 모습이 떡밥 때와 크게 차이가 없이 중후하게 나타난다. 다만 지렁이의 경우는 흡입 후에 뱉어내는 것이 떡밥의 경우보다 늦으므로 비교적 찌올림이 느리고 높이 나타나는 특징을 보인다.

새우, 참붕어, 메주콩 미끼의 어신

●**공통** 새우나 참붕어, 납자루 등 생미끼를 사용했을 때와 메주콩, 옥수수 등 딱딱한 고형 미끼를 사용했을 때는 약하게 건드리는 듯한 감각과 아주 무거운 예신 후 한참의 시간을 두고 아주 느리고 부드러운 본신으로 나타나며, 찌의 상승 폭이 아주 크거나 약간 올린 후에 한동안 정지하는 정확한 입질 모습으로 나타난다.

●**잔챙이** 새우나 참붕어 미끼에 잔챙이가 붙을 경우에는 찌 끝이 여러 차례 깜빡거리는 모습을 보이며, 좀처럼 본신으로 이어지지 않는다. 이는 잔챙이의 경우 새우 미끼를 흡입하지 못하고 새우를 뜯어먹는 동작을 하기 때문이다. 이때 채비를 들어내 보면 새우의 머리나 다리가 뜯겨 있고, 참붕어는 눈과 배가 뜯겨 있는 것을 볼 수가 있다. 만약 본신으로 이어진다면 급작스런 찌올림으로 나타나며 거의 헛챔질이 되기 일쑤다.

●**중치급** 새우미끼를 사용했을 때 긴 시간을 두고 여러 차례의 작은 예신 동작을 하며, 본신으로 이어졌을 때는 비교적 짧고 빠른 찌올림으로 나타난다. 이는 흡입이 가능할 때까지 뜯어 먹는 동작을 하다가 어느 순간에 흡입하기 때문이다.

●**큰 붕어** 큰 새우도 한 입에 흡입한다. 따라서 1회의 무거운 예신 후에 시간을 두었다가 아주 무겁고 느리게 본신으로 이어지며, 일단 본신으로 이어지면 부드럽고 높은 찌올림으로 나타난다. 이는 붕어가 새우나 참붕어를 흡입한 후에 바로 뱉어 내지 않고 입안에서 소화액을 통해 흐물흐물한 상태로 녹여가며 취할 수 있도록 오랜 시간 동안 입안에 미끼를 넣고 있기 때문이다.

챔질 타이밍 잡기

표준 챔질타이밍

챔질은 바늘이 붕어 입 속에 완전히 들어가는 시기를 노려 낚싯대를 채올림으로써 입질하는 붕어를 바늘에 거는 결정적인 동작이다. 따라서 챔질의 시기를 정확히 포착해야 바늘에 걸어낼 수 있다.

붕어가 정상적인 입질을 해줄 때는 찌에 오는 어신이 교과서대로 나타나며 그때는 〈그림1〉과 같이 챔질할 수 있는 시간적 여유가 많아 초보자라도 어렵지 않게 붕어를 걸어낼 수 있다.

초기 예신 때는 낚싯대에 손을 가져가서 챔질할 준비를 하고 본신을 기다린다. 이어 본신으로 찌가 한 마디 이상 상승하여 계속 상승이 진행 중일 때 순간적으로 챔질한다(챔질이 빠른 사람의 경우).

그러나 채지 않고 내버려두면 찌 몸통이 보일 때까지 계속 상승하는 경우가 많으며, 찌가 상승 중일 때는 붕어의 입 속에 미끼와 바늘이 함께 들어가 있는 상태이므로 충분한 찌올림을 보고 느긋이 챔질하여도 된다. 즉 찌가 서서히 상승하다가 멈추기 직전에 약간 느려지는 모습을 보고 챔질하면 찌맛을 충분

〈그림1〉 기본상황에서 챔질

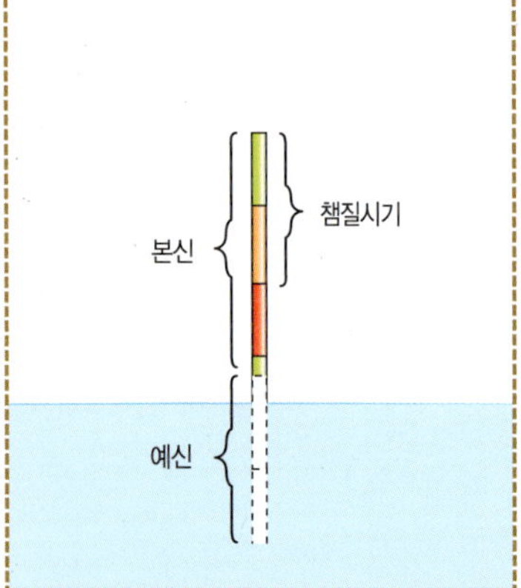

〈그림2〉 미세한 입질시의 챔질

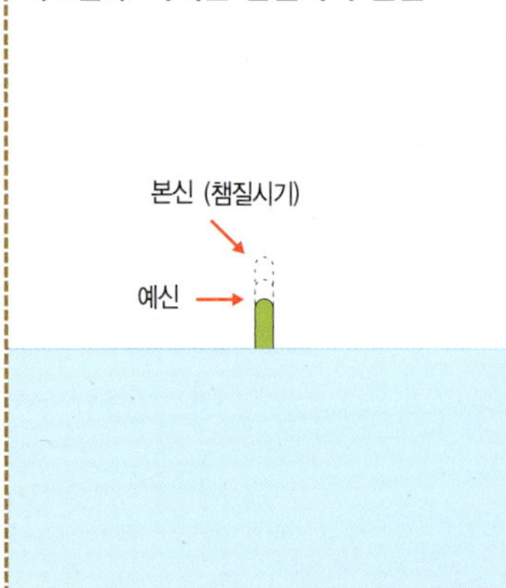

〈그림3〉 잠겨드는 입질의 챔질

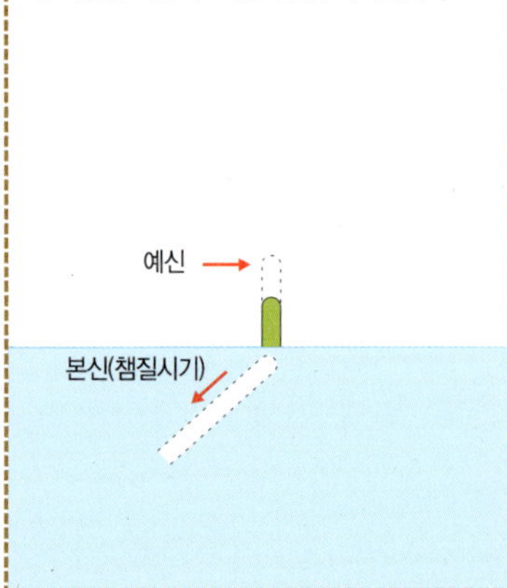

히 즐기고 붕어를 걸어낼 수가 있다.

그러나 찌가 상승하다가 멈추는 순간은 붕어가 먹이를 뱉어내기 직전의 순간이므로 숙달된 경험자라 하더라도 찌가 멈추기를 기다리는 것은 자칫 헛챔질로 이어질 수 있다. 이러한 것을 잘 소화해 내기 위해서는 많은 현장 경험이 필요하다.

미세한 입질의 챔질타이밍

붕어의 입질 형태는 일정하지 않다. 장소에 따라서 독특한 입질을 보이는가 하면, 같은 장소에서도 시간대에 따라서 입질 형태가 변하는 수가 허다하다. 심한 경우에는 입질이 미세하여 예신과 본신의 구별도 어려운 때가 많다.

미세한 입질이 들어왔을 때는 예신과 본신의 구별도 어려울 정도로 찌를 올렸다가 그만 내려가 버리고 입질이 끝난다. 그러나 자세히 관찰해 보면 비록 미세하긴 하지만 예신 때보다는 본신 때 찌의 모습이 훨씬 무겁고 느릿하다. 그때가 챔질시기인

챔질동작. 찌가 솟는 폭보다 속도를 유심히 보고 있다가 느리고 지속적으로 움직일 때 낚싯대를 챈다.

〈그림4〉 옆걸음치는 입질의 챔질

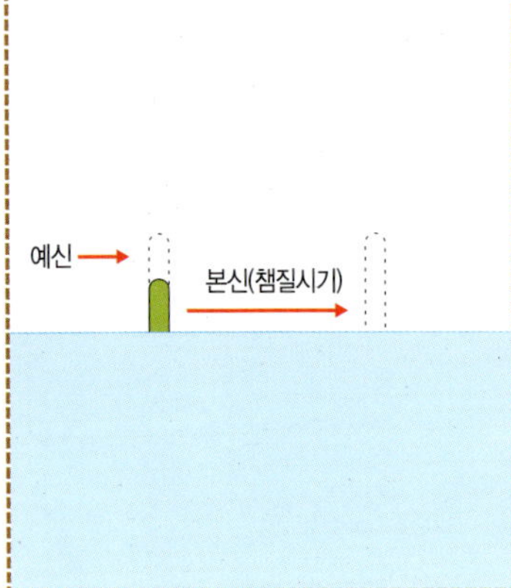

〈그림5〉 사용 미끼에 따른 챔질

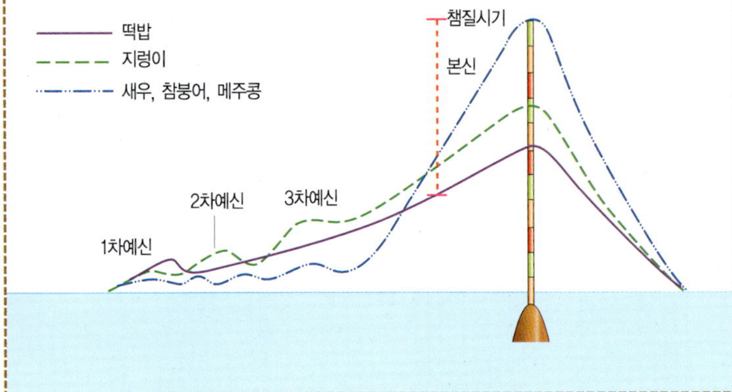

것이다.〈그림2〉

이러한 미세한 입질 형태는 일교차가 아주 큰 날 밤이나 동풍이 불어올 때, 혹은 주변의 소란에 의해서 붕어의 경계심이 발동할 때 주로 나타난다.

잠겨드는 입질의 챔질타이밍

붕어낚시를 하다보면 찌가 올라오는 통상적 어신과 달리 예신 후에 찌가 스르르 잠겨 들어가는 경우도 종종 있다. 이러한 때의 챔질시기는 '수면 아래로 찌가 잠겨 들어가 찌끝이 시야에서 사라지는 순간' 이다.〈그림3〉

이러한 입질 형태는 급경사면에 미끼가 있거나, 수심이 얕으면서 가까운 곳에 은신처가 있어 이동할 때, 동시에 두 마리 이상의 붕어가 먹이 다툼을 할 때 주로 일어나는 현상이다.

옆걸음치는 입질의 챔질타이밍

찌를 약간 올리는 예신 후에 본신에서 찌를 더 이상 올리거나 내리지 않고 서서히 옆으로 이동하는 형태로 나타나는 입질이다. 이런 입질이 들어 왔을 때는 찌가 옆으로 한 뼘 이상 이동하였을 때 챔질한다. 대형 붕어가 수심이 얕은 지역에서 입질을 할 때 간혹 나타난다.〈그림4〉

사용미끼에 따른 챔질시기를 하나의 도표로 나타내보면 〈그림5〉와 같다.

챔질은 튕기듯 '손목챔질' 이 최선

손목챔질은 일명 '스냅챔질' 이라고도 하며, 손목에 순간적인 힘을 주어 낚싯대 끝을 힘차게 튕겨 올려 세우는 챔질이다. 이 방법은 붕어낚시에 있어서 가장 효과적인 챔질법이며, 또 가장 많이 사용하는 챔질방법이다.

손목챔질을 할 때는 낚싯대 손잡이를 가볍게 잡고 손목 스냅을 이용하여 대 끝을 순간적으로 들어 올리면서 동시에 대를 세우는 동작으로 이어진다. 챔질하는 순간 대의 휨새에 의한 탄력을 최대한 이용할 수 있는 방법이며, 챔질시에 이미 붕어와의 힘겨루기에서 절반 이상을 이기고 들어가는 좋은 방법이다.

특히 월척 이상의 대형 붕어나 잉어, 향어를 걸었을 때 손목챔질을 하면 챔질 순간 이미 대가 반 이상 세워지게 되어 대 허리의 탄력을 초기부터 최대한 이용할 수 있게 되므로 대형을 제압 유도하기가 유리하다.

초보자라면 애초부터 이러한 손목챔질 습관을 들이는 것이 좋다. 처음에 잘못 길들이면 나중에 고치기 쉽지 않다.

보통 특이하거나 급작스런 입질일수록, 또 이미 챔질 시기를 놓쳐서 찌가 벌렁 누웠을 경우 낚시인은 심리적으로 급하고 강하게 챔질하게 된다. 그러나 그렇게 하면 대부분 헛챔질로 끝난다. 이런 경우일수록 간명하고 약하게 툭! 하고 손목챔질을 해야 입질한 어종이 바늘에 걸린다.

기타 챔질습관들

●들어챔질

손목스냅을 이용하지 않고 팔을 이용해서 들어 올리는 챔질을 말한다. 이때는 챔질 중 목줄채비에 전해지는 충격이 완만하여 자칫 약한 입걸림이 될 수도 있다.

●당겨챔질

낚싯대 손잡이를 잡은 팔을 옆구리 쪽으로 세차게 당겨서 챔질하는 방법을 말한다. 이 방법은 수초 속에서 대형 붕어를 걸었을 때는 낚싯대를 세우기도 전에 붕어를 제압하지 못해서 낭패를 당하는 경우가 있다.

제17장 제압과 유도

챔질 직후에는 대를 세우느냐 못 세우느냐 하는 것이 대형 붕어와의 힘 겨루기에서 이기느냐 지느냐를 결정하는 관건이 된다. 만약 챔질 초기에 대를 제대로 세우지 못했다면 월척 이상의 대어인 경우 낚아내기 어렵다고 해도 과언이 아니다.

따라서 최초 챔질 후에는 신속하게(챔질과 거의 동시에) 대를 수직으로 세워야 한다. 이렇게 대를 세우는 이유는 낚싯대의 탄력을 최대한 이용하기 위해서다.

만약 대를 세우지 못하고 물고기와 힘을 겨루게 되면 물고기-원줄-낚싯대가 일자형상이 되어 낚싯대의 탄력을 이용하지 못하고 물고기의 힘을 낚싯줄이 그대로 감당해야 한다. 그러나 대를 세우게 되면 물고기가 힘을 쓰더라도 낚싯대가 탄성에 의해서 그 휨새로 힘을 적절히 분산시키는 완충작용을 하여 제압하기가 용이해진다.

그렇더라도 힘이 강한 대어일 경우, 물고기의 힘이 세어서 쉽게 대를 세우기가 어렵고, 만약 무리하게 힘으로 당겨 세우려고 하면 대가 부러지거나 바늘이 펴지거나 원줄이 끊어질 수도 있으므로, 물고기의 힘이 강하게 전달되어 올 때는 억지로 당기는 대신 자기의 자세를 적절히 낮춰가면서 대를 세워야 힘겨루기에서 성공할 수가 있다.

특히 4짜 붕어나 잉어, 향어, 가물치 등을 걸었을 때 그 자리에서 대를 세우기가 어렵다고 판단되면 안전지대로 발을 옮겨가면서 대를 세우며 제압하는 것이 필요하다.

낚싯대만 세우면 90% 성공

일단 대를 세우는데 성공하면 90% 이상 제압에 성공했다고 보아도 된다. 그러나 대를 세우고 나서도 큰 물고기는 순간순간 강하게 버틴다. 이렇게 2차, 3차 앙탈을 부릴 때 자칫 세웠던 대를 조금이라도 늦추어 팽팽한 원줄을 느슨하게 해 주면 그 물고기는 수초에 머리를 박으며 결국 떨어져 나간다. 그러므로 혹 자세나 낚싯대를 낮추면서 유도하더라도 원줄은 항상 팽팽한 상태를 유지하도록 해야 한다.

그러면서 약간의 시간을 두고 기다리면 붕어가 스스로 물 위로 떠올라서 공기 호흡을 하게 되고, 몇 차례 공기 호흡을 한 후에는 스스로 힘이 점점 빠져 항복하게 된다. 이 상태까지가 제압에 성공한 단계다.

장애물 감은 붕어는 기다리면 나올 수도

제압 단계에서 아무리 주의한다고 하더라도 붕어가 수초에 처박거나 장애물에 줄이 감기는 경우가 발생한다. 이런 때에는 무리하여 당기지 말고 적절한 응급조치를 하여 붕어를 빼내야 하는데, 그 기본요령은 걸려있는 붕어를 이용하는 것이다.

붕어 끌어내기. 사진처럼 수초가 있는 곳에선 붕어를 빨리 수초 위로 들어 올리는 것이 중요하다. 전남 순천시 서동지.

만약 수초에 걸렸다고 하여 힘을 주어 잡아당기게 되면 이미 수초를 감고 있거나 깊숙이 박혀있는 붕어는 한동안 긴장하여 전혀 움직이지 않으므로 빠져 나올 수 없는 상태가 된다. 결국 원줄이 끊어지거나, 목줄이 터지거나, 붕어의 입이 찢어지면서 떨어지고 만다.

말풀 등의 연약한 수초라면 그나마 수초가 뽑히거나 끊어지면서 나올 수도 있겠으나, 갈대나, 부들, 줄풀, 뗏장수초 등에서는 실패할 확률이 높다.

따라서 이런 때에는 줄을 약간 팽팽하게 하고 잠시 기다리다가 잠깐 느슨하게 놓아주었다를 반복하면서 인내심을 가지고 붕어가 움직이기를 기다리면 어느 순간에 붕어가 움직이게 되고, 이때 줄에 팽팽한 힘을 가해주면 붕어가 서서히 빠져 나온다.

그러나 빠져나올 기미가 보이지 않는다면 낚싯대를 받침대에 올려놓고 다른 낚싯대로 낚시하다 보면 스스로 붕어가 빠져 나오거나, 붕어가 떨어지더라도 신기하게 바늘이 쉽게 빠져 나온다.

대어를 안전하게 끌어내려면

붕어를 유도할 때는 놀릴 것인가 강제집행할 것인가를 먼저 판단하고 상황에 맞는 자세를 취해야 한다. 놀릴 경우는 낚시의 맛을 충분히 느끼기 위함이고, 강제집행을 할 때는 위험 지역에서 우선 벗어나기 위함이다.

놀릴 경우

주변에 장애물이 없을 때 1차 제압하여 돌려 세운 붕어를 수중에서 서서히 유도하면서 놀리는 것이 소위 말하는 낚시의 '손맛' 이다. 이때는 붕어의 힘쓰는 방향에 따라서 적절히 낚싯대 방향을 좌우로 젖히면서 가지고 노는 것이 손맛을 최대로 높이는 방법이다.

1차 제압시에 일단 수면에 떠서 공기를 마신 붕어는 다시 수중으로 힘을 쓰고 들어가더라도 점점 힘이 약해지면서 앞으로 끌려오게 되고, 서너 차례 공기를 마시게 되면 수면에 배를 드러내놓고 항복한다. 이때까지가 놀림의 과정이다.

주의할 것은 절대로 원줄을 느슨하게 해 주어서는 안 된다는 것이다. 놀림 과정에서 원줄을 느슨하게 해 주면 붕어는 용하게도 바늘을 뱉어내고 빠져나가는 경우가 많다. 이렇게 원줄을 느슨하게 하지 않는 동작에 대해 '대를 주지 말라' 고 말한다.

강제집행할 경우

강제집행할 경우는 수초나 장애물, 나무그루터기 등 주변의 위험요소에서 빨리 붕어를 벗어나게 할 필요가 있을 때다. 이때는 챔질과 동시에 제압이 이루어져야 하고, 제압과 동시에 강제로 끌어오는 강제집행으로 연결되어야 한다.

만약 수초가 수면을 덮고 있는 포인트라면 1차 제압과정에서 수면에 띄운 붕어를 수초 위로 올려서 미끄럼 태우듯이 끌어와야 하고, 수몰나무 등 수중 장애물이 있을 때는 수면에서 철퍼덕거리는 채로 곧바로 끌어와야 한다.

강제집행 시에 중요한 것은 1차 제압 과정에서 수면에 뜬 붕어가 다시 수중으로 들어

가지 못하도록 끝까지 수면에서 해결해야 한다는 것이다. 이때에도 간혹 수초나 장애물에 걸리는 경우가 발생하는데 서두르지 말고, 차분하게 붕어 스스로 풀어 나오게 하되 풀리는 즉시 다시 강제집행을 해야 한다.

머리 돌려세우기

일단 붕어의 힘이 빠지고 항복을 하게 되면 안전하게 물가로 유도한다. 이렇게 유도하는 과정에서도 붕어는 본능적으로 수초나 장애물 등이 있는 안전지대로 처박으려는 습성이 있으며, 더욱이 인기척을 감지하게 되면 힘이 빠졌던 상태에서도 순간적으로 도망하기 위해 최종 단계까지 힘을 쓴다. 더구나 안전하다고 느낄 때쯤 붕어가 퍼덕이면 이미 주둥이의 바늘구멍이 넓혀져 있는 상태이므로 빠져 나가기가 쉽다.

따라서 제압 이후 최종 단계까지 유도를 잘해야 붕어가 수초나 기타 장애물에 처박는 것을 방지할 수 있고, 또한 옆의 낚싯대에 엉키는 것을 방지할 수 있다.

만약 제압했다고 생각한 붕어가 다시 수중으로 힘을 쓰고 차고 나갈 때는 머리를 돌려 세우는 요령이 있어야 한다.

붕어 머리를 돌려 세우는 것은, 붕어가 정면으로 차고 나갈 때면 좌우 한 방향으로 대를 눕히면서 탄성을 주어 붕어의 머리가 따라 돌게 하고, 이때 붕어 몸 전체가 돌아서도록 유도하는 것이다. 다음으로 만약 붕어가 좌측으로 차고 나가면 우측으로 대를 눕혀주고, 우측으로 차고 나가면 좌측으로 대를 눕혀 주면서 돌려 세운다. 만약 대를 좌우로 눕히지 않고 붙잡고서 차고 나가는 붕어를 억지로 제압하려 한다면 힘의 맞대결에 의해서 거의 돌려세우지 못하고 줄이 터지거나 대가 부

월척붕어를 연안으로 유도하고 있다. 천천히 끌어서 붕어를 물가에 붙이면 요동치지 않으므로 뜰채가 없어도 손바닥으로 월척을 받쳐서 건져 올릴 수 있다. 충북 영동군 명천지.

러져 제압에 실패할 것이다.

미끄럼 태우기

붕어의 머리를 내 방향으로 돌려 세워서 항복시켰다면 이제부터는 내 앞으로 붕어를 가져오는 단계다. 이때 붕어를 내 앞으로 당겨오는 방법이 미끄럼 태우기다. 씨알이 작은 붕어야 쉽게 들어내도 되겠지만 월척급의 붕어라면 쉽게 들어내려다가는 실패하기 십상이다. 그러므로 이런 경우는 미끄럼 태우듯이 당겨 와야 하며, 당길 때도 붕어에게 일체의 충격이 가지 않도록 주의해야 한다.

붕어는 누워서 따라 오다가도 충격을 받게 되면 그 자리에서 몸부림을 쳐서 떨어져 나가려고 하기 때문이다. 따라서 깔끔한 수면 위라면 일자로 그냥 당겨 와도 되겠지만 만약 밀생한 수초 위라면 수초의 골 자리나 가지런한 수초 위로 방향을 유도하면서 미끄럼을 태워야 안전하다.

이렇게 미끄럼을 태워 당겨올 때 특히 주의해야 할 점은 낚싯대의 각도가 자기 몸 뒤로 젖혀지면 안 된다는 것이다. 만약 낚싯대를 몸 뒤로 젖히면서 당기게 되면 낚싯대의 허리가 파손될 우려가 많다. 대개 월척 이상의 큰 붕어도 대를 세우고 팔을 높이 뻗어 유도하면 대를 뒤로 젖히지 않더라도 발 앞까지 유도된다. 만약 그래도 어렵다면 대를 뒤로 젖히는 것보다는 일어서서 발걸음을 뒤로 빼는 것이 오히려 좋다.

간혹 낚시 무용담을 늘어놓으면서 '큰 고기의 힘을 감당하지 못해 그만 대의 허리가 부러졌다' 고 하는 것은 대부분 유도과정에서 무리하게 대를 뒤로 젖혔기 때문이다.

뜰채로 뜨기

'물고기를 뜰채로 떠내는 것이 아니고, 물고기가 스스로 뜰채에 들어가게 유도하는' 것임을 명심해야 한다.

항복하고 발 앞에 누워있는 붕어도 뜰채가 몸에 닿으면 몸부림을 치게 마련이다. 하물며 아직 저만치에서 움직이고 있는 붕어를 억지로 뜰채로 떠내려 하면 붕어는 계속해서 피하려 몸부림치고, 그 과정에서 붕어를 떨어뜨리고 만다.

따라서 뜰채를 사용할 때는 붕어에게서 조금 떨어진 곳에 뜰채를 먼저 절반쯤 담그고, 그 뜰채 속으로 붕어를 유도하여 스스로 들어가게 해야 하며, 붕어의 머리부터 몸통 중

뜰채를 먼저 물에 반쯤 담근 상태에서 붕어를 끌어당겨 뜰채 속으로 유도해야 한다. 울산시 회야강.

간 이상이 뜰채에 들어가는 모습을 보고, 뜰채 앞부분을 들어서 붕어를 안전하게 담아 올려야 한다.

손으로 들어올리기

뜰채를 준비하지 않은 상태에서 월척급의 붕어가 낚였다면 붕어를 손으로 들어 올릴 수밖에 없다. 이렇게 손으로 들어내기 위해서는 불가피하게 원줄을 한 손으로 잡아야 하는데, 이때 손으로 원줄을 꽉 잡는 것은 금물이다.

붕어를 들어내기 쉬운 가까운 지점까지 유도할 때는 원줄을 손으로 꽉 잡지 말고 낚싯대를 세운 채로 손바닥 안쪽을 원줄에 대고 유도해 온다. 즉 붕어가 갑자기 퍼덕일 때 붕어의 힘이 낚싯대에 자연스럽게 전달되어 낚싯대의 탄력이 작용하도록 낚싯줄을 잡지 않는 것이다. 만약 원줄을 잡게 되면 마지막 퍼덕이는 붕어의 힘과 무게를 감당하지 못하고, 목줄이 끊어지거나, 바늘이 빠지거나, 붕어의 입술이 찢어지게 된다.

다음으로 붕어를 들 수 있는 상태까지 가져왔으면 최종적으로 들어내야 하는데, 이때는 원줄에 대고 있던 손을 서서히 내려서 봉돌 부분을 가볍게 잡고 들어 올린다. 그러나 붕어가 클 경우는 봉돌을 잡고 들어 올리는 것도 위험하다.

월척 이상의 붕어라면 손을 물에 담그거나 손바닥에 물을 묻혀 조심스럽게 붕어를 받쳐서 들어 올린다. 이런 때도 붕어는 충격만 주지 않으면 움직임 없이 들려 나온다.

아주 큰 붕어나 잉어 등 중량이 무거운 물고기는 수건에 물을 적셔서 물고기 밑에 받치고 눈을 가려 감싸서 들어내는 것이 안전하다. 이때에도 붕어의 몸을 꽉 잡는 것은 금물이다. 붕어는 꽉 잡으려 하면 오히려 튄다.

Part Ⅳ

초보 탈출

붕어낚시는 어떤 미끼를 쓰느냐에 따라

다시 지렁이 낚시, 떡밥 낚시, 대어낚시(새우나 참붕어 등 사용) 등으로 나뉩니다.

붕어는 잡식성이라 다양한 미끼를 써서 낚아내는 재미가 있는데,

각각의 미끼에 따라 사용하는 채비와 포인트까지 달라집니다.

이제 붕어낚시의 실전 각론으로 들어갑니다.

제18장 지렁이 낚시

지렁이는 변환류의 환형동물로서 영어로는 땅에 사는 벌레라는 뜻의 'Earth worm' 이라고 하며, 한편으로는 낚시 미끼용 벌레라는 뜻의 'Angle worm' 이라고도 한다. 그만큼 동서양을 막론하고 낚시인이 공통으로 선호하는 미끼라고 할 수 있다.

지렁이는 전 세계에 2500여 종이 분포되어 있고, 우리나라에서는 50여 종이 확인되고 있다. 어두운 땅 속에서 일생을 보내다 보니 눈, 귀 등의 감각이 퇴화되어 보고 들을 수는 없으나 표피감각 세포가 발달하여 빛과 진동에는 민감하다.

암수가 한 몸에 있는 자웅동체 동물이어서, 교미를 할 때는 두 마리가 머리를 반대로 하여 몸을 감고 서로 원하는 정자를 교환한다. 지렁이의 몸 앞쪽에는 둥그런 환대가 있는데 이것은 알을 싸는 고치를 만들어 내는 생식 기관이다. 이 환대를 포함해서 머리 쪽은 생식기관과 신경기관이 집중되어 있고, 환대의 뒤 쪽은 장 기관이다.

호흡은 피부로 하며, 온도와 습도에 민감하다.

낚시 미끼로 사용하는 지렁이는 선홍색 몸통에 노란 줄무늬가 있는 참지렁이다. 크기는 4~5cm가 좋다. 지렁이를 선택할 때 주의할 점은, 통속에서 위로 기어 올라와서 가늘어진 지렁이나 퇴색한 지렁이는 이미 활성이 떨어진 상태이므로 피해야 하고, 색이 선명하고, 짧고 통통하며, 굵기가 균등한 지렁이를 선택해야 한다.

또 지렁이를 구입할 때 지렁이통을 열어 보아서 선홍색의 지렁이가 슬러지(배양토)를 파고드는 모습을 보이면 양호한 것이고, 지렁이가 검붉은 색으로 움직임이 없이 뭉쳐있으면 활기가 떨어진 것이다.

낚시 미끼용 지렁이는 어느 낚시점에나 기본으로 준비되어있다.

따라서 출조길에 구입하여 휴대하면 되는데, 내일 출조를 위해서 미리 구입하여 차에 놓아두는 것은 좋지 않다. 특히 여름철에는 미리 준비한 지렁이가 금세 생기를 잃어 못 쓰게 되는 경우도 있다.

지렁이는 전천후 해결사 미끼다

내게 '붕어낚시의 여러 미끼 중 하나만 선택하라' 면 나는 지렁이를 택할 것이다. 다른 미끼로는 붕어를 못 낚는 경우가 있어도 지렁이로 토종붕어를 못 낚는 경우는 거의 없기 때문이다. 지렁이는 하절기든 동절기든 계절 구분 없이 항상 유효한 낚시 미끼다. 또 처음 낚시에 입문한 초보자이든 숙달된 고수든 누구나 휴대하여 사용하는 미끼다. 뿐만 아니라 마릿수 낚시를 구사하든 대물낚시를 구사하든 다 해결할 수 있는 미끼이기도 하다. 낚시 장소에 따라서도 호수든 강이든 전천후로 사용 가능하다.

지렁이가 특히 위력을 발휘하는 것은 동절기다. 수온이 떨어진 상태가 되면 붕어가 떡밥을 잘 취하지 않게 되고, 새우나 참붕어, 메주콩도 잘 먹지 않으려 든다. 그러나 지렁이에는 왕성한 식탐을 발휘한다. 이런 때 지렁이는 해결사 노릇을 하는 미끼가 된다.

활발하게 꿈틀거리도록 꿴다

지렁이는 죽지 않으면 수중에서도 계속 움직인다. 심지어는 한겨울의 얼음물 속에서도 계속 꿈지럭거린다. 이러한 지렁이의 움직임이 붕어의 시각을 자극하여 입질을 유혹하는데 도움이 되는 것이다. 만약에 지렁이가 죽어서 축 늘어져 있는 상태가 되면 붕어는 단번에 지렁이를 공격하는 것이 아니라 꼬리를 물고 끊어 먹으려고 흔드는 동작을 하게 된다.

그러므로 신선도가 떨어져서 축 늘어진 지렁이를 사용하면 잔챙이 붕어가 먼저 덤벼서 꼬리를 물고 흔들다가, 갑작스런 찌올림이 있어 챔질을 하면 붕어는 걸려 나오지 않고

지렁이를 기절시키면 안돼

어렸을 때 어른들을 따라 낚시를 가면 어른들은 지렁이를 손바닥 위에 올려놓고 손뼉을 탁 쳐서 기절시킨 다음 조그맣게 토막을 내어 바늘을 감추어 꿰고 지렁이에 침을 뱉어 발라서 던져 넣곤 했다.

아마도 지렁이가 꿈틀대면 사용하기 불편했을 것이고, 당시엔 통지렁이를 그대로 사용하면 입이 작은 붕어가 쉽게 먹지 못할 것이라고 생각했을 것이다. 아무튼 1970년대 후반까지만 해도 지렁이를 기절시켜서 바늘을 감추어 꿰는 방식은 계속되었다. 그러나 이것은 잘못된 방법이다.

지렁이 꼬리만 끊어진 채 나오기 일쑤다.

지렁이가 활발하게 움직일 때, 붕어는 조심스럽게 접근하여 한두 번 건드려 보다가 순간적으로 공격하여 통째로 흡입하는 것이며, 그 흡입과정은 지렁이 상처 부분(낚싯바늘이 꽂힌 부분)이나 꼬리 부분을 공격하여 흡입하는데, 사람이 긴 국수발을 빠른 동작으로 단숨에 후루룩! 빨아들이는 것과 같이 눈 깜짝할 새에 이루어진다. 붕어가 지렁이를 물고 꼬리부터 야금야금 먹으면서 찌를 서서히 올린다고 생각하는 것은 사람들의 상상력에서 온 잘못된 생각이다.

바늘은 감추지 말아라

붕어는 근시로 알려져 있다. 수족관에서 붕어를 키우면서 관찰해 보면, 수족관 바닥에 있는 자잘한 자갈 등 아무 것이나 입 속에 빨아들였다 뱉었다를 습관처럼 반복한다. 어떤 경우는 꽤 큰 자갈을 입에 물고 한 뼘 이상씩이나 떠올랐다가 뱉어내기도 한다. 이러한 동작은 실제 낚시를 즐길 때 찌올림으로 나타난다.

이러한 상태에서 새로운 자갈조각을 넣어주고 관찰해보면, 새롭게 들어간 자갈에 관심을 보이고 접근하여, 입으로 일차 흡입하여 곧바로 뱉어냈다가는 이내 흡입을 포기하고 무관심해 버린다.

이렇게 붕어가 수족관 바닥의 작은 자갈을 물었다 뱉었다를 반복하는 것은 자갈에 묻어있는 미네랄을 취하기 위한 동작이기도 하지만, 새로운 자갈이 들어갔을 때 우선적인 관심을 보이는 것으로 보아 먹잇감에 대해서 입으로 확인하기 전까지는 시각적으로 확신을 갖지 못하기 때문일 것이다.

그렇다면 낚싯바늘에 지렁이를 꿰었을 때 붕어는 바늘을 식별하고 피하려고 할까?

그렇지 않다. 붕어는 일단 바닥에 투입된 물체(미끼)를 보고 접근하여 작은 자갈을 흡입할 때와 같이 일단 한꺼번에 흡입하여 먹이를 취한 후에 불필요한 것을 뱉어내게 된다. 즉 지렁이에 꿰어있는 바늘에 대해서는 관심이 없다. 따라서 지렁이를 꿸 때 일부러 바늘을 감추어서 꿸 필요는 없다.

간혹 밤낚시를 하다 보면 지렁이를 갈아 꿸 때마다 바늘을 감추어 꿰느라 불을 환하게 켜놓고 애쓰는 낚시인을 보게 되는데, 그럴 필요가 없으며 불 없이도 손 감각으로 지렁이를 꿸 수 있도록 숙달해야 인접한 낚시인에게 피해를 주지 않는다.

지렁이 꿰는 방법

허리 꿰기

지렁이를 낚싯바늘에 꿰는 기본적인 방법으로 가장 많이 쓰인다.

이 방법은 지렁이가 물 속에 들어가서 활성을 유지하는데 가장 이상적이며, 붕어의 입속에 흡입되어 들어갔을 때 낚싯바늘 끝이 쉽게 붕어 입술에 걸릴 수 있는 방법이다. 꿰는 과정 또한 가장 손쉬워, 지렁이의 환대를 상하지 않게 주의하여 환대 아래 부분을 바늘 끝으로 툭 꿰면 된다.

이 방법의 경우 지렁이 크기에 따라서 붕어 씨알의 변별력을 갖기도 한다. 즉 잔 씨알 마릿수 낚시라면 작은 지렁이를 꿰어 사용하고, 한 마리 꿰기라도 조금 큰 씨알의 붕어를 선별하고자 한다면 굵은 지렁이를 골라 꿰어 사용하면 부분적으로 변별력을 갖는다.

누벼 꿰기

70~80년에 많이 사용하던 방법으로, 특히 바늘을 감추어 꿰기 위해서 이 방법을 많이 사용했다. 그러나 바늘을 감추기 위한 목적보다는 잔챙이나 잡어가 성화를 부려 지렁이를 자주 잘라먹을 때 유용한 방법이다. 낚시할 때 찌올림은 자주 있는데 헛챔질이 되고, 지렁이가 자주 떨어져 나간다면 이 방법이 효과를 볼 수가 있다.

지렁이 허리를 관통하여 바늘을 꿰게 되어

여러 마리의 지렁이를 허리꿰기로 꿴 모습. (극히 예외가 있기는 하지만) 지렁이는 이처럼 풍성하게 꿰어야 입질이 빠르고 붕어 씨알도 굵다.

지렁이의 활성이 다소 떨어지는 단점이 있으나, 지렁이 꼬리가 손상되더라도 마지막까지 지렁이 토막이 바늘에 남아있게 되는 장점도 있다.

꿰는 방법은 지렁이의 환대 바로 아래에 낚싯바늘의 끝을 꿰어서 지렁이 몸통을 통해 바늘을 끝까지 밀어 넣어 꿴다.

두 번 걸쳐 꿰기

지렁이가 과도하게 길 때, 혹은 잔챙이나 잡어 입질이 많을 때, 또는 수초를 공략하는데 수초에 걸려서 지렁이 손실이 많을 때 사용하는 방법이다. 꿰는 방법은 지렁이 환대 아래쪽에 바늘을 한번 꿰고 이어서 그 아래쪽에 다시 바늘을 한 번 더 걸쳐서 꿰는 요령으로 한다.

머리 꿰기

통지렁이를 머리 끝부터 누벼 꿰는 방법이다. 이 방법은 바늘 꿰는 위치가 환대의 위 머리 쪽에 위치하고, 지렁이 몸통 거의 전체가 바늘 밖에 늘어져 있게 되는 것이 차이다. 이러한 방법을 사용하는 꾼들은 '붕어가 입질을 할 때 지렁이 꼬리부터 야금야금 먹어 들어오면서 시간을 가지고 찌를 올려 주므로 찌올림이 환상적이어서 사용한다' 고 주장하나 이는 이치에 맞지 않으며, 오히려 큰 통지렁이를 이렇게 사용할 경우 중치 이하의 붕어는 지렁이 꼬리 쪽을 물고 바늘 위치까지 완전한 흡입을 못하고 뱉어내 버리는 입질이

지렁이 꿰기

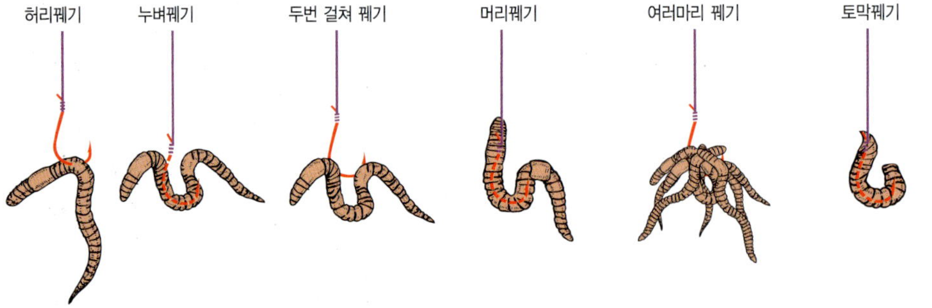

올 수 있다. 다만 작은 지렁이라면 위의 허리 꿰기나 크게 차이가 없다. 이 방법은 최근에는 잘 사용하지 않는 방법이다.

여러 마리 꿰기

지렁이 여러 마리를 한꺼번에 꿰는 방법이다. 주로 대어낚시를 할 때 지렁이 네댓 마리를 한 바늘에 허리꿰기 방법으로 겹쳐서 꿰는 방법이다. 최근에는 꼭 대어낚시가 아니라도 흔히 사용한다.

이 방법은 지렁이가 물 속에서 여러 마리가 뭉치는 습성이 있어 지렁이 활성도가 높으며, 둥글게 뭉쳐진 지렁이를 큰 붕어가 한 입에 흡입하므로 입질도 아주 중후하고 차분하다.

꿰는 방법은 우선 한 마리를 허리꿰기하여 바늘 허리 쪽으로 밀어놓고, 다시 한 마리씩 보태어 꿰어 간다. 그리고 마지막으로 그 중에서 긴 지렁이 꼬리 한두 가닥을 다시 잡아 바늘 끝에 감아서 꿰어주는 것이 좋다.

특히 수초지대에서 대어낚시를 할 때 많이 사용하는 방법이다.

눈밭의 겨울붕어. 겨울에는 지렁이를 능가할 미끼가 없다고 해도 과언이 아니다.

토막 꿰기

지렁이를 토막 내어 바늘을 감싸 꿰는 방법이며, 잔챙이 붕어를 마릿수로 낚고자 할 때나 피라미 낚시, 빙어낚시 등에 주로 사용한다. 지렁이를 토막 낼 때는 바늘의 길이보다 약간만 길게 내어 꿰어야 하나 중치 붕어가 잦은 입질을 할 때는 반 토막을 사용하기도 한다.

이 경우 지렁이의 활성도는 전혀 없으며, 잔입질 후에도 미끼를 확인하여 교환해 주어야 한다. 동절기에 아주 미세한 붕어의 입질이 감지되면 사용해볼 만한 방법이나 보통은 사용하지 않는 방법이다.

지렁이 미끼의 입질과 챔질

"지렁이 미끼를 사용할 때는 챔질시기를 잡기가 어렵다"고 말하는 낚시인이 많다. 또 "입질이 지저분해 지렁이 미끼 사용을 피한다"고도 한다. 대부분 동감하는 부분이다.

떡밥낚시의 경우 단 한 번의 정확한 예신과 본신으로 나타나므로 깔끔하고 멋이 있으며, 새우나 참붕어, 메주콩 등을 미끼로 할 경우 예신과 본신이 느긋하고 중후하므로 그 맛이 일품이라서 좋다.

그러나 지렁이의 경우는 잔챙이나 잡어가 물고 흔드는 경우가 많아 여러 차례 찌가 오르락내리락 하므로 숙달되지 않으면 헛챔질을 자주하게 될 수밖에 없다. 이것이 지렁이 낚시의 단점이기도 하다.

경박한 찌놀림은 그냥 관망한다

그렇다면 지렁이 낚시를 잘 구사하는 사람들은 어떻게 할까?

그 답은 의외로 간단하다. 지렁이 낚시에서 찌가 좌우상하로 경박스럽게 움직이는 것은 정확한 입질이 아니다. 이런 경우는 그냥 바라만 보고 무시하면 된다.

어떤 사람은 이런 때마다 채비를 꺼내어 확인하고 미끼가 바늘에 있으면 다시 던져 넣곤 하는데, 매번 그렇게 할 필요는 없다. 잔 입질이 극성을 부리다가 뚝 끊기고 때가 되었는데도 전혀 찌에 반응이 없거나 시간이 많이 경과하였다고 판단될 때 채비를 들어 미끼를 확인하면 된다.

그러다가 여러 번의 잔 입질 중에 찌가 차분하고 무거운 모습으로 솟아오르거나, 옆으로 서서히 멈춤 없이 이동하거나, 물 속으

지렁이 낚시의 입질 분석과 챔질 시기

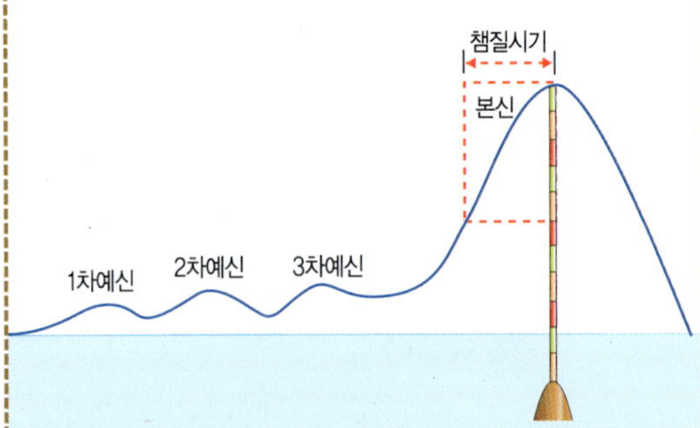

※ 예신은 한 번 또는 두 번만 나타날 수도 있다.

로 길게 빨려 들면 그 때가 제대로 된 입질이므로 비로소 챔질하면 된다.

특히 중치급 이상의 붕어라면 지렁이에도 차분하고 깨끗하게 입질한다. 그리고 대부분 찌를 곧게 올려준다.

예신과 본신의 구별은 찌가 움직이는 감이 있을 때, 찌 끝이 차분하게 그 자리에서 살짝 오르면 그것이 예신이다. 이러한 예신은 한 차례만 있을 경우도 있으나 대부분 2~3회 정도 뜸을 들이는 경우가 많다. 그러나 몇 차례든 경박스럽고 급하게 움직인다면 꼬리를 물고 노는 것이다. 본신은 예신이 있은 잠시 후에 연결 동작으로 서서히 찌톱이 솟아오르는 모습으로 나타난다.

사실 지렁이 미끼를 사용하더라도 정상적인 본신은 여타 미끼를 사용할 때의 본신과 그 움직임이 크게 다르지 않다. 다만 떡밥낚시 때보다는 입질 시간이 약간 길다. 그러므로 떡밥콩알낚시 때보다는 챔질시기를 약간 늦추어 주는 것이 좋다. 지렁이 낚시에서의 챔질 시기는 왼쪽 그림과 같다.

지렁이를 물고 나온 봄철 산란기의 월척붕어. 알을 실은 산란붕어는 손맛만 즐기고 도로 놓아주어 종족을 번식케 하는 것이 바람직하다. 경북 경산시 문천지.

지렁이 관리와 보관

밤낚시 땐 지렁이통을 닫아둔다

우리가 낚시점에서 구입하는 지렁이는 지렁이 농장에서 키워 선별작업을 한 것으로, 한 통에는 대략 200마리의 지렁이가 들어있다.

지렁이는 어두운 곳을 좋아하여 밝은 낮에는 밑으로 파고들고 밤이 되면 위로 올라온다. 그러므로 밤낚시를 할 때 지렁이통의 뚜껑을 열어놓은 채로 낚시를 하다 보면 통 속의 지렁이가 다 기어 나가버리고 한 마리도 없이 빈 통이 되어버리는 황당한 일이 발생한다.

따라서 밤낚시 중에는 귀찮더라도 지렁이를 꺼낸 다음에 매번 곧바로 뚜껑을 닫아 두어야 한다. 이렇게 하면서도 혹 실수가 있을 수 있으므로 밤낚시 중에는 케미컬라이트 한 개를 꺾어서 지렁이통에 넣어두면 효과가 있다.

여름엔 시원한 장소에 보관한다

한여름의 높은 온도와 뜨거운 햇볕은 지렁이를 질식시킨다. 우선 피부호흡을 하는 지렁이가 햇볕에 노출되면 호흡을 못하게 되어 축 늘어지게 되며, 온도가 과도하게 상승한 상태로 노출되면 지렁이가 말라버린다.

따라서 하절기에는 지렁이가 햇볕에 노출되지 않도록 항상 바람이 잘 통하는 선선한 그늘에 두고 관리해야 한다. 특히 실내 온도가 높은 차 안에 두는 것은 금물이다.

그러므로 낚시 중에는 의자 그늘 밑에 놓고 사용하고, 낚시가 끝난 후에는 도착 즉시 차에서 꺼내 시원한 곳에 별도로 보관해야 한다.

겨울엔 따뜻한 호주머니에 넣어둔다

지렁이는 영하의 기온에 노출되면 바로 얼어버린다. 혹 얼지 않는 상태라고 하더라도 동상에 걸려 가늘고 길게 늘어져 미끼의 효능이 떨어진다. 그러므로 하절기와 반대로 보온에 신경을 써야 한다.

겨울철 영하의 기온에서 노지 낚시를 하거나 얼음낚시를 할 때는 지렁이통을 호주머니나 품에 넣어서 얼지 않게 관리하고, 겨울 밤 낚시를 하다가 차에서 쉬고자 할 때는 지렁이가 얼지 않도록 차 안에 넣어 두어야 한다.

빗물이 들어가면 지렁이가 질식한다

지렁이는 온도에만 약한 것이 아니라 물에도 약하다.

비가 올 때 지렁이통에 빗물이 들어가면 이내 통 속의 지렁이가 늘어져서 생기를 잃어 미끼로서의 효능이 떨어진다. 그러므로 비가 올 때는 꼭 지렁이통에 빗물이 닿지 않도록 주의해서 관리해야 한다.

또 낚시를 마치고 차에 지렁이통을 보관할 때도 과도한 습도의 날씨에는 낮에도 지렁이가 기어 나오는 경향이 있으므로 통 뚜껑을 꼭 닫아두는 주의가 필요하다. 만약 지렁이가 물에 젖게 되면 빠른 시간 내에 지렁이 통의 젖은 슬러지를 비우고 주변의 건조한 새 흙을 바꾸어 담거나 여의치 않을 때는 거친 떡밥을 약간 넣고 지렁이만 꺼내어 보관하는 것이 방법이다.

배양토에 섞어서 낚시미끼로 판매하는 지렁이.

남은 지렁이 보관법

미끼로 사용하고 남은 지렁이는 그 자리에서 흙으로 돌려보내도 문제가 없다. 지렁이는 오염원이 아니고 토양을 좋게 해주는 도움이 되는 생물이므로 어디에서든 흙을 보호하는 역할을 한다. 그렇지 않다면 물 속의 어류에게 먹이로 넣어주고 빈 통만 회수해 와도 된다.

그러나 낚시를 자주 다니는 사람이라면 남은 지렁이를 가지고 와서 보관했다가 다음 출조에 다시 사용할 것이다. 이렇게 하기 위해서는 낚시 중 상처 난 지렁이는 다시 통 속에 넣어서는 안 된다. 상처가 난 지렁이는 통 안에서 부패하면서 다른 지렁이까지 다 죽게 하기 때문이다.

그리고 돌아오자마자 지렁이통에 사과 껍질이나 귤 껍질을 덮어주거나 배추잎 등의 야채를 덮어주면 지렁이는 이를 먹이로 하여 싱싱하게 살 수 있다. 혹 남은 지렁이를 가져오더라도 지렁이를 차에 보관하는 것은 계절 불문하고 주의해야 한다. 자칫 통에서 기어 나와서 차 구석구석에서 말라 죽게 된다. 차 안에서 썩게 되면 냄새가 아주 심하고 오래 간다.

제19장 떡밥 낚시

떡밥은 미끼용 떡밥과 집어용 떡밥으로 구분된다. 과거에는 미끼용과 집어용이 따로 구분되지 않아, 미끼용 떡밥을 헛챔질하여 집어용으로 사용했으나, 이후 떡밥낚시가 점차 발전하면서 집어용 떡밥과 미끼용 떡밥이 구분되고, 집어용 떡밥도 용도에 따라서 매우 다양한 제품이 쏟아져 나오고 있다.

미끼용 떡밥은 일반 곡물류와 어분류, 글루텐류, 숙성떡밥 등의 기능성 떡밥으로 분류되며, 집어용은 주로 수중에 넓게 풀어지는 확산성을 강조한 떡밥이다. 또 떡밥을 입자의 굵기에 따라서 거친 떡밥과 고운 떡밥으로도 구분한다.

한 낚시인이 낚시매장에 진열된 다양한 떡밥을 살펴보고 있다.

떡밥의 종류는 크게 4가지

●일반 곡물류

곡물류 떡밥은 전통적으로 사용해 온 떡밥

떡밥의 종류는 크게 4가지다. 왼쪽부터 일반 곡물류, 어분류, 글루텐류, 숙성떡밥.

이다. 주재료는 보리, 콩, 옥수수, 감자, 고구마, 깻묵 등이며, 이를 제조사별로 적절히 배합하거나 한 가지를 재료로 낚시인이 사용하기 편하게 포장하여 판매하고 있다. 일반 곡물류 떡밥은 자연 저수지에서 하는 전통적인 떡밥콩알낚시에서 가장 많이 사용하는 떡밥이다.

초기에는 소규모 생산업체가 곡물을 볶거나 찐 다음 빻아서 가루로 만들어 판매했다. 그러나 지금은 대량 생산체계를 갖춘 떡밥 회사에서 완제품을 생산하여 유통하고 있다.

옛날엔 곡물을 볶은 뒤 방앗간에서 빻은 다음 개인이 필요한 만큼 스스로 제조하여 사용하였다. 웬만한 꾼이라면 나만의 떡밥 노하우를 가지고 있었다. 그러던 것이 1980년부터 많은 떡밥제조 회사가 등장하면서 상품떡밥의 홍수시대가 열렸다. 이제 낚시점에는 수백 종류의 떡밥이 진열되어 있을 정도다.

●어분류

어분이란 생선을 분쇄한 가루다. 즉 어분류 떡밥은 생선가루와 곡물류를 적절히 배합하여 건조 분쇄한 분말 미끼로, 단백질이 풍부하여 집어력이 우수하다. 또 일반 곡물류 떡밥보다 비중이 높고 흡수성이 강하다.

어분류 떡밥이 가장 유행했던 때는 1980년대 말, 전국의 호소에 향어 가두리양식장이 설치되어 있을 때다. 당시 양식된 향어, 잉어가 사료인 어분에 길들여져, 어분이 특효 미끼로 인기를 끌었기 때문이다. 처음 향

고운 분말로 만들어진 떡밥. 물로 반죽하여 미끼로 사용한다.

어낚시에 이용되던 어분미끼는 이후 잉어나 붕어낚시에도 효과가 있다는 것이 알려지면서 어분류의 사용이 보편화되었다.

지금도 노지에서 잉어, 향어를 낚고자 할 때, 그리고 양식붕어가 있는 양어장낚시에서는 어분류 떡밥이 유리한 경우가 많다.

●글루텐류

글루텐류 떡밥은 1990년대 초 일본에서 수입해 들여온 것이 최초다. 원래 일본에서 떡붕어용 떡밥으로 개발되었다가 우리나라 전역에 떡붕어가 퍼지게 되고, 토종붕어보다 떡붕어 자원이 점차 늘어나게 되자 천대받던 떡붕어도 점차 대상어종으로 인기를 끌게 되었고, 이에 따라 떡붕어를 대상으로 하는 중층낚시가 붐을 이루었다.

이 시기에 일본 떡밥회사가 대대적인 한국시장 홍보와 판촉에 나서면서 글루텐 떡밥이 시장을 점유하기 시작했다.

일본산 글루텐은 국내산 일반 떡밥에 비해 가격이 비싸 처음에는 호응을 얻지 못하였으나, 글루텐 특유의 바늘에서 잘 떨어지지 않는 점성과, 같은 시기에 출시되었던 집어용 떡밥의 효능이 알려지면서 중층낚시인들에게 필수 휴대떡밥으로 자리매김하게 되었다.

더구나 글루텐 떡밥이 토종붕어에도 잘 먹힌다는 것이 속속 확인되고, 양어장에서 중국산 붕어에게도 잘 듣는다는 사실이 널리 알려지면서 그 수요가 급증하였다. 이후 국내 떡밥회사들도 글루텐 떡밥을 경쟁적으로 개발 출시하면서 지금은 떡밥의 한 부분을 확고히 차지하게 되었다.

●숙성 떡밥

떡밥 제조과정에서 숙성단계를 거친 떡밥을 통칭한다. 일반 떡밥은 곡물을 볶아서 빻지만, 숙성 떡밥은 단순히 볶는 대신 원료를 높은 온도의 수증기로 쪄서 분쇄한 후 숙성과정을 거쳐서 제조되는 떡밥이다. 기능성을 높이기 위해 비타민, 아미노산 등의 첨가제를 배합하기도 한다.

기타 기능성 떡밥으로 다시마에서 추출한 성분으로 제조한 '도로로' 떡밥, 치약처럼 짜서 쓸 수 있는 튜브형 떡밥 등 다양한 종류가 출시되고 있다.

▶ 드넓은 수면에 가슴이 탁 트이는 강원도 춘천시의 춘천호, 춘천호, 소양호, 파로호, 충주호 등의 댐은 특히 떡밥낚시가 잘 된다.

떡밥의 묘미는 배합과 반죽에 있다

떡밥은 단일 상품만 반죽해서 써도 미끼로서의 효능이 있지만, 조과를 극대화하기 위해 두 가지 이상의 상품을 적절히 배합하여 사용하는 경우가 더 많다.

떡밥의 배합은 우선 대상어종에 따라서 배합 비율을 달리 하고, 다음으로는 낚시터의 특징에 따라 배합을 달리 한다. 거친 떡밥과 고운 떡밥을 필요에 따라서 적절한 비율로 배합해야 붕어를 더 쉽게 유인할 수 있다.

거친 떡밥의 배합률은 풀림의 정도를 조절하는 기준이 된다. 떡밥의 풀림을 좋게 하기 위해서는 거친 떡밥을 많이 섞고, 떡밥의 점성을 좋게 하기 위해서는 고운 떡밥의 양을 많게 하면 된다.

떡밥의 배합 – 어종에 따라

●붕어

일반 곡물류 떡밥을 담백하게 배합하여 사용한다. 주로 보리, 콩, 옥수수, 감자 가루에 깻묵이 다소 가미된 떡밥을 사용하거나, 기능성 떡밥을 단독 또는 일부 혼합하여 사용한다. 깔끔한 바닥에서 사용할 때는 빠른 풀림을 위해 거친 떡밥을 많게 하고, 감탕 바닥이나 자갈 모래 바닥, 삭은 수초가 있는 바닥에서는 점성이 높은 고운 떡밥을 많이 섞어 사용한다.

●떡붕어

집어용과 미끼용을 구분하여 함께 사용한다. 집어용으로는 밀기울(일본어로 '후') 성분이 주종인 확산성 집어제를 사용하고, 미끼용으로는 주로 글루텐 떡밥을 사용한다.

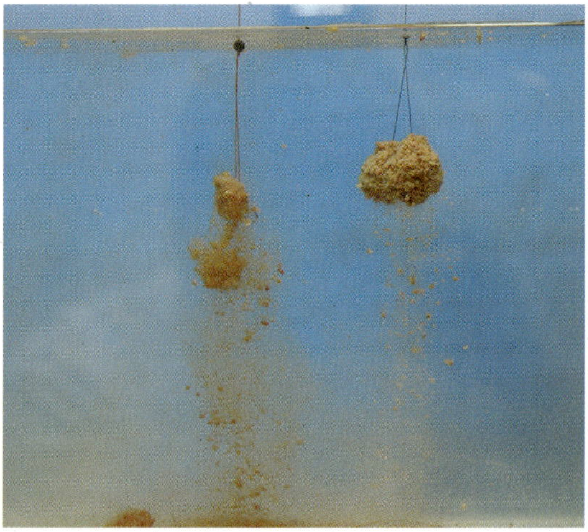

떡밥의 성분과 반죽에 따라 풀림속도가 달라진다.

●잉어

깻묵을 주로 한 배합과 어분을 주로 한 배합이 좋다. 산간 계곡지나 대형 댐, 강에서 잉어낚시를 할 때는 깻묵을 많이 섞어 쓰고, 일반 저수지나 수로, 양어장에서 잉어낚시를 할 때는 어분류를 많이 섞어 쓴다. 특히 한때 양식장이 있던 곳에서는 어분류가 잘 듣는다.

●향어

향어는 먹성이 좋아 어떤 미끼든 잘 통하는 편이다. 그러나 양식된 향어의 경우는 어분류의 떡밥이 특히 잘 먹혀, 일반 떡밥보다는 어분계통을 사용하는 게 유리하다. 자연 수계에서라도 향어는 먹성이 좋아 떡밥류가 다 잘 통하지만 비릿한 어분계를 섞어 사용하면 효과적이다.

●기타 강고기

피라미, 모래무지, 마자 등 강에 사는 어종의 경우는 대부분 어분류에 반응이 빠르다.

떡밥의 반죽 – 떡밥 입자에 따라

거친 떡밥은 물을 조금씩 뿌려가며 사진처럼 부슬부슬하게 반죽한다. 주무르거나 다져선 안 된다.

실전에서 떡밥 운용술은 '무엇을 쓰느냐'도 중요하지만 그보다 더 중요한 것이 '어떻게 쓰느냐'다. 여기에서 '어떻게 쓰느냐'를 결정하는 가장 중요한 요건은 떡밥의 반죽 요령이다.

실전에서는 떡밥 달기와 떡밥 투척하기도 중요하지만 반죽이 잘 되지 않으면 떡밥 달기와 투척하기도 제대로 되지 않는다. 그만큼 떡밥의 반죽과정은 중요하다.

●거친 떡밥 반죽

거친 떡밥을 반죽할 때는 이미 혼합된 떡밥에 물을 조금씩 손으로 뿌려가면서 저어준다. 약간의 물기만 있고 부슬부슬한 상태로 반죽을 하되, 주무르거나 다져서는 안 된다. 떡밥을 반죽하고 나서도 본래 떡밥의 입자가 그대로 살아있을 정도로 하되, 바늘에 달 때 손으로 약간씩 다져서 달아 쓴다.

●고운 떡밥 반죽

고운 떡밥을 반죽할 때는 이미 혼합된 떡밥에 적당량의 물을 부어 떡밥에 물이 스며들도록 시간을 두었다가 손으로 저어서 반죽을 하되, 수분 농도는 물을 가미하면서 조절한다. 반죽시 너무 주물러 밀가루 반죽하듯이 쫀득하게 해서는 안 되며, 반죽 후에도 너무 다져 모으면 투척 후 물 속에서 잘 풀리지 않아 좋지 않다.

이때 떡밥의 농도는 자신의 귓불을 만졌을 때의 말랑한 감각과 비슷하면 된다. 그러나 떡밥을 떨어뜨리지 않고 투척할 능력이 된다면 보다 묽게 반죽하여 붕어의 흡입이 쉽도록 사용할수록 좋다.

바늘에 떡밥 달기

떡밥을 바늘에 달 때는 '바늘로 떡밥을 꿰

낚싯바늘에 떡밥 달기. 고운 떡밥은 둥글게 굴려서 바늘을 꽂듯이 달고(왼쪽), 거친 떡밥은 툭 떼어서 바늘을 얹은 다음 꾹꾹 뭉쳐서 단다(오른쪽).

는 것이 아니라 바늘에 떡밥을 붙여서 다는 것' 이다. 간혹 떡밥을 구슬처럼 예쁜 모습으로 동그랗게 하여 바늘 끝을 조심해서 끼우는 모습을 볼 수가 있는데, 구태여 그렇게 하지 않아도 된다.

●거친 떡밥 달기

부슬부슬하게 반죽한 떡밥을 적당히 집어서 바늘에 대고 눌러서 둥근 모양으로 다져 붙인다. 이때 떡밥이 거칠고 부슬부슬하여 일부 떨어져 내리기도 하는데 몇 차례 손가락 끝으로 다져주면 바늘을 감싸고 붙어있게 된다.

●고운 떡밥 달기

떡밥 덩어리에서 달고자 하는 양만큼 떼어 손가락 끝으로 굴려 작은 구슬 모양을 만든 후 바늘허리나 끝 부분에 대고 꾹 눌러서 단다. 이때 아주 작은 크기로 달고자 할 때는 바늘 끝부분에 대고 살짝 눌러서 바늘 끝을 감싸게 한 후 구슬모양으로 보완해 주면 된다.

●떡밥을 크게 달기

떡밥을 크게 달아 사용할 때는 포인트에 도착, 낚시를 시작하면서 집어를 위한 밑밥용 헛챔질을 할 때이거나, 대상어종이 잉어나 향어 혹은 월척붕어 등 큰 씨알만 골라 낚고자 할 경우에 해당된다.

대개 떡밥을 크게 달 때는 고운 떡밥보다 거친 떡밥을 많이 사용한다. 떡밥을 크게 달 경우, 떡밥의 크기는 새끼손가락 끝마디 이상의 크기를 말하며, 크게는 엄지손가락 한 마디 크기까지 사용한다.

●떡밥을 작게 달기

떡밥을 작게 다는 경우는 고운 떡밥을 사용하여 집어된 붕어를 낚아낼 때다. 이때 떡밥의 크기는 메주콩 크기, 콩나물 콩 크기, 녹두 알 크기 정도이다. 그래서 이렇게 작게 달아서 쓰는 떡밥낚시를 '콩알낚시' 라고도 한다.

떡밥 콩알낚시는 마릿수 낚시를 즐기기 위한 때가 대부분이며, 떡밥을 크게 달아서 10여 차례 헛챔질을 한 후에는 메주콩만하게 달아서 사용하고, 집어가 되었다고 판단되면 콩나물 콩 만하게 달아서 사용한다. 또 붕어의 활성도가 좋아서 아주 빈번한 입질이 있을 경우에는 아예 녹두 알만하게 바늘 끝에 달아서 잦은 입질을 유도한다.

떡밥낚시의 실전채비

떡밥낚시의 가장 큰 매력은 ①깔끔한 낚시터에서 ②단정하고 예민한 채비로 ③정직하고 시원한 찌맛과 ④충분히 가지고 노는 손맛과 ⑤잦은 입질의 마릿수 재미를 즐기는데 있다.

따라서 이러한 맛을 극대화하기 위해 연질의 낭창한 낚싯대와 가는 원줄, 그리고 부력이 작고 예민한 찌와 작은 바늘을 골라서 채비한다.

●2칸, 2.5칸, 3칸 연질낚싯대

낚싯대는 1.5칸부터 3.5칸까지의 연질대나 중경질대를 주로 사용한다. 이 중에서도 가장 흔히 쓰이는 대는 2칸~3칸이다. 떡밥낚시를 구사할 때는 앞치기의 편리성과 손맛을 극대화하기 위해 탄성을 중요시하므로 카본소재의 낚싯대를 주로 쓴다.

●원줄은 2~3호, 약간 짧게

원줄은 2~3호 굵기를 주로 사용한다. 입문하면 3호 정도의 줄을 먼저 사용하여 강도를 보장받게 하고 점차 숙달되면 낚싯줄의 호수를 낮춰가는 것이 좋다. 원줄이 굵고 강하면 채비를 보호하는 데는 유리한 점이 있으나 낚시의 맛이 떨어지므로 3호 이상의 굵고 강한 줄은 가급적 피하는 것이 좋다.

원줄의 길이는 3칸대 이하는 사용하려는 낚싯대의 길이보다 한 뼘 정도 짧게 매고,

떡밥낚시 기본 채비도

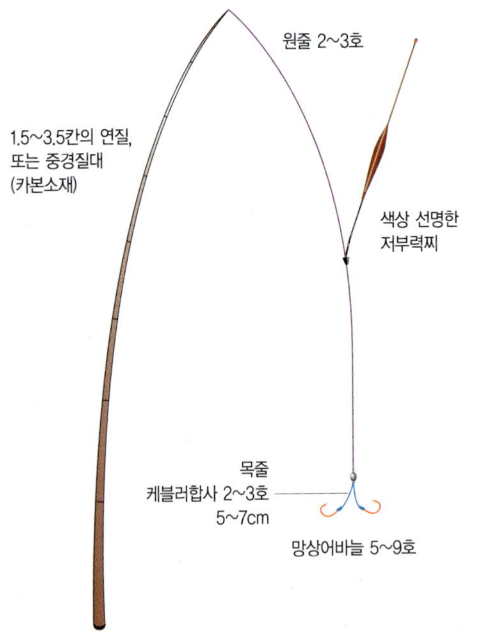

3.5칸 이상은 반 칸당 한 뼘씩 줄여가며 매는 것이 낚싯대를 운용하기에 편리하다.

●목줄은 합사가 좋다

바늘을 묶는 목줄은 가급적 합사를 사용하는 것이 좋으며, 주로 케블러합사 2~3호를 사용한다. 이때에도 목줄이 원줄보다 굵어서는 안 되며, 그 길이는 5~7cm가 좋다. 그리고 떡밥낚시에서 쌍바늘(두바늘) 채비를 할 때는 목줄의 길이를 동일하게 한다.

●대어 노릴 땐 큰 바늘

붕어바늘로 쓰이는 망상어 7호 바늘이 떡밥낚시의 기본이다. 아래로는 5호부터 위로는 9호까지 사용한다. 잔 붕어 마릿수 낚시를 할 때는 바늘 호수를 그에 맞춰 5~6호로 쓰고, 힘 좋고 씨알 굵은 붕어를 상대할 때는 8~9호로 높여서 쓴다.

바늘채비는 두바늘채비를 기본으로 하되, 수초에 근접한 낚시를 하거나 깔끔한 찌올림을 얻기 위해서는 외바늘채비를 사용한다.

●저부력의 예민한 찌

떡밥낚시를 할 때는 예민성을 갖춘 저부력의 찌를 사용한다. 여기에서 저부력이라 함은 1돈중(3.75g) 이하의 부력을 갖는 찌를 말한다. 찌는 그 소재가 가벼운 것이어야 하고, 찌톱이 가늘고 선명할수록 좋다.

찌의 몸통은 여러 형태를 고려할 수 있다. 물의 흐름이 있는 강이나 수로에서 낚시를 한다면 몸통의 중심이 한 곳에 집중되어 흐름에 지탱력을 갖는 원구형 찌나 그에 가까운 형태의 찌가 좋다. 그러나 흐름이 없는 저수지나 양어장 낚시터에서는 막대형 찌나 유선형 찌를 사용하여 예민성을 높여주는 것이 좋다. 만약 두 가지 경우를 모두 고려한다면 절충형으로 호리병형(혹은 볼링핀형)찌를 채비해 두면 전천후로 사용할 수가 있다.

다만 이러한 찌의 형태는 조과를 좌우하지는 않으므로 스스로가 안정된 낚시를 할 수 있는 찌를 선택하여 사용하면 된다.

찌는 멋을 부려 과도하게 길거나, 반대로 지나치게 짧으면 좋지 않다. 과도하게 길면 채비가 찌에 잘 감기게 되고, 너무 짧으면 입질 파악이 쉽지 않아 자칫 챔질 시기를 놓칠 경우가 있다.

떡밥낚시에 적합한 찌의 길이는 2칸대는 40cm 전후, 2.5칸대는 45cm 전후, 3칸대는 50cm 전후다.

떡밥낚시 포인트

붕어낚시 포인트는 구사하는 기법에 따라서 약간 달라진다. 예를 들면 새우를 미끼로 한 대어낚시를 하기 위한 포인트의 개념은 수심 1m 전후의 수초군이라면 떡밥낚시에선 주로 맨바닥을 포인트로 삼는다.

2~3m 수심의 맨바닥이 좋다

수초가 거의 없는 맨바닥이 떡밥낚시의 일반적 포인트다. 맨바닥에는 장애물이 없으므로 붕어가 경계심을 나타내지 않는 일정 수심을 확보해줘야 한다. 가장 일반적인 조건은 2~3m의 수심을 보이는 지역이다.

떡밥낚시의 매력은 떡밥이 투척되는 지점인 찌 아래 바닥에 있는 붕어만 낚아내는게 아니라, 그 주변을 회유하는 붕어들을 집어하여 낚아내는 기법이라는데 있다. 그래서 붕어가 경계심을 갖지 않고 접근할 수 있는 회유 수심대인 2~3m 수심대를 우선으로 고른다. 특히 대형 호수나 큰 계곡형 저수지, 깊은 강의 소에서는 필히 고려해야 할 사항이다.

그러나 떡밥낚시를 하면서도 1m 전후 얕은 수심대를 포인트로 삼는 경우가 있다. 그것은 평지형 저수지나 수로에서 하절기에 붕어가 광범위한 회유를 할 때, 물색이 좋은 평지형 저수지의 상류나 연안 포인트를 공략할 때다.

바닥이 평평하고 깔끔한 곳이 떡밥낚시 포인트다. 겨울에도 떡밥에 굵은 붕어가 낚이는 강원도 춘천시 소양호 추곡리.

반대로 댐이나 대형 계곡지에서는 5m 이상의 아주 깊은 수심대를 노려야 할 때도 있다. 한여름의 따가운 햇볕에 의해 표층 수온이 상승하였을 때나, 늦가을 이후 동절기로 들면서 찬 기운에 의해 붕어들이 안정 수온대로 이동하였을 때다.

바닥이 깨끗해야 좋다

다음으로 고려해야 할 것이 수중의 바닥상태다. 떡밥낚시를 하고자 할 때 포인트 요건에서 물밑 바닥상태는 또 하나의 중요한 요소다. 그렇다면 어떤 토양을 가진 바닥이 좋은 포인트가 될까?

우선 깔끔해야 한다. 바닥에 청태가 있거나 물때가 덮여있는 곳은 좋은 포인트가 되지 못한다. 또 삭은 수초가 바닥을 덮고 있는 곳도 불리하다.

토질은 마사토나 사토, 황토질의 바닥이 유리하다. 바닥이 자갈 모래일 경우는 물의 흐름에 의해서 평평해진 곳을 찾아야 하고, 뻘층인 경우는 미네랄이 풍부하게 살아있는 뻘이어야 한다. 만약 죽은 뻘이라면 흐물흐물 감탕이 되어 불리하다. 그리고 바닥 토양에서 썩은 냄새가 나는 곳은 죽은 땅으로 수중 용존 산소량이 적어서 불리하다.

바닥에 큰 돌덩이나 수몰나무 등이 산재한 곳은 비록 낚시하는 동안은 지장이 있겠으나, 그 사이에 채비를 드리우면 오히려 유리한 포인트가 된다.

수초대 떡밥낚시 포인트

떡밥낚시도 수초를 낀 포인트가 유리하다. 수초가 있는 낚시터라면 일단 수초에 접근하여 포인트를 선정하는 것이 대부분 유리하다.

다만 떡밥낚시의 맛을 충분히 즐기려면 낚시가 불편할 정도로 밀생한 수초밭을 직접 공략하는 것은 걸맞지 않다. 이런 자리는 혹 조과가 앞서더라도 떡밥낚시 특유의 맛을 충분히 즐기기가 어렵다.

그래서 떡밥낚시를 하면서는 수초직공법(일명 들어뽕)이 어울리지 않으므로 대신 수초 언저리를 노리는 낚시를 한다.

●탁한 물색

수초가 발달한 지역에서 수초 구멍이나 수초대에 붙여 찌를 세우는 상황이라면 우선 물색을 보아야 한다. 물이 맑으면 피한다. 이는 수초가 없는 일반적인 포인트 선정과 다른 점이다. 수초 포인트는 수심이 1~1.5m로 비교적 얕기 때문에 물색이 중요한 요건이다.

●물때가 끼지 않은 곳

수초지대에서도 바닥 토양은 일반적인 포인트 선정 때와 다름없이 깔끔할수록 좋다. 특히 수중의 수초 가닥에 물때가 많이 끼어있는 곳은 피하는 것이 좋다. 물때가 많이 끼어있는 곳은 붕어가 잘 접근하지 않는다.

떡밥낚시 대 편성

떡밥낚시의 낚싯대는 2대를 기본으로 하고, 경우에 따라 3~4대를 쓰거나 1대만 사용하기도 한다. 시간이 지나면 풀어지는 미끼인 떡밥을 쓸 때는 생미끼를 쓸 때와 달리 자주 미끼를 갈아주어야 하므로 너무 많은 대를 펼치면 피곤하다.

처음 가보는 낚시터에서 물 속 사정과 입질 수심대를 가늠하기 어려운 경우에는 3~4대를 펼치고, 바닥사정을 잘 아는 낚시터나 양어장의 경우에는 1대만 써서 깔끔한 낚시를 즐기기도 한다.

필자의 떡밥낚시 대 편성. 생미끼를 쓸 때와 달리 자주 갈아 던져야 하는 떡밥낚시는 두세 대만 펴는 것이 좋다.

한 대만 쓸 경우

낚시 장소와 포인트의 특성을 잘 알고 있거나 정확한 분석을 할 수 있을 때는 한 대만 쓴다. 한 대만 펴면 낚시를 즐기는 마음의 여유가 생긴다.

이때는 가까이 있는 낚시인의 낚싯대 길이를 참고해야 한다. 가까이 있는 낚시인보다 긴 대를 사용하는 것이 결례이기도 하지만, 중요한 것은 붕어의 회유층이 인접한 낚시인의 포인트 부근의 수중 등고선에 형성될 확률이 높기 때문이다.

이렇게 한 대만 사용할 때 가장 중요한 것은 집어 능력이다. 따라서 포인트에 도착한 직후에는 잦은 헛챔질로 떡밥을 투입하여 집어력을 높여주어야 하고, 항상 정확한 자리에 채비가 안착되도록 채비투척 요령을 숙달해야 한다.

두 대를 쓸 경우

가급적 같은 길이의 낚싯대를 11자 형으로 배치하되, 두 찌의 간격은 50cm 이내로 붙여서 나란히 세운다. 이렇게 하면 한 장소에 집어력을 극대화할 수 있고, 한 눈에 두 대의 찌를 모두 볼 수 있기 때문이다.

이렇게 2대를 나란히 운용할 때는 두 낚싯대를 번갈아 가면서 헛챔질을 지속함으로써 집어력을 향상시키고, 일단 집어된 붕어가 흩어지지 않도록 해야 한다.

3~4대를 쓸 경우

이때는 2칸, 2.5칸, 3칸, 3.5칸 등 다양한 길이의 낚싯대를 편성한다. 붕어의 회유층을 탐색하여 주로 입질이 붙는 수심층을 빨리 파악하기 위해서다. 특히 바닥 경사가 심하여 낚싯대 길이에 따라서 수심 차가 많은 포인트에서 유리한 편성이다.

나중에 집어가 되어 입질이 잦은 대를 집중적으로 운용하여 집어력을 극대화하고 입질이 붙지 않는 낚싯대는 걷어서 2대로 재조정하는 게 바람직하다.

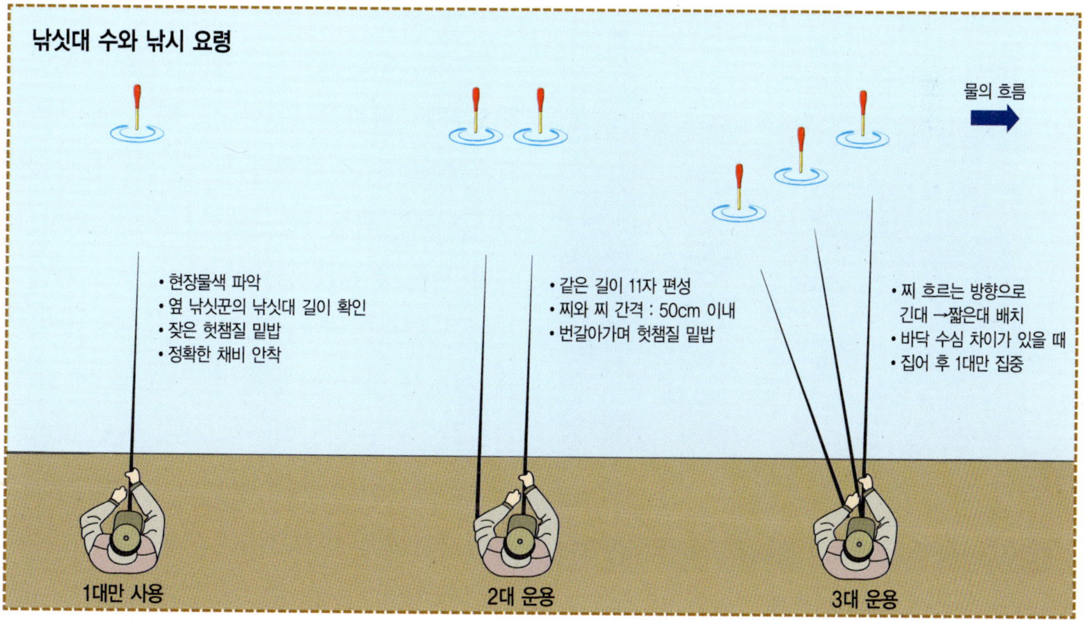

떡밥의 품질보다 낚시인의 운용기법이 중요하다

나란히 앉아 낚시를 하는데 바로 옆 낚시인이 연신 입질을 받아내는 것을 보면 '대체 어떤 떡밥을 사용하고 있는지' 궁금해진다. 그러나 떡밥 운용술에 있어서는 어떤 떡밥을 사용하느냐도 중요하지만 떡밥을 어떻게 사용하느냐가 더 중요하다. '어떻게'란 떡밥을 개는 점성과 바늘에 다는 크기를 말한다.

똑같은 떡밥을 쓰더라도 얼마나 차지게 배합 반죽하느냐, 그것을 어떤 크기로 바늘에 달아 사용하느냐가 조과를 좌우한다.

낚시점에서 판매되는 다양한 떡밥 상품.

붕어는 떡밥 상표를 가리지 않는다

붕어는 떡밥의 상표도 모르고 가격도 모른다. 즉 비싼 고급 떡밥이 붕어 입장에서 보면 맛있는 고급 음식이 아닐 수도 있다는 얘기다. 만약에 언제 어디서든 확실하게 붕어를 유혹할 수 있는 떡밥이 있어, 아무데서나 붕어를 줄줄이 낚아낼 수만 있다면 다른 떡밥은 시장에서 버텨내지 못할 것이다. 그러나 그런 떡밥은 아직까지 없고 앞으로도 없을 것이다.

붕어는 서식하는 환경에 따라 부분적으로 선호하는 떡밥을 가리기도 하지만 대부분 모든 떡밥에 큰 차별을 두지 않는 잡식성이다. 즉 모든 곡물류는 붕어의 먹이가 된다.

다만 특정 장소의 경우에는 특정 떡밥에 붕어가 길들여진 경우가 있다. 근래 양어장의 경우에 그러한 현상이 두드러지게 나타나는데, 꼭 양어장이 아니라도 특정 떡밥만 집중투입된 낚시터의 붕어는 그 떡밥에 길들여지는 현상을 보인다.

①(붕어는 특정 떡밥을 가리지 않으므로)

상표와 무관하게 거친 떡밥과 고운 떡밥을 한 봉지씩 준비한다.

②장소에 따라 어분류, 글루텐류의 떡밥에만 입질하는 경우가 있으니 어분과 글루텐은 따로 준비한다.

③현장에서 스스로 판단하거나 경험자의 조언에 따라서 위 ①, ②항의 떡밥을 적절히 배합하여 사용한다.

잉어 향어는 '코끝', 붕어는 '귓불'

잉어나 향어를 낚고자 할 때는 떡밥의 물기가 적고 푸석하게 반죽하거나, 자기의 코끝을 만지는 감각만큼 약간 딱딱한 감이 있게 한다.

그러나 붕어를 낚고자 할 때는 초기 헛챔질 밑밥용은 푸석하게 반죽하지만, 본격적인 미끼용은 자기 귓불을 만질 때 오는 감각만큼 말랑말랑하게 반죽한다. 이때 주의할 것은 무르게 하더라도 많이 주물러서 차지게 하라는 뜻은 아니다. 많이 주물러서 차지게 하면 그만큼 풀림이 더뎌서 좋지 않다.

다만 바닥이 뻘이거나 침수수초, 혹은 수초잎이 깔려 있다고 판단되면 떡밥이 너무 빨리 풀리면 좋지 않다. 약간 점성도를 높게 하여 형태를 오래 유지시켜 주는 것이 요령이다.

낚시터 유형에 따른 떡밥 반죽비율

●거친 떡밥 2 : 고운 떡밥 1

대형 호수나 큰 계곡형 저수지처럼 황토나 마사토질 바닥의 낚시터라면 거친 입자의 떡밥을 많이 혼합하여 푸석하게 반죽함으로

떡밥을 반죽하는 필자. 어떤 떡밥을 쓰느냐보다 어떻게 반죽해서 쓰느냐가 중요하다.

써 가급적 빨리 풀리게 한다.

●거친 떡밥 1 : 고운 떡밥 2

한편 강이나 수로 등 물의 흐름이 있는 곳, 또는 감탕 바닥의 저수지나 수로라면 떡밥의 구슬 형체가 오래 유지되도록 반죽한다.

●거친 떡밥 1 : 고운 떡밥 1

일반 저수지, 물 흐름이 없고 바닥이 깔끔한 강, 수로에서는 적당한 속도의 풀림이 생기도록 배합하고 반죽한다.

바늘에 떡밥을 달 때도 잉어나 향어낚시의 경우는 엄지 한 마디 정도로 크게 달아서 쓰되, 푸석한 떡밥은 꼭꼭 눌러서 달고, 물렁한 떡밥은 손가락 끝으로 적당히 둥글려서 모양을 만들어 단다.

처음 밑밥을 위한 헛챔질을 할 때는 푸석한 떡밥을 새끼손가락 한마디 정도로 달아 5~10회 헛챔질을 하고, 미끼용은 점도가 높게 하여 입질이 올 때까지 메주콩 만하게 사용하다가 입질이 시작되면 콩나물 콩만하게 줄여주고, 만약 입질이 집중적으로 이어진다면 녹두콩만 하게 더 작은 크기로 사용한다. 그러다가 입질이 다시 소강상태로 가면 역순으로 떡밥을 키워 가면서 달아 쓰기를 반복한다.

낚시터 유형에 따른 떡밥 반죽

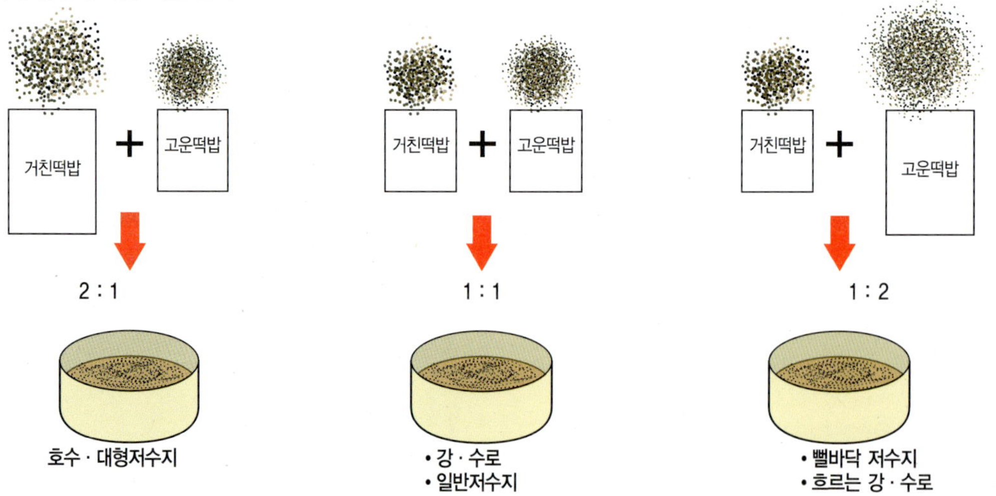

떡밥낚시 찌맞춤과 챔질타이밍

표준 찌맞춤을 기본으로 한다

떡밥낚시에서의 찌맞춤은 표준 찌맞춤과 가벼운 찌맞춤의 두 가지 방법을 사용하는데, 그 중에서 전통적인 표준 찌맞춤(수평 찌맞춤)을 기본으로 한다.

표준 찌맞춤은 찌에 봉돌만 달고 찌맞춤통에서 서서히 가라앉았다가 일시 멈춘 후 다시 서서히 올라와서 찌톱 끝이 수면과 일치하도록 맞추는 것이다. 이때 막대형 찌는 바닥까지 내려갔다가 올라오고, 오뚜기형 찌는 중간에서 멈추었다가 다시 올라온다. 그러나 어떻든 서서히 내려갔던 찌가 서서히 올라와 찌톱 끝이 수면과 일치하도록 맞추면 잘된 찌맞춤이다.

이러한 전통 표준 찌맞춤은 낚시터 상황에 무관하게, 또 미끼에도 대체로 무관하게 전천후로 사용 가능한 방법이다. 특히 챔질동작이 느긋한 사람에게 적합한 방법이다.

그런데 붕어가 입질하긴 하는데 찌를 보고 챔질이 어려우면 봉돌을 좀 더 깎아서 가벼운 찌맞춤으로 전환해볼 필요가 있다.

가벼운 찌맞춤은 봉돌뿐 아니라 원줄, 바늘, 케미컬라이트까지 다 달고 찌를 맞춘다. 처음엔 그 상태에서 물속에 가라앉겠지만 조금씩 봉돌을 깎아내면 이윽고 찌톱이 수면에서 가라앉지 않고 멈출 것이다. 그러고도 수면에 찌톱 끝을 일치시키는 게 아니라 실제 낚시할 때 찌를 세우는 것과 같은 식으

떡밥 콩알낚시의 찌맞춤

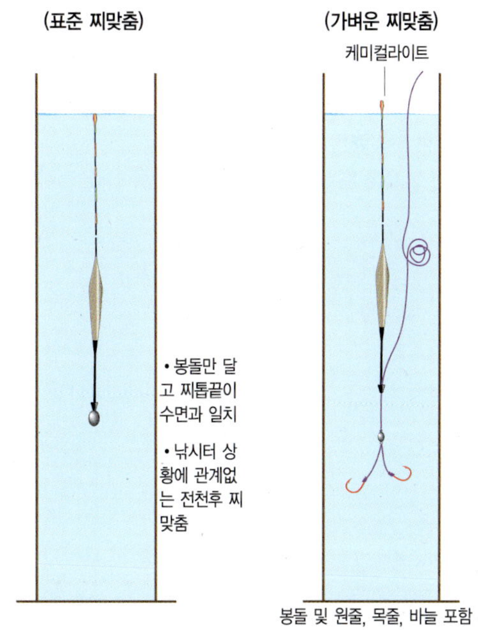

로 케미꽂이 하단부의 잘록한 부분이 수면과 일치하도록 맞춘다.

이러한 가벼운 찌맞춤은 양어장 낚시나 물이 안정된 저수지 낚시에서 즐겨 사용하며, 동절기에 민감한 붕어 입질을 읽어내기 위해서도 사용한다. 특히 챔질동작이 빠른 사람에게 유리한 찌맞춤이다.

떡밥낚시의 챔질

떡밥낚시의 가장 큰 매력은 단 한 번의 예신에서 본신으로 이어지는 깔끔한 입질 승부다. 떡밥낚시에서는 단 한 번의 입질을 보고 적절한 챔질을 하지 못하면 승부는 이미 끝난 것이며, 빈 바늘을 거두어서 다시 떡밥을 달아 투척해야 한다.

●예신

떡밥낚시의 예신은 찌톱 한 마디 이내로 살짝 오르다가 일순 멈칫하는 형태가 대부분이다.

그러나 바닥이 경사진 경우, 냉수대일 때, 혹은 두 마리 이상이 동시에 접근하여 먹이 경쟁을 할 때, 또는 미끼가 수초 가닥에 얹혀 있을 때 등은 살짝 잠기는 형태로 나타난다.

●본신

떡밥낚시에서의 본신은 예신에 이어서 곧

떡밥 낚시의 챔질 시기

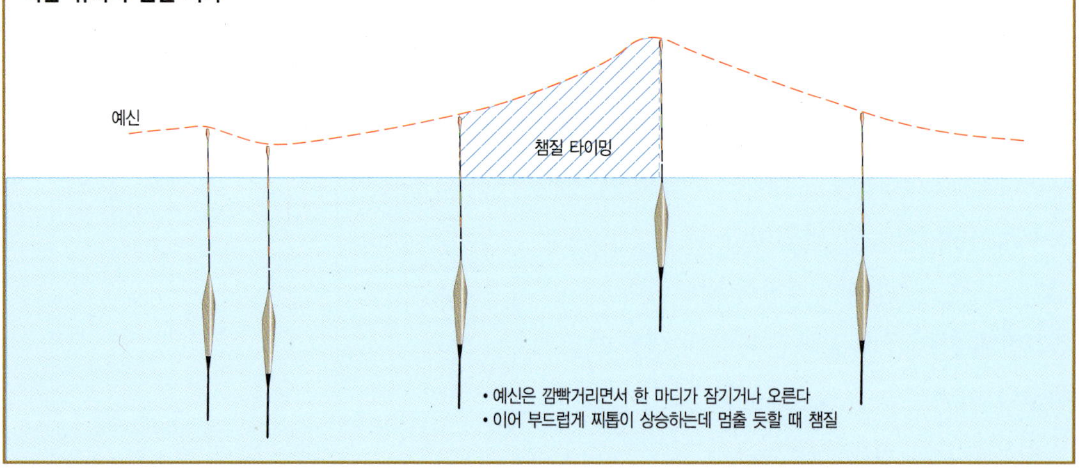

바로 나타나는 특징이 있다. 어떤 경우에는 예신과 본신의 구별이 어려울 정도로 연속적으로 나타나기도 한다. 그러나 대부분은 예신 후에 순간 주춤한 후 서서히 본신 찌올림으로 나타나므로 구별하기는 어렵지 않다.

붕어의 경계심이 없고 활성도가 높은 날은 찌를 몸통까지 올려서 넘어뜨리기도 하나, 평균적으로는 찌톱 4~6마디(한 뼘) 정도에서 멈춘 후 그대로 두면 다시 내려간다.

다만 경계심이 많거나 동절기에 수온대가 급격히 떨어져 붕어의 활성도가 떨어진 상태라면 찌톱 한 마디도 다 올리지 못하고 본신이 끝나는 경우도 있다. 그리고 바닥 경사가 아주 심하거나 먹이 경쟁이 심한 경우에는 끌고 들어가기도 한다.

이렇게 다양한 모습에서 본신을 구별하는 것은 찌 끝을 읽어내는 능력이다. 예신 후에 찌 끝이 움직이는 범위에 관계없이 아주 무겁고 느릿하게 나타나는 모습을 보이면 대부분 본신이다. 주로 교과서적으로 올리는 본신 모습보다 다양하게 변화된 모습을 보일 때 본신을 구별해 내는 능력이 떡밥낚시에서의 조과를 좌우한다.

때로는 한 마디에서, 때로는 찌 몸통까지 상승한 다음에 챔질해야 하는 경우가 발생하므로, 찌 끝에서 본신의 챔질시기를 읽어 내는 능력을 스스로 길러야 한다.

떡밥의 배합비율을 설명하는 필자. 떡밥은 단품만 쓰는 것보다 성질이 다른 두세 가지 떡밥을 적절히 섞어 쓰는 것이 좋다.

제20장 저수온기 떡밥낚시

낚시를 하면서 보내는 세월은 참으로 빠르기 그지없다. 봄인가 싶으면 여름 더위에 시달리고, 선선한 가을인가 싶으면 이내 추운 겨울로 접어든다.

이렇게 빠른 세월을 따라 동절기로 접어들면 떡밥낚시만 고집하는 조사들은 난감하다. 낚시가 잘 안되어 출조를 포기하고 집에만 있어야 할 지경이기 때문이다.

계절이 바뀌어 저수온기가 되면 동물성 미끼, 그 중에서도 지렁이가 유리하다는 것쯤을 모를 낚시인은 없겠지만, 떡밥낚시만 전문으로 하는 조사들은 지렁이낚시를 그다지 선호하지 않는다.

결국 가까운 양어장 낚시터에 나가 가벼운 손맛을 보며 떡밥낚시의 한을 풀고 돌아온다. 그밖에는 전혀 방법이 없을까?

●붕어의 활동성 저하

저수온기가 되면 붕어는 활성 집단과 비활성 집단으로 나뉜다.

비활성 붕어집단은 비교적 수온이 안정된 저수지의 깊은 중앙부에 모여 있거나 수중 장애물 틈새에 깊이 들어가서 마치 동면하듯 활동을 거의 하지 않는다.

활성 집단의 붕어도 상류나 연안 수초지대, 수몰 나무나 돌무더기, 석축 등의 수중 장애물에 은거하면서 제한된 범위에서만 활동을 한다.

저수온기 낚시에서 만날 수 있는 붕어는 소수의 활성집단 붕어라 그만큼 낚시가 어려워지는 셈이다.

●밤과 낮의 기온 차

저수온기에 밤낮의 일교차가 10도를 넘으면 붕어는 극도로 긴장하여 움츠리게 되므로 거의 활동을 하지 않거나 일부 활동을 하더라도 먹이활동은 하지 않는다.

따라서 기상예보를 참고하여 일교차가 10도를 넘는다면 출조를 포기하거나 일교차의 영향을 덜 받을 만한 장소를 물색하여 찾아야 한다. 즉 야산이 둘러있거나, 비닐하우스 등의 바람막이가 있어 바람의 영향을 받지 않으면서, 주간 일조량은 풍부하며, 전면에 수초가 잘 발달하여 보온 역할을 해 주는 적당한 수심의 소류지가 그런 곳이다.

●수온의 불안정

저수온기의 잦은 기상변화는 수중에도 영향을 미쳐 수온이 수시로 변한다. 심한 경우는 낚시터에 도착했을 때는 물색이 좋다가도 한참 낚시를 하다 입질이 끊겨 물색을 눈여겨보면 모르는 새에 맑은 물색으로 변해 있는 경우도 많다. 이렇게 물색이 맑아지는 현상은 수온이 급격히 떨어지기 때문이다.

특히 밤에는 물색이 보이지 않아 물색으로는 수온을 판단할 수가 없는데, 갑자기 입질이 끊길 때 봉돌을 손으로 잡아봐서 찬 기운이 느껴지면 그만 밤낚시를 쉬는 것이 좋다.

동절기의 야간에는 종종 새벽 2시를 기점으로 수온이 오르는, 수온 역전 현상이 발생한다. 이런 날은 새벽 낚시가 잘 되므로 일단 초저녁 이후 시간은 휴식을 취하였다가 새벽 시간대에 집중하는 것이 좋다.

●풀리지 않는 떡밥

저수온에서는 떡밥이 뜻대로 잘 풀리지 않는다. 떡밥이 잘 풀리지 않을 정도라면 떡밥 냄새의 확산도 극히 미미하므로 붕어를 불러 모으기가 어렵다. 즉 집어가 어렵다는 말이다. 따라서 저수온기 떡밥낚시에서는 떡밥을 어떻게 잘 풀리게 사용하느냐 하는 것이 대단히 중요하다.

●낚시인이 더 춥다

겨울 낚시인을 움츠리게 하는 것은 추위다. 저수온기의 붕어낚시는 낮에 입질이 좋은 경우도 있지만, 때로는 밤에도 입질을 보이므로 밤낚시를 강행하는 경우가 많다. 그래서 방한대책이 더 절실하다.

근래에는 낚시전용 텐트나 난로, 방한장비 등이 잘 보급되어 용기를 내어 동절기 밤낚시를 즐기는 낚시인이 늘고 있다.

수온이 낮을 때는 떡밥을 묽게 반죽하여 쓰는 것이 좋다. 그래야 물속에서 빨리 풀어지고 냄새가 빨리 퍼져 붕어의 빠른 입질을 유도할 수 있다.

일조량 많은 아담한 소류지가 명당

하절기에 주요 떡밥낚시 출조지였던 강이나 호수, 계곡형 저수지 등은 저수온기에는 거의 낚시 자체가 되지 않는다. 그렇다면 어디로 갈 것인가?

저수온기에 낚시터를 선정할 때 가장 중요한 것은 일조량이다. 아침부터 오후 늦게까지 수면 전체에 햇볕이 드는 곳일수록 좋다. 그러면서 바람막이가 있는, 아담한 형태의 평지형 저수지라면 더욱 좋다. 대개의 경우 이런 곳은 마을 앞이나 작은 들에 있다.

햇볕 잘 드는 얕은 수심이 포인트

저수온기 포인트 역시 탁한 물색, 적당한 수심대, 발달한 수초 등이 좋다. 하절기에는 나무나 수초의 그늘이 주요 포인트가 된데 반하여 동절기에는 가급적 햇볕이 직접 비추는 곳에서 햇볕을 마주보고 하는 포인트가 유리하다.

그리고 저수온기에는 포인트 지형 여건에 따른 수심을 중요시한다.

①직벽 포인트-3~4m의 깊은 수심대를 노린다.

②경사 포인트-2~3m 수심에서 말풀의 새순 등 바닥수초가 있는 포인트가 좋다.

③수초 포인트-1~1.5m 수심대를 찾는다.

④삭은 수초밭-1m 전후한 비교적 얕은 수심에서 수면을 덮고 있는 수초의 빈 공간을 노린다.

저수온기에 좋은 포인트

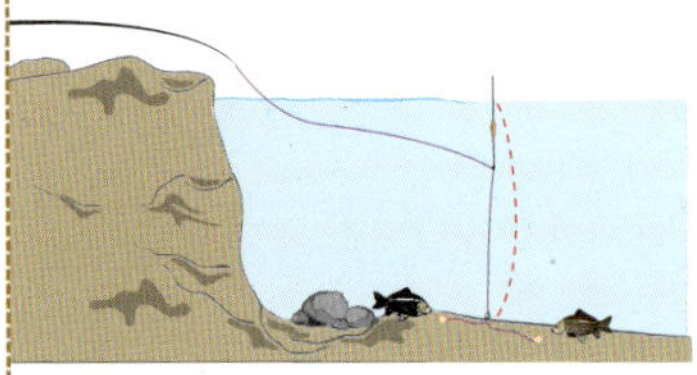

①직벽 포인트 : 3~4m 수심의 비교적 깊은 바닥을 노린다.

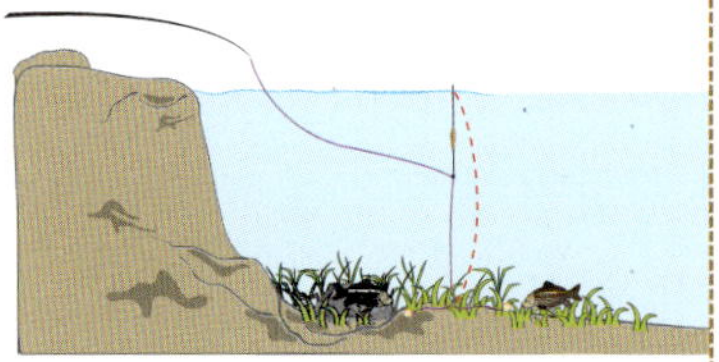

②경사 포인트 : 2~3m 정도의 수심을 보이는 곳이 적당. (침수수초대)

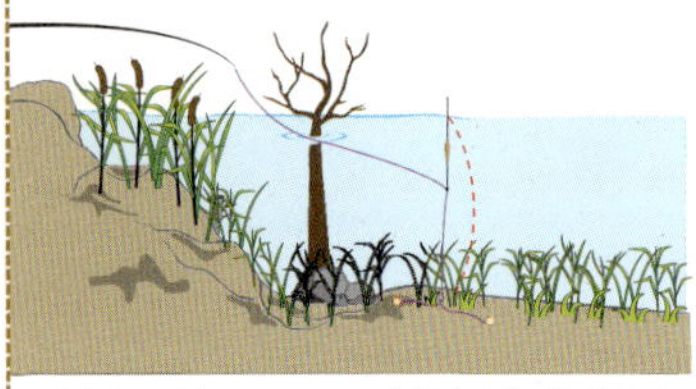

③수초 포인트 : 1~1.5m 수심의 수초 사이 구멍을 노린다.

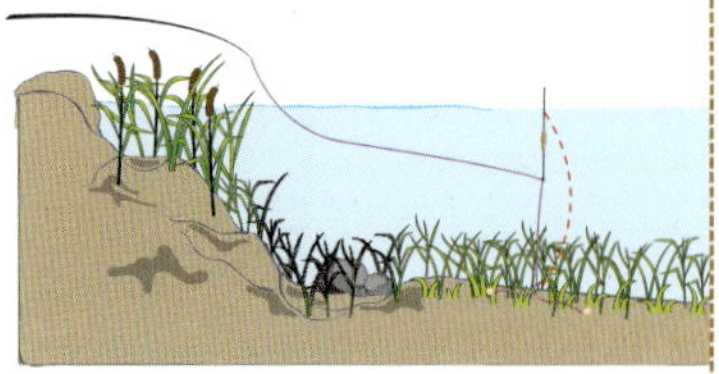

④쓰러진 수초가 덮여 있는 곳 : 1m의 얕은 수심도 노린다.

▶ 가을이 깊어가고 저수지의 수온이 내려가기 시작하면 햇빛을 많이 받는 아담한 소류지나 수로가 빛을 발한다. 충남 태안군 이원수로.

저수온기 떡밥낚시 채비

●긴 낚싯대로 은신처 탐색

겨울이 오면 붕어는 연안 접근을 꺼려하고, 하절기보다 경계심이 높아진다. 따라서 짧은 대로 연안 포인트를 노려 붕어를 유인하기에는 어려움이 많다. 이때는 3칸 이상의 긴 대를 사용하여 연안의 소음이나 그림자의 움직임으로부터 멀리 떨어진 붕어의 은신처를 찾아야 한다.

만약 좁은 수로에서 낚시를 할 때는 긴 대를 이용하여 반대편 연안에 채비를 드리우는 것이 유리하다.

●평소보다 가는 원줄과 목줄

저수온기에는 붕어의 경계심이 강해지면서 매사에 민감하게 반응하기 마련이다. 따라서 낚싯줄도 평소보다 가늘게 채비하는 것이 좋다. 평소 3호 원줄을 사용하는 낚시인이라면 저수온기에는 2호 원줄을 사용한다. 찬 물에서는 낚싯줄이 빳빳해지므로 하절기보다 예민성이 떨어지기 때문이다.

다만 수초대를 노리는 대어낚시를 하고자 한다면 평소 원줄을 그대로 사용하는 것이 좋다.

목줄도 원줄과 마찬가지로 저수온기 떡밥 낚시용 목줄은 1.5~2호로 비교적 가는 합사를 사용한다.

●작은 바늘

평소 떡밥낚시를 할 때는 7호 정도의 바늘을 즐겨 사용하나 저수온기에는 그보다 작

가는 톱의 예민한 찌

저수온기 떡밥낚시에서는 예민한 찌가 유리하다. 보통 봉돌 3g 이하의 저부력 찌를 사용하는데, 찌 길이는 30~40cm, 찌톱 굵기는 0.4~0.6mm로 가는 것이 좋다.

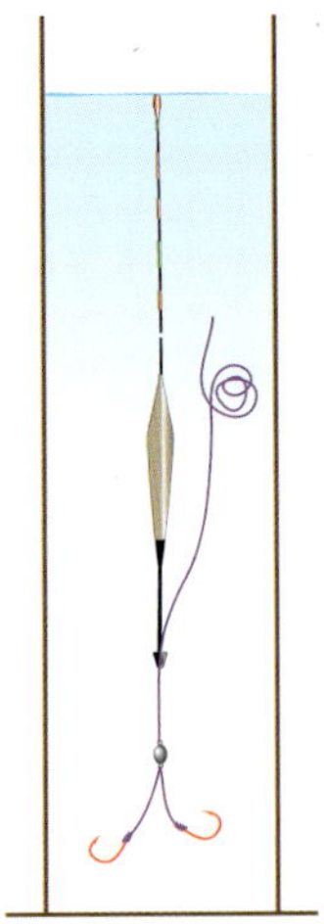

저수온기 노지 찌맞춤

모든 채비, 즉 원줄 목줄, 바늘, 봉돌 등을 달고 찌맞춤통에서 찌톱 끝이 수면과 일치하게 맞춘다.

은 5~6호 바늘을 사용한다. 저수온기에 부쩍 약해진 붕어의 흡입력을 감안해 바늘의 부담을 최소화하기 위함이다.

저수온기의 집어요령

저수온기 떡밥낚시는 집어가 어렵고, 활성도마저 떨어진 붕어가 미끼에 소극적으로 반응하기 마련이다. 따라서 하절기와 달리 붕어의 저활성에 맞춘 떡밥운용을 해야 한다. 평소와 달리 집어용 떡밥을 적절하게 운용함으로써 회유 폭이 좁은 붕어의 입질을 유도하는 것이 필요하다.

●집어용 떡밥을 넓게 투척

집어용 떡밥은 물로 반죽하여 사용하는 것이 아니라 입자가 크고 거친 떡밥가루에 물기만 살짝 먹게 한 후, 부슬부슬한 떡밥을 바늘에 달아 포인트 주변에 흩뿌리듯 투입한다.

대편성이 끝나고 찌 위치가 결정되면 그 찌 주변에 다소 넓은 면적에 집어용 떡밥을 달아 헛챔질을 하면서 집어 포인트를 형성한다. 이는 하절기에 정확히 찌 밑에만 헛챔질을 통해 밑밥을 투여하는 것과는 다르다. 붕어의 활동이 그만큼 위축되어 있고, 낮은 수온에서 떡밥의 냄새가 확산되지 못하기 때문에 찌 주변에 집어용 떡밥을 약간 넓게 분포하도록 하는 게 좋다. 그러나 소량을 투입해야 회유 범위가 좁은 붕어를 유인하는 데 도움이 되고 수질도 보호한다.

●미끼용 떡밥은 최대한 묽게

미끼용 떡밥은 글루텐 떡밥이나 입자가 고운 떡밥을 묽게 반죽하여 사용한다. 글루텐 떡밥은 수중에서 수분 흡수가 빠르고 붕어가 흡입하기에 좋은 상태로 되면서도 바늘과 분리되지 않고 오랫동안 바늘을 감싸고 있어 저수온기 붕어의 미약한 입질을 유도하는데 유리하다.

또 고운 곡물떡밥을 묽게 반죽하여 아주 작게 바늘에 달아 투척하면 그 형체가 쉽게 흐트러지지 않고 물을 머금은 채로 붕어의 입질을 기다릴 수 있다. 굵은 입자의 떡밥으로 풀림을 최대화한 것은 하절기와 같이 붕어의 흡입력이 강할 때는 여러모로 유리한 바가 있으나, 저수온기에 아주 민감하고 흡입력이 미약한 붕어에게는 불리하다.

저수온기의 찌놀림과 챔질

다양한 형태의 예신

저수온기의 붕어 입질은 평소보다 미약하다. 그것은 붕어의 활성도가 그만큼 약하고 경계심이 강하기 때문이다. 이런 상황에서는 찌를 자세히 관찰하지 않으면 눈에 보이지 않을 정도로 미약하거나 단숨에 쑥 올라서는 모습으로 과도하게 나타나는 경우가 있다.

쉽게 느끼지 못할 만큼 미약한 입질은 붕어가 바닥에서 몸을 낮추고 약한 흡입동작을 했을 경우이며, 과도한 예신이 나타나는 경우는 활성이 떨어진 붕어가 미끼를 물었을 때만 급한 동작으로 올라섰다가 뱉어내는 경우이다. 이때 본신으로 알고 챔질을 하면 거의 헛챔질이 되고 만다.

저수온기의 찌놀림

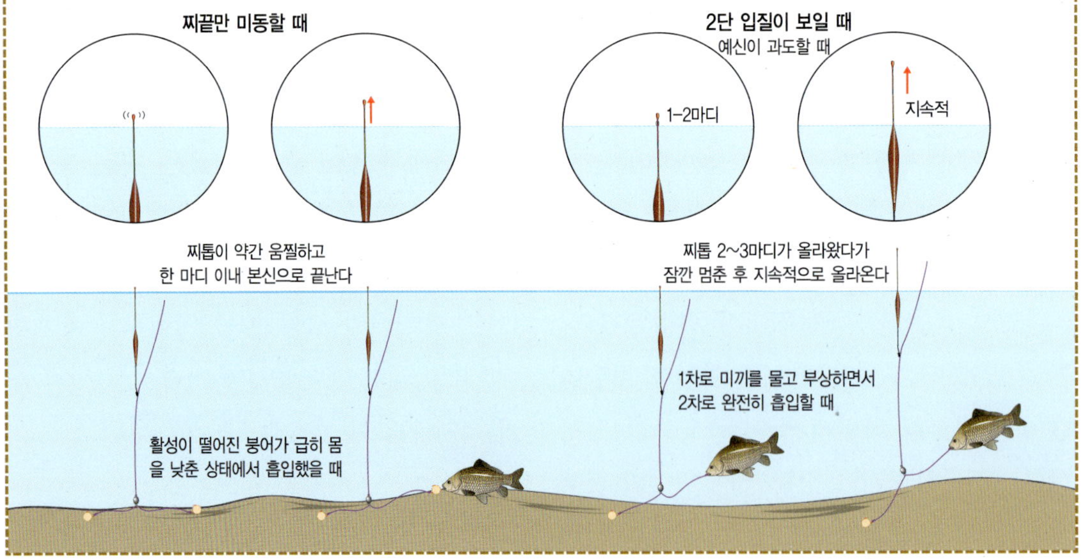

본신은 무겁고도 차분

저수온기의 본신은 주로 두 가지 형태로 나타난다. 하나는 찌 끝이 움찔하는 예신을 보인 후 그 자리에서 찌 끝만 한 마디 정도 미동하는 형태다.

또 하나는 1단의 예신 후에 2단 입질로 찌를 높이 올려주는 경우다.

찌를 적게 올리는 경우는 주로 미세한 예신 후에 본신으로 들어올 때 나타나는 형태이고, 2단 입질로 높이 올리는 경우는 과도한 예신 후에 멈췄다가 본신으로 이어지는 경우다.

이때 본신을 구별하는 것은 찌의 높이가 아니라 움직이는 동작을 보고 판단한다. 찌가 무겁고 차분하게 움직이는 모습을 보일 때가 본신인 것이다.

찌 끝을 항시 주시해야

붕어의 입질이 미세할 때는 더욱 주의해서 찌 끝을 볼 필요가 있다. 1차로 꿈질거리는 입질이 있은 후 2차로 찌가 약간 무겁게 움직일 때를 놓치지 않아야 한다. 바로 이때 챔질해야 붕어를 걸어낼 수 있다.

교과서적인 찌올림만 기다리고 있다가는 하루 종일 붕어 한 마리 만나지 못하고 낚시를 마감하거나, 어쩌다 차고 나가는 입질에 한두 마리의 붕어를 만나는 것이 고작일 수 있다.

반면에 찌올림을 보고 챔질했는데도 헛챔질이 연속된다면 그것은 과도한 예신으로 판단해야 한다. 이때는 2단 입질을 기다려서 챔질을 해야 붕어를 바늘에 걸 수가 있다.

2단 입질은 1차로 찌가 쑥 올라와서 잠시 그대로 있다가 다시 서서히 올라오는 모습을 보인다. 이렇게 2차로 찌가 서서히 상승하는 모습을 보고 챔질을 하면 실수 없이 붕어를 정확하게 걸어낼 수 있다.

겨울의 예당저수지(충남 예산군). 저수온기엔 붕어의 입질이 약하므로 민감한 채비가 필요하다.

제21장 끝보기 낚시

끝보기 낚시란 찌를 사용하지 않고 낚싯대 끝의 흔들림을 보고서 어신을 판별하는 낚시 기법을 말한다. 주로 물이 흐르는 강이나 수로에서 물의 흐름으로 인해 찌를 사용하기 힘들 때 끝보기 낚시를 한다.

끝보기 낚시는 여름철에 가족과 함께 강가로 물놀이를 갔을 때 낚시경험이 없는 여자나 어린아이까지 손쉽게 즐길 수 있는 낚시 방법이며, 시각 장애인의 경우도 손의 감각을 이용하여 함께 즐길 수 있는 낚시 방법이기도 하다.

끝보기 낚시는 찌가 없던 선사시대부터 인류가 시도해 온 원시적인 낚시기법이라 해야 옳을 것이다. 우리나라에서 찌를 사용한 것은 조선시대에 들어서 '깃'(羽) 이라고 표현한 찌를 사용한 기록이 최초로 확인된다.

여름철 강변 피서낚시의 백미

끝보기 낚시는 그 채비와 기법은 단순하나 낚아내는 대상어종은 매우 다양하다. 붕어, 잉어를 비롯하여 누치, 끄리, 강준치, 마자, 모래무지, 쏘가리, 꺽지, 메기, 피라미 등 강에 사는 거의 모든 어종을 낚아낼 수 있다. 즉 일반적인 대낚시와 릴낚시 외에도 루어나 플라이낚시로 만나는 거의 모든 어종을 낚을 수 있는 것이다.

이러한 끝보기 낚시는 찌맛이 없고 정적인 맛이 덜하여 평소에는 즐겨하지 않는 것이 사실이나, 강물이 불어 흐름이 강해 찌를 세울 수가 없을 때, 현장에서 응급으로 적용할 수 있는 유용한 방법이며, 특히 가족과 함께 가벼운 낚시를 즐기고자 한다면 요긴한 낚시 방법이 된다.

이러한 끝보기 낚시는 미리 준비하여 하는 경우와 출조시 현장 상황에 따라서 응급으로 하는 경우가 있다. 미리 끝보기 낚시를 준비할 때는 강이나 계곡으로 가족단위 야유회를 갈 때나 매운탕거리를 손쉽게 마련하기 위한 경우다. 그러나 강이나 수로로 출조를 했다가 물의 흐름이 심할 경우 응급으로 끝보기 낚시를 하는 경우가 더 많다.

끝보기 낚시 포인트와 채비

예컨대 피라미나 누치 등 물 흐름을 좋아하는 어종을 노린다면 여울이 흐르는 바닥에 잔자갈과 모래가 섞인 곳을 고르는 것이 좋고, 쏘가리나 꺽지를 대상으로 한다면 흐름이 완만한 소에서 바닥에 큰 바위나 돌무더기가 많은 곳이 유리할 것이다.

한편 붕어를 대상어종으로 끝보기 낚시를 시도할 때는 대개 평소에는 찌낚시를 할 수 있는 곳인데 물이 불어 물 흐름이 강해진 경우다. 이런 때의 붕어 포인트는 물 흐름이 있는 강심의 가장자리다. 그리고 가장자리 중에서도 연안에 수초가 있는 바로 앞으로 채비를 흘려 수초에 가까운 지점에 채비가 멈추게 하면 좋은 포인트를 찾은 것이다. 또 연

강원도 홍천군 홍천강에서 끝보기 낚시를 하는 낚시인.

안 가까이에 돌무더기 같은 장애물이 있는 곳도 유리한 포인트라고 할 수 있다.

이때 노려야 할 수심은 1~2m권이 적당하고, 기본적으로 물색이 탁해야 좋다. 특이한 것은 우리가 붕어낚시가 잘 되지 않는다고 알고 있는 짙은 황톳물일 경우에도 이런 연안 수초에서의 끝보기 낚시는 된다.

그러나 물의 흐름이 너무 강하거나 거꾸로 흐름이 없는 곳은 피해야 한다. 특히 주의해야 할 점은 강물이 많이 불었을 때 가장자리 쪽은 물의 흐름이 역류하게 되는데, 이렇게 역류하는 곳은 피하는 것이 좋다.

끝보기 채비

찌가 없는 대신 낚싯대 끝에 입질을 식별할 수 있는 보조물을 단다. 이 보조물은 과거엔 스티로폼 조각이나 기타 눈에 잘 보이면서 가벼운 물건을 사용했으나, 최근에는 밤낚시까지 겸할 수 있는 케미컬라이트를 다는 경우가 많다.

끝보기 낚시 채비법

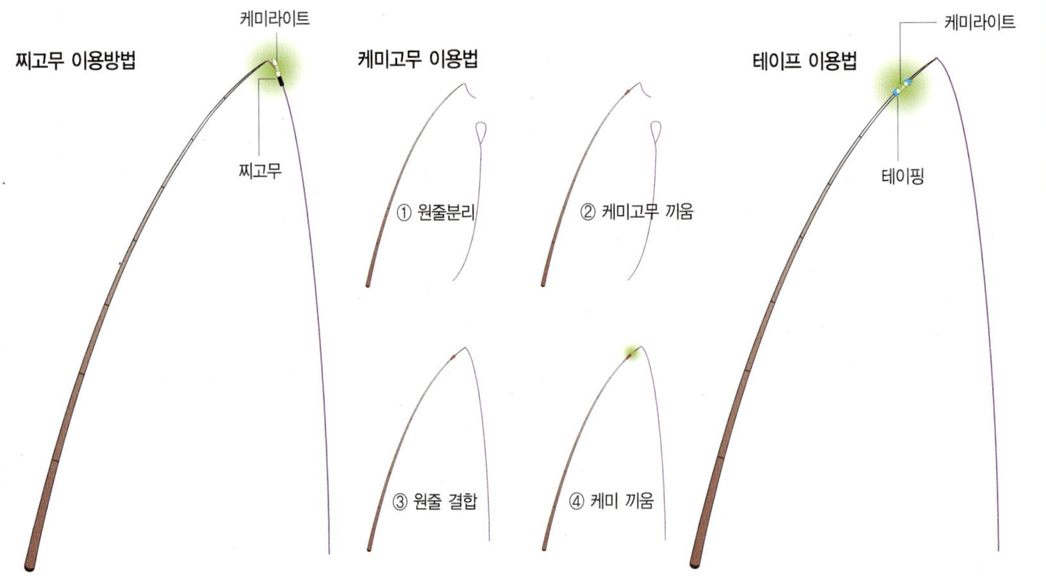

●찌고무 채비법

이 방법은 기존의 찌 채비에서 끝보기 채비로 전환하기 가장 용이한 방법이다. 별도의 채비 전환 없이 원줄에 이미 있는 찌고무를 그대로 이용한다. 그림과 같이 찌고무를 초릿대 가까이까지 올린 후 찌고무에 케미를 꽂으면 된다. 다만 원줄에 있는 찌고무 부분에서 원줄의 엉킴이 발생할 수 있으므로 주의해야 한다.

●케미꽂이 채비법

이 방법은 기존의 채비에 별도의 케미꽂이를 다는 방법이다. 우선 초릿대 끝의 원줄을 풀고 초릿대 끝에 케미고무를 끼운 후 다시 원줄을 연결한다. 낮에는 주간 케미를 꽂아 쓰다가 야간에는 케미로 바꿔 쓴다.

포인트 상황도

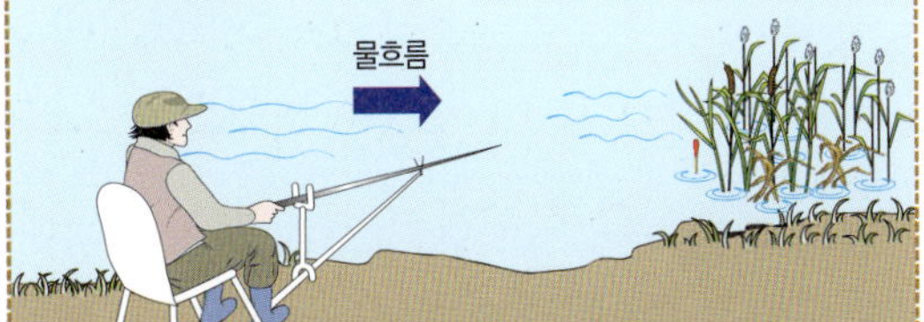

물이 흘러가는 방향으로 채비를 흘려 가급적 연안 수초나 물속 장애물에 붙인다

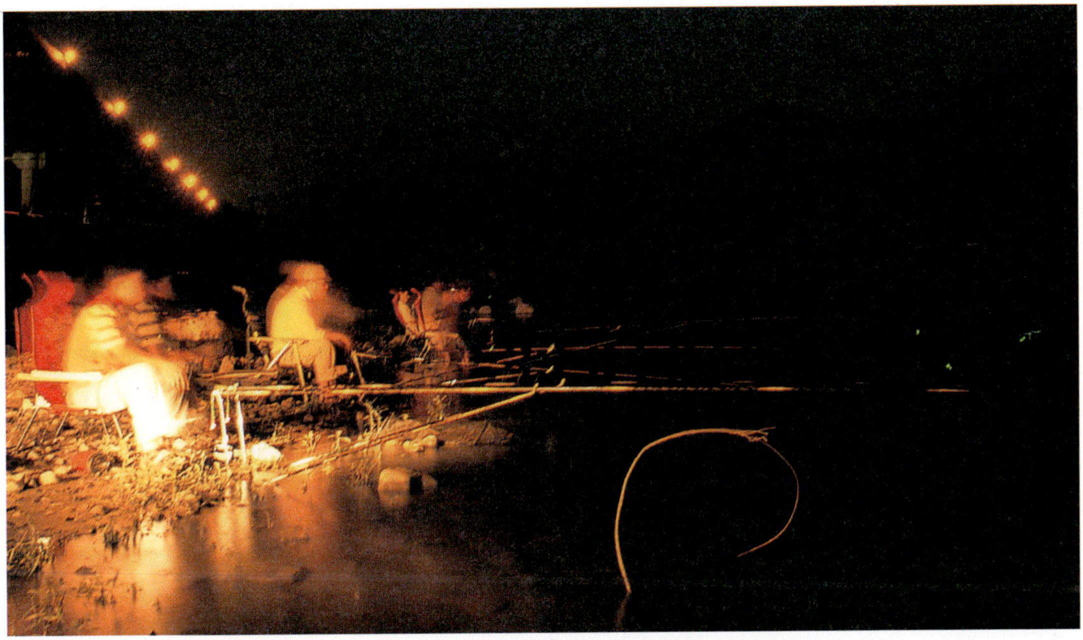

여름밤 강변에서 끝보기 낚시를 즐기고 있다. 밤에는 초릿대 끝에 케미라이트를 매달아 어신을 읽는다.

낚싯대 편성과 강낚시 미끼

긴 대를 상류 쪽에 펼쳐라

끝보기 낚시에서는 통상 한 대의 낚싯대를 펴거나 많아도 두 대 이상은 펼치지 않는다. 두 대를 편성할 경우에는 3칸 이상의 긴 대와 2칸 이내의 짧은 대를 사용하는 방법으로 낚싯대 간의 길이 차를 많이 두는 것이 좋다.

우리가 평상시에 낚시를 할 때 물의 흐름이 있으면 상류 쪽에 짧은 대를 배치하고 하류 쪽에 긴 대를 배치한다. 이렇게 배치하는 이유는 물의 흐름을 타고 원줄이 따라 흐를 때 낚싯대끼리 원줄 엉킴을 방지하기 위해서다.

그러나 끝보기 낚시에서는 이와 반대로 배치한다. 즉 긴 대를 상류에 배치하고 짧은 대를 하류 쪽에 배치하는 것이다.

만약 평상시와 같이 짧은 대를 상류 쪽에

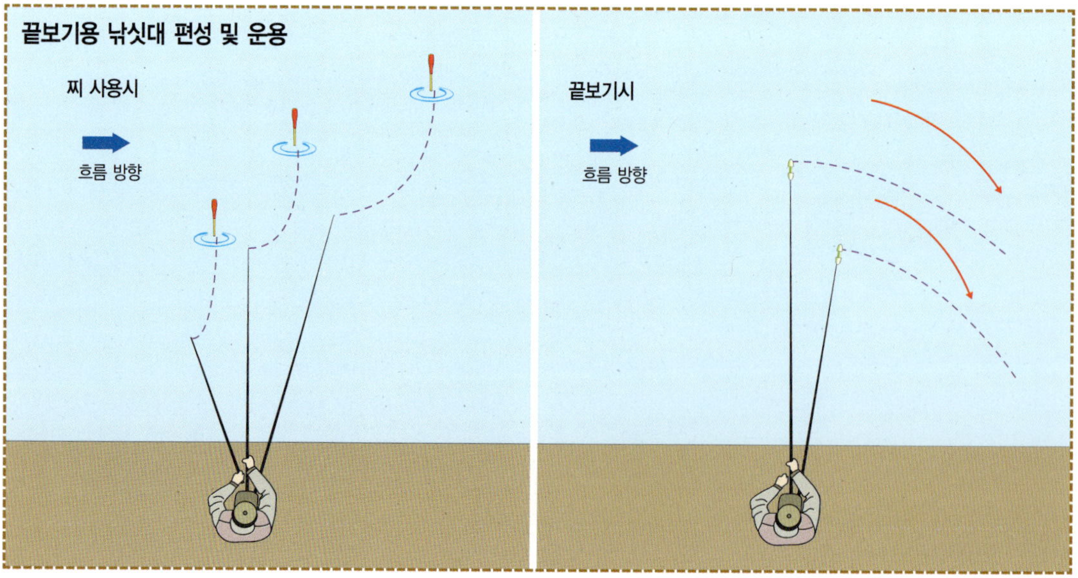

배치하면 짧은 대의 원줄이 긴 대의 아래로 흘러 들어와서 챔질을 했을 때 아래 쪽 긴 낚싯대에 걸려서 다음 동작이 불편하게 된다. 긴 대가 상류에 있게 되면 원줄의 겹침을 염려할 수가 있으나 실제로는 아래에 있는 짧은 대의 채비는 물 흐름에 따라서 가장자리로 밀려들면서 자리를 잡고, 긴 대의 채비는 멀리 흐르기 때문에 겹치는 일이 거의 발생하지 않는다. 그리고 챔질했을 때도 낚싯대가 겹치는 것을 방지할 수 있다.

지렁이 누벼꿰기가 유리

끝보기 낚시의 미끼는 지렁이와 떡밥을 주로 쓴다. 지렁이는 물이 흘러도 바늘에서 잘 떨어지지 않고 부유물이 떠내려 올 때 붕어가 선호하는 미끼이다. 바늘에 한 마리를 누벼꿰기로 꿰어서 사용한다.

떡밥을 사용할 경우는 가급적 고운 떡밥을 활용하여 찰기가 있고 빨리 풀리지 않도록 적당히 딱딱할 정도로 반죽하여 사용한다. 평상시의 떡밥낚시와 같이 하면 물의 흐름에 쉽게 풀려 버린다.

대개 물의 탁도가 높고 흐름이 강할 때는 지렁이를 사용하고, 물의 흐름이 완만하고 물색이 어느 정도 맑은 빛을 띨 정도면 떡밥을 사용한다. 바닥에 장애물에 의한 걸림이 없고, 물 흐름이 완만하며, 물색이 안정된 경우는 두바늘채비를 하여 지렁이와 떡밥을 혼용하는 것도 효과가 있다.

강에서 끝보기로 낚은 모래무지와 피라미.

끝보기의 입질과 챔질

끝보기 낚시의 입질 분석은 초릿대 끝의 움직임을 보고 한다. 초릿대 끝이 물의 흐름에 약간 휜 상태로 지탱하다가 붕어의 입질이 들어오면 약하게 툭툭 치는데, 이때가 예신이다. 약하게 툭툭 치는 예신이 있은 후 강하게 끄는 모습을 보일 때가 본신이다.

툭툭 치는 예신 상태도 붕어가 바늘을 물고 있을 것이라고 생각하여 챔질한다면 헛챔질이 많다. 또 강하게 끄는 본신은 붕어가 이미 걸려서 끈다고 생각하고 챔질 시기를 늦추면 붕어가 바늘을 뱉어 버리고 입질이 끝나게 된다.

따라서 비록 끝보기 낚시라고 하더라도 챔질시기는 정확히 해야 붕어를 성공적으로 걸어 낼 수 있다.

제22장 잡어 속에서 붕어 골라 낚기

붕어낚시를 즐기는 낚시인들은 붕어 외에 낚이는 다른 물고기를 통틀어 잡어라고 한다. 그러나 근래에 '낚시에 걸려 나오는 기타 물고기를 잡어라고 비하하여 천시해서는 안 된다'는 의견이 나오고 있다. 잉어나 향어는 잡어라고 표현하지 않는 것에서도 알 수 있듯이 작고 보잘 것 없는 물고기가 낚이면 그로 인한 실망감에서 "잡어"라고 통칭하는 것 같다.

잡어라는 단어는 국어사전에 없다. 그러나 백과사전에서는 잡어에 대하여 다음과 같이 풀이하고 있다.

"낚시나 그물을 사용한 어획 시, 자신이 어획할 것이라 예상하고 있던 대상종이 아닌 나머지 종을 일컫는 말이다."

낚시를 할 때, 잡어를 피하기 위하여 사용하는 방법이 몇 가지 있다. 하나는 자신의 포인트에서 약간 떨어진 지점에 잡어들이 모이도록 밑밥을 제공하는 것이다. 그리고 잡어가 밑밥에 모여들어 있을 때, 원하는 포인트에 찌를 던진다.

우리말에서 어떤 사물이나 언행에 '잡'이라는 문자가 앞에 붙으면 쓸모없는 것, 혹은 원하지 않는 것, 또는 기준 이외의 모든 것이라는 뜻으로 통하니 우리가 붕어낚시를 하면서 붕어 이외의 것은 잡어라고 표현하는 것이 그와 유사한 표현이라고 보면 되겠다. 예를 들면 잡곡이라고 하면 쌀 이외의 모든 곡물을 잡곡이라고 표현하는 것과 유사한 것이다.

그렇더라도 물속에 서식하는 기타 어종을 비하할 뜻으로 잡어라고 표현하고 천대하는 것은 올바르지 못하다.

우리가 쌀 이외의 곡물도 중요한 곡식으로 취급하는 것과 같이 물 속 생태계에 현존하는 모든 물고기는 귀한 것이다. 다만 외래어종으로 우리 물 속 생태계를 위협하는 종만은 별개로 취급해야 할 것이다.

앞서 잡곡이라는 표현과 같이 필자도 이 글을 쓰면서 잡어라는 표현을 긍정적인 관점에서 사용하고자 한다. 자, 그럼 우리가 붕어낚시를 하면서 만나는 잡어의 종류와 입질 형태를 분석하고 잡어를 극복하는 요령을 알아보자.

잡어의 종류는 낚시터마다 다르다

민물에는 붕어만 사는 것이 아니므로 어느 곳이나 잡어는 있다. 그러나 어디든 똑같은 잡어가 있는 것이 아니다. 낚시터에 따라 서식하는 잡어의 종류나 개체의 양에서 천차만별의 차이가 있다. 또 시간대에 따라서, 물색에 따라서 잘 낚이는 잡어들이 각각 달라진다.

낚시터별 잡어의 종류

●**강**-피라미, 마자, 모래무지, 끄리, 강준치, 누치, 납자루, 동자개, 꺽지, 쏘가리, 배스 등

붕어와 함께 낚인 블루길. 가장 골치 아픈 잡어에 속하는 외래어종 블루길은 지렁이 등 동물성 미끼를 탐식하므로 떡밥이나 옥수수를 쓰면 어느 정도 걸러낼 수 있다.

●**댐**-피라미, 살치, 징거미, 동자개, 블루길, 배스, 쏘가리, 강준치 등

●**수로**-피라미, 참붕어, 납자루, 동자개, 동사리, 메기 등

●**저수지**-피라미, 참붕어, 납자루, 동사리, 동자개, 가물치, 드렁허리, 새우, 징거미, 블루길, 배스 등

토질별 잡어의 종류

●**바닥이 사토, 마사토, 황토인 곳**

이런 곳에는 피라미류가 가장 극성을 부리며, 마자, 모래무지, 참붕어, 블루길, 납자루, 징거미 등의 잡어 극성이 심한 곳이다.

●**바닥이 뻘인 곳**

이런 곳은 피라미류와 참붕어, 동사리 등의 잡어 입질이 많은 곳이다.

●**바닥에 퇴적물이 있는 곳**

이런 곳은 동자개, 동사리, 드렁허리 등의 잡어 입질이 많다.

●**바닥이 자갈 모래인 곳**

피라미류, 참붕어, 납자루, 마자, 모래무

지, 살치, 누치, 동자개, 징거미 등의 다양한 잡어 입질이 많다.

●얕은 수초 밀생 지대

비교적 잡어 입질이 적은 편이나 간혹 가물치, 동자개, 동사리, 드렁허리 등과 피라미, 참붕어의 입질이 있다.

시간대별 잡어의 종류

잡어가 없는 곳은 거의 없다. 그러나 잡어가 항상 시도 때도 없이 극성을 부리는 것도 아니다. 극성을 부리다가도 어느새 거짓말 같이 잡어 입질이 끊기는 경우가 있다. 이런 현상은 우연이 아니고 물고기의 생태적 특성에 따라 활동 시간대가 다르기 때문이다.

●새벽시간의 잡어

이른 새벽에는 대부분의 잡어 활동이 뜸해진다. 그러나 해가 솟아오를 때쯤부터 피라미, 참붕어, 마자, 살치, 블루길, 배스 등의 입질이 활발해진다.

●낮의 잡어

낮에는 피라미류와 참붕어, 마자, 모래무지, 살치, 배스, 블루길, 가물치 등 대부분의 잡어가 활발하게 활동한다.

●저녁시간의 잡어

저녁시간대가 되면, 야행성 잡어의 활동이 시작되면서 동자개, 드렁허리, 동사리, 메기 등의 입질이 시작되며, 대개의 경우 밤 10시경이 되면 입질이 줄어든다.

다시 정리해 보면 주간에는 곡물성 먹이를

붕어낚시 도중에 낚이는 물고기들

취하는 피라미류의 극성이 가장 심하고, 야간에는 동물성 미끼를 취하는 동자개류의 극성이 심한 것을 알 수가 있다.

미끼별 잡어의 종류

물고기들은 각각 선호하는 먹이가 따로 있다. 따라서 사용하는 미끼에 따라 주로 특정한 잡어가 덤비는 경우가 대부분이다.

●떡밥의 잡어

떡밥미끼를 쓰다 보면 피라미류의 극성이 가장 심하다. 그 외에도 참붕어, 각시붕어, 납자루, 마자. 모래무지, 누치 등의 잡어 입질이 있으며, 드물게는 블루길이 덤비거나 외래종 우렁이가 깔짝거리기도 하며, 징거미가 찌를 기막히게 올려주기도 한다.

●지렁이의 잡어

지렁이 미끼를 쓰면 떡밥에는 잘 덤비지 않는 동자개나 동사리, 블루길의 입질이 심하며, 배스나 가물치도 덤빈다. 또 피라미가 물고 장난질하는 입질이 많고, 특히 참붕어가 지렁이 꼬리를 물고 끌고 다니는 입질도 많다.

●새우, 참붕어의 잡어

새우나 참붕어 미끼를 사용할 때는 동자개, 동사리, 가물치, 블루길, 배스 등 동물성 먹이를 주로 취하는 잡어가 덤빈다. 또 참붕어들이 새우나 참붕어 미끼를 공격하고 특이하게 새우미끼를 새우떼가 덤벼들어 뜯어 먹는 경우도 많다.

잡어 입질의 찌놀림

잡어 입질은 붕어에 비해 경박하고 지저분하다. 그러나 자세히 관찰해보면 잡어의 종류에 따라 입질할 때 그 찌 끝의 움직임이 약간씩 차이가 있다. 이럴 때 찌 끝을 읽으면 어떤 종의 잡어가 덤비는지 대략 구별할 수 있다.

이러한 잡어의 입질형태를 수면을 기준으로 하여 살펴보면 다음 페이지의 그림과 같다.

잡어 극복 요령

잡어를 완벽하게 극복해 내기란 어렵기 때문에 가급적 잡어의 입질을 줄이는 게 상책이다. 잡어의 입질 형태를 보거나 낚아내서 어떤 잡어인지 확인되면 낚시터를 옮기거나 포인트를 달리하거나 적절히 미끼를 변환하여 잡어를 피하는 것이 요령이다.

미끼를 바꾼다

●피라미류가 극성을 부릴 때

낮에 떡밥이나 지렁이 미끼에 피라미가 덤빌 때는 옥수수나 메주콩 등 고형 곡물 미끼를 사용하거나, 새우나 참붕어로 변환하는 게 좋다. 그러나 야간에는 피라미류가 잘 덤

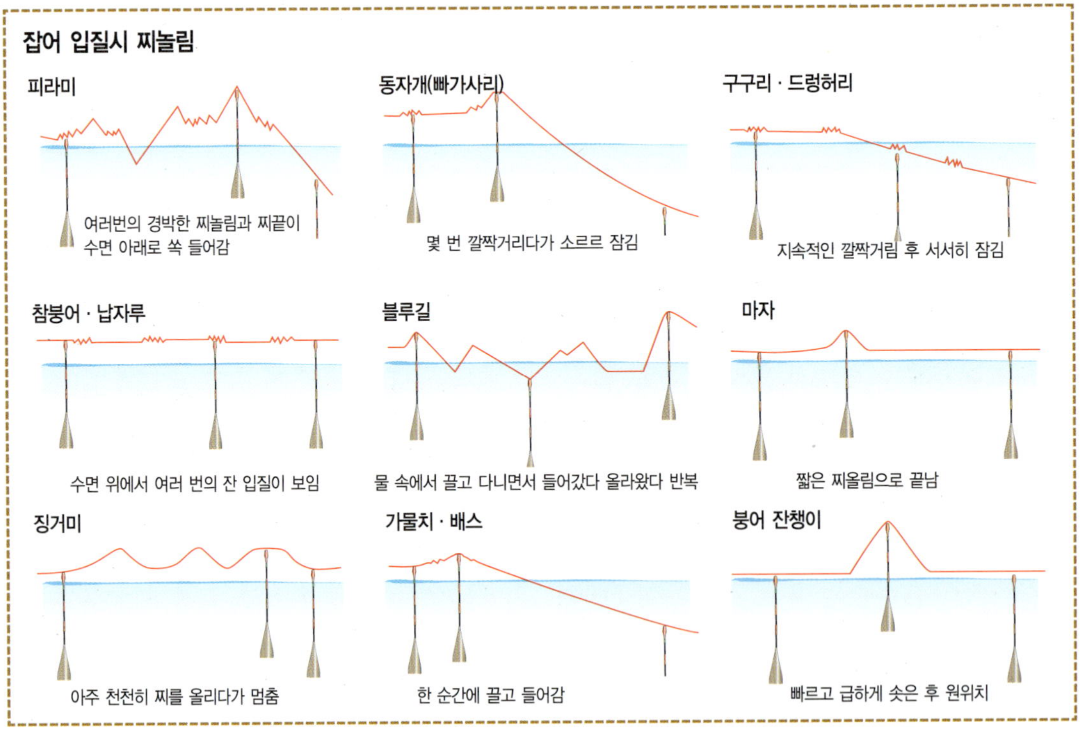

비지 않으므로 떡밥을 사용해도 된다. 만약 불가피하게 낮에도 떡밥을 계속 사용할 수밖에 없을 때는 떡밥을 단단하고 크게 달아 미끼가 피라미층을 뚫고 빨리 가라앉는 게 좋다.

●마자나 모래무지가 덤빌 때

강낚시에서 발생하는 현상이다. 그러나 강에서는 옥수수나 메주콩이 잘 듣지 않으므로 떡밥을 다른 미끼로 바꾸기는 어렵다. 이런 경우 떡밥을 단단하고 크게 달아 사용한다. 합삼봉을 사용하면 떡밥을 크게 달아 쓰기 좋다. 또 강에서는 의외로 지렁이에 잡어가 덜 덤비므로 지렁이로 변환해 보는 것도 좋다.

●블루길이 많을 때

블루길은 동물성 미끼에 매우 빠른 반응을 보이므로 떡밥이나 옥수수를 미끼로 쓰면 된다. 블루길의 경우 떡밥을 사용할 때에도 어분이 섞인 떡밥은 사용하지 않는 게 좋다.

●동자개 등 육식어류가 극성을 부릴 때

동자개(빠가사리), 메기, 동사리, 배스, 강준치 등 육식어류가 달려든다면 지렁이, 새우, 참붕어 미끼로는 그런 육식성 잡어를 피하기 어려우므로 미끼를 떡밥이나 옥수수 등 곡물류로 바꾸는 게 좋다.

포인트를 바꾼다

미끼를 변환시켜도 대책이 서지 않을 경우는 도망치는 수밖에 없다. 1차적으로 포인트를 옮겨보고, 그것도 여의치 않을 경우에는 아예 낚시터를 옮길 수밖에 없다. 이때 유사한 조건을 가진 낚시터에서는 옮겨 가더라도 같은 상황이 발생할 여지가 많으므로 완전히 조건이 다른 장소를 선택하는 요령이 필요하다.

즉 포인트 이동의 경우는 수심이 얕은 곳에서 깊은 곳으로 옮겨보거나 수초가 없는 곳에서 수초가 많은 곳으로 옮겨보거나 하는 변화를 꾀한다.

한편 낚시터 변환의 경우는 강낚시터에서 인근의 규모가 작은 수로로 이동하거나, 평지형 저수지에서 인접 계곡형 저수지를 찾는 것이 요령이다. 또 시간대를 바꿔보는 것도 좋다. 낮에 잡어가 덤비면 밤을, 밤에 잡어가 덤비면 아침을 노려보는 식이다.

제23장 월척을 노리는 대어낚시

대어낚시란 말 그대로 큰 물고기를 낚는 낚시를 말한다. 이를 포괄적인 의미로 해석하면 잉어, 향어, 가물치 등 덩치가 큰 물고기를 낚는 제반 분야의 낚시를 통틀어 대어낚시라고 할 수 있겠으나, 오늘날 대어낚시라면 붕어낚시에 국한하여 쓰는 말이다. 즉 대어낚시란 '월척 이상의 붕어'를 대상으로 하는 낚시를 말한다.

대어낚시는 새로운 기법의 낚시가 아니다. 이미 1930년경의 기록에 '큰 월척 붕어를 낚아내기 위해 새우나 옥수수 등 대어용 미끼를 사용했다'고 나와 있다. 그런 미끼가

월척붕어를 낚아 든 필자. 월척만 노리는 대어낚시는 긴장된 매력이 있다.

일부에서 맥을 이어 오면서 전해왔고, 그것이 오늘날에 크게 유행하면서 기법도 새롭게 발전한 것으로 보인다.

대어낚시는 이론적 범위가 방대하므로 여기에서는 쉽게 접근하여 적용할 정도만 요약하여 언급하고, 나중에 별도로 원고를 정리하여 대어낚시 분야만 상세히 다루고자 한다.

미끼가 열쇠다

붕어낚시에서 조과는 낚시인의 의지보다 붕어의 마음이 더 크게 작용한다. 따라서 낚시인은 늘 붕어 눈높이에 맞춰서 생각해야 한다. 그만큼 붕어를 직접 유인하는 미끼가 중요하다. 모든 낚시기법이 미끼에서 비롯되고 그 미끼에 따라서 채비와 포인트 선정이 결정된다. 그리고 미끼에 따라서 낚이는 붕어의 크기도 달라진다.

낚시인 셋이 모이면 낚시 무용담이 등장한다. 이때 떡밥낚시를 주로 하는 사람은 마릿수 조과를 주제로 한 무용담을 늘어놓게 되

고, 새우 등의 생미끼낚시를 주로 하는 사람은 씨알 위주의 무용담을 늘어놓게 된다.

어떤 미끼를 사용하느냐에 따라서 미끼에 따른 씨알 변별력이 분명히 있다. 채비가 튼튼하고 바늘이 커서 큰 붕어가 입질하는 것이 아니라, 바늘에 꿰어있는 미끼가 대어용이면 낚이는 붕어 씨알이 커지는 것이다.

떡밥으로도 월척을 낚을 수 있다

떡밥은 잔챙이 미끼로 알려져 있으나 근래 들어서는 떡밥미끼를 잔챙이가 쉽게 덤비지 못하도록 크게 달아 사용함으로써 큰 붕어를 낚아내는 기법이 발전했다.

사실 깔끔한 장소에서 마릿수 위주의 떡밥낚시만 즐겨하는 낚시인의 경우에는 10년에 월척 한 마리 보기가 어렵다. 그것은 월척붕어가 떡밥을 싫어하기 때문이 아니고, 떡밥 미끼 낚시의 특성상 포인트가 이미 월척 붕어가 즐겨 먹이활동을 하는 장소가 아니기 때문이다.

또 월척이 잘 낚이는 장소라 하더라도 떡밥미끼는 잔챙이 붕어 떼가 먼저 달려든다. 큰 붕어가 접근하기 전에 피라미나 잔챙이 붕어가 먼저 먹어버리기 때문에 숫적으로 귀한 월척을 낚기 어렵다. 그러는 중에 어쩌다 운이 좋으면 마침 큰 붕어가 가까이에 접근할 때까지 미끼가 유지되어 월척을 만나는 경우가 있는데 이것이 행운이라는 것이다.

지렁이에는 잔챙이가 덤빈다?

아니다. 지렁이 미끼에 나오는 붕어는 떡밥낚시에서 나오는 붕어보다 한 치수 이상 씨알이 굵은 경우가 많다.

대체로 지렁이 미끼를 사용하면 잡어나 잔챙이 붕어들이 가지고 논다. 그리고 이러한 잡어나 잔챙이들은 지렁이 미끼를 한입에 흡입하지 못하고, 지렁이 꼬리를 물고 다니기 때문에 챔질하여도 좀처럼 바늘에 걸리지 않는다. 그러나 이러는 중에 차분하게 올라오는 찌놀림이 있을 때 챔질해 보면 굵은 붕어가 걸려 나오게 된다.

지렁이 미끼는 어느 정도 씨알 변별력을 가질 수가 있어서 지렁이 낚시를 즐겨하는 사람은 떡밥낚시만 즐겨하는 사람보다 월척붕어를 만날 확률이 높다. 지렁이로 대어를 낚고자 한다면 굵은 지렁이 세 마리 이상을 한 바늘에 꿰어서 사용하면 큰 붕어를 골라서 낚을 수 있다.

대어낚시용 미끼

대어낚시를 하고자 할 때는 우선 대어용 미끼를 준비해야 한다. 그런 미끼로는 새우, 참붕어, 납자루 등 민물에 자생하는 붕어의 먹이고기들과 메주콩, 옥수수 등 고형 곡물, 그리고 크게 뭉친 떡밥과 여러 마리를 한 바늘에 꿴 지렁이 미끼를 사용한다. 이외에도 풀벌레나 곤충류를 사용하기도 하나 흔한 경우는 아니다.

대어낚시용 미끼로 효용성을 가지려면 씨알이 잔 붕어나 잡어가 쉽게 덤벼서 미끼를 훼손시키지 못해야 하고, 가급적 원형 상태로 큰 붕어가 접근하여 취할 때까지 유지될 수 있어야 한다.

새우의 경우는 갑옷을 입고 있고, 머리에 침이라는 무기가 있어 자기 방호를 한다. 또 참붕어나 납자루는 덩치가 크고 움직임이 활발하여 잔챙이 붕어의 능력으로는 단번에 공격하여 흡입할 수가 없다. 그러므로 이러한 생미끼를 사용하면 잔챙이 붕어는 물론이고 중치급의 붕어도 애초부터 외면하거나, 설혹 접근했다가도 먹는 것을 포기하고 돌아서게 된다. 그 다음으로 큰 붕어가 접근하면 느긋하게 이 먹이를 취하는 것이다. 그렇기 때문에 대어미끼를 사용하면 입질 빈도는 낮은 반면, 일단 입질이 들어오면 큰 붕어가 낚여 나오는 것이다.

●새우

고전적이고 대표적인 대어낚시 미끼다. 장소에 따라서는 사계절 두루 사용할 수 있다. 강이나 수로 등 흐름이 있는 곳에서는 효과가 적고, 주로 저수지에서 효과가 크다.

대어 미끼로 적합한 새우의 크기는 3~4cm가 적당하나 중치급 붕어의 입질이 아주 활발한 경우에는 이 정도 새우에도 중치 붕어들이 쉽게 달려들므로 아예 5cm 이상의 큰 새우를 사용하기도 한다. 만약 3cm 이내의 아주 작은 새우를 미끼로 사용하게 되면 잔챙이 붕어도 쉽게 흡입하므로 이미 대어낚시의 범주를 벗어난다.

●참붕어

참붕어는 1990년대 초부터 널리 사용하게 된 대어 미끼로 저수지나 수로 등에서 효과가 크다. 참붕어가 자생하여 채집할 수 있는 곳에서는 모두 참붕어가 대어미끼로 먹힌다. 참붕어는 3~5cm 크기를 미끼로 사용하며, 그보다 작은 참붕어는 중치 붕어도 곧잘 입질해 대어 미끼로는 적합치 않다.

●납자루

납자루도 참붕어와 유사한 시기에 대어낚시용 미끼로 등장하였다. 주로 물이 흐르는 강이나 수로에서 많이 쓰인다. 그러나 저수지에서도 납자루가 많이 서식하는 곳에선 납자루를 미끼로 한 대어낚시가 잘되는 곳도 있다.

납자루의 크기는 2~3cm가 적당하고, 2cm 이내의 작은 것을 사용하면 중치급 이하의 붕어도 곧잘 입질하므로 대어낚시에서는 너무 작은 납자루를 미끼로 사용하는 것은 적절치 않다.

●메주콩

메주를 만드는 콩을 삶아서 미끼로 사용한다. 콩나물 콩이나 완두콩을 사용하지 않고 메주콩을 대어미끼로 사용하는 것은 그 크기가 적당하기 때문이다. 메주콩을 삶았을 때 원형을 그대로 유지하되 엄지와 검지로 꾹 눌러 보아서 슬며시 으깨어지는 정도로 삶아서 사용한다.

●옥수수

옥수수는 전통적인 대어낚시 미끼의 일종이다. 그러나 옛 선조들이 옥수수를 한 알씩 꿰어서 다양한 씨알의 붕어를 낚은 것에 반

새우

참붕어

해 오늘날에는 옥수수 알갱이를 2~3알씩 한 바늘에 겹쳐 꿰어서 대어를 노리는 미끼로 사용한다.

만약 옥수수를 한 알씩 꿰어 낚시하면 중치 붕어도 곧잘 입질하므로 대어낚시 미끼로는 적합하지 않다. 옥수수를 직접 삶아서 쓰는 이도 있지만 대개 옥수수 통조림에 든 것을 미끼로 사용하고 있다.

●지렁이

굵은 지렁이를 한 바늘에 3~5마리 꿰어 사용한다. 주로 동절기에 새우나 참붕어, 메주콩, 옥수수에 붕어의 입질 반응이 없을 때 유용한 대어미끼로 사용하나, 사실상 사계절 공히 대어미끼로 효과가 있다. 다만 동절기가 아니면 잡어나 잔챙이 붕어가 덤벼들어서 지렁이 꼬리를 물고 뜯어먹는 잔 입질이 많아서 차분한 대어낚시를 할 수가 없으므로 하절기에는 잘 사용하지 않는다.

●건탄과 고탄

건탄은 입자가 큰 떡밥을 부슬부슬하게 반

대어낚시용 미끼 꿰기

죽하여 크게 달아 사용하는 것을 말하며, 고탄은 입자가 고운 떡밥을 딱딱하게 하여 크게 달아 사용하는 것을 말한다.

건탄은 수심이 깊고 잡어가 많이 덤비지 않는 곳에서 기다리는 대어낚시를 할 때 유용하고, 고탄은 비교적 수심이 얕으면서 잡어나 잔챙이가 자주 덤빌 때 사용한다. 떡밥낚시를 고집하면서 큰 붕어를 골라 낚고자 할 때 낚시 여건에 따라서 이러한 건탄이나 고탄을 사용한다.

대어낚시 미끼 꿰기

●새우꿰기

새우를 꿸 때는 주로 등꿰기와 배꿰기를 한다. 빠른 입질을 유도한답시고 머리를 떼어 내거나 껍질을 모두 벗겨 쓰는 것은 삼간다.

붕어는 먹이를 취할 때 항상 머리 쪽을 공격하여 흡입하는 점을 고려하여 바늘 끝이 새우의 머리 쪽으로 향하게 꿰어야 하며, 혹 새우의 침이나 수염을 제거하더라도 눈을 제거해서는 안 된다.

배꿰기를 할 때는 꼬리에 있는 띠 부분의 딱딱한 곳을 바늘이 관통하여 배 쪽으로 바늘 끝이 나오게 꿴다. 이렇게 하면 혹 시간이 지나더라도 바늘이 새우에서 빠져 나오지 않는다.

등꿰기는 등의 구부러진 부분에 바늘 끝을 꽂아서 머리 쪽으로 바늘 끝이 나오게 하며, 큰 새우를 튼튼하게 꿸 때 사용한다. 또한 등껍질을 좌우로 관통하는 등꿰기 방법도 있는데, 이는 새우의 상처를 최소화하여 오래 살아 움직이게 할 목적으로 사용한다.

●참붕어, 납자루 꿰기

참붕어나 납자루를 꿸 때는 등지느러미 바로 밑에 바늘을 꽂아서 바늘 끝이 머리 쪽으로 나오도록 꿴다.

●메주콩 꿰기

삶은 메주콩을 살며시 잡고 콩의 눈 부분이 바늘의 안쪽으로 가도록 꿴다. 콩의 눈 부분이 바깥쪽으로 가게 되면 간혹 잡어나 잔챙이 붕어들이 파먹는 경우가 있다.

●옥수수 꿰기

옥수수 알갱이 중에서 흠이 없는 것을 골라서 넓은 면에 바늘을 꽂아서 밀어 넣고, 다시 겹쳐서 바늘에 꽂아 넣는 식으로 해서 2~3알을 한 바늘에 꿴다.

대어 낚시터와 대어 포인트

전력(前歷) 있는 장소를 택한다

대어낚시의 장소를 선정할 땐 대어가 자주 나온 전력이 있는 곳이냐를 따져야 한다. 경험이 다분한 낚시인이라면 새로운 곳을 찾아내어 월척을 낚을 수도 있겠지만, 그렇지 않다면 월척이 낚인 기록이 있는 낚시터를 찾는 것이 가장 쉽고 정확하다. 월척이나 4짜 붕어는 나왔던 곳에서 또 나올 확률이 높다. 지난해의 조황도 유효하나 특히 최근 조황 정보라면 더욱 좋다.

●해안 저수지나 수로에 대어가 많다

바닷바람이 닿는 낚시터는 동절기에 수온이 유지되어 붕어의 성장이 빠르고 개체 보존도 비교적 잘 되어있다. 그러나 들 가운데의 수로나 밭을 끼고 있는 소류지는 가뭄 때 종종 바닥을 드러내는 경우가 많으므로 이런 점은 미리 확인을 할 필요가 있다.

●오래 묵은 저수지가 유리하다

지령(池齡)이 많은 저수지에 아무래도 오래 산 큰 붕어가 많다. 지령이 오래 되었다고 하는 것은 수십 년도 좋겠지만 10년 정도의 지령이면 충분하다. 그러나 5년 이내의 지령을 가진 저수지라면 대어가 낚일 가능성이 낮다. 대개 지령 10년 정도에 4짜 붕어가 나올 가능성이 충분하다.

●인적 드문 산간 소류지를 찾아라

산간의 붕어들은 여물고 더디게 성장하는 편이다. 그러나 인적이 드문 곳의 소류지에는 월척들이 떼지어 사는 경우가 많다. 실제 발길이 잘 닿지 않는 산간의 소류지를 찾아서 대어낚시를 해 보면 의외로 좋은 붕어를 만날 수가 있다.

●댐의 물골 쪽을 선택한다

대형 저수지나 댐의 경우 동절기에는 대어낚시가 어려운 곳이지만 하절기에는 찾아볼 만하다. 특히 하절기에 폭우로 물이 급작스럽게 불었을 때는 대어 포인트로 좋은 장소가 된다.

●양수형 저수지가 유리하다

상류에서 흘러드는 지표수를 저장하는 일반적인 저수지를 '저수형(貯水形)' 저수지라고 한다. 그러나 평지에 있어 상류로부터 지표수가 흘러들 만한 여건이 되지 않는 곳에 만든 저수지는 주변의 수로에서 물을 끌어올려 저장하는데 이런 곳을 '양수형(揚水形)' 저수지라고 한다.

양수형 저수지는 저수형 저수지보다 수위변화가 적고, 찬 계곡물이 유입되지 않아서 수온이 안정되게 유지된다. 따라서 이런 장소에는 대형 붕어가 많이 서식한다.

대어낚시 포인트는 얕은 수초대

큰 붕어는 수초의 싹이나 풀씨같은 먹잇감보다 동물성이나 고형 먹잇감을 주로 찾는다. 그리고 그런 먹잇감이 있는 지역을 어슬렁거리면서 찾아와서 먹이활동을 한다. 그러므로 대어낚시 포인트는 당연히 이러한 먹잇감이 활발하게 활동할 수 있는 곳을 찾아서 선정하는 것이 유리하다.

물가에서 관찰해 보면 새우, 참붕어, 납자루 등의 작은 어류나 물벼룩, 모기 유충 등 먹이사슬의 하층에 있는 생물들은 항상 상

채비를 던져 넣을 공간을 만들기 위해 수초제거기를 사용해 밀생한 마름수초를 걷어내고 있다. 대형 붕어는 이런 수초 속에 많기 때문에 수초제거기는 대어낚시의 필수품이라 할 수 있다.

류 수초밭이나 가장자리 얕은 수심층에서 무리지어 분포한다.

따라서 이런 곳이 대형 붕어의 식사 장소가 되는 것이며, 또 휴식 및 은신처가 된다.

●1m 안팎의 얕은 수심

대어낚시의 포인트는 수심이 대체로 2m를 넘지 않는다. 2m가 넘는 수심대라면 큰 붕어들이 바닥을 탐색하면서 접근하는 것이 아니라 대부분 떠서 회유하는 수심대가 된다.

갓 낚아 올린 월척붕어의 웅장한 아름다움은 대어낚시에 빠져들게 하는 마력이다.

물론 연안 수초가 없는 계곡지나 댐의 2m 수심대는 붕어낚시에서 적당한 수심대가 될 수도 있으나, 연안 수초가 잘 발달한 곳에서 새우나 참붕어 등을 먹이로 취하기 위해서 접근하는 큰 붕어에게는 무의미한 수심층이다.

결론적으로 큰 붕어는 먹잇감이 주로 서식하는 수초가 분포한 가장자리를 주로 찾으며, 이런 자리는 수서곤충들의 주 무대가 되는 곳이고, 대체적인 수심층은 1m 전후다.

물색이 좋고 수초 여건이 좋은 곳이라면 50cm 이내의 수심대에서도 좋은 포인트를 찾을 수가 있다.

●수초대를 벗어나지 마라

대형 붕어일수록 수초대를 좀체 벗어나지 않으므로 대어낚시는 수초대를 떠나서는 큰 조황을 기대하기가 어렵다. 여기에서 수초란 수중에 서식하는 모든 물풀을 말하며, 그 수초의 분포는 전역에 깔려있는 것보다 특정부분에 특징적으로 발달한 상태가 좋다.

다시 세분해서 보면, 연이나 뗏장수초는 상류 쪽에 치우쳐 발달해 있는 곳이 유리하며, 부들이나 갈대, 줄풀 같은 정수수초는 군락을 이루고 적당히 분포되어 있는 곳이 유리하다. 한편 마름이나 말풀은 넓게 분포하여도 좋은 포인트가 된다.

특히 이런 수초지대에서 찌를 세울 포인트는 밀생한 수초지대 중앙부부터 연안 쪽으로 연결된 작은 어로(수초 틈새)가 있는 부분이나, 그 어로 주변에 생긴 작은 수초구멍이 유리하다.

●바닥토양이 살아 있어야 한다

바닥이 살아있는 토양인가 부패하고 죽은 토양인가 우선 살펴야 한다. 살아있는 토양은 미네랄이 풍부하여 새우 등 큰 붕어의 먹잇감이 되는 생물들이 많이 있으나, 흐물흐물 죽어있는 토양은 좋지 않은 냄새만 품고 있어서 그 곳에 생물이 서식하지 않는다. 즉 큰 붕어의 먹잇감이 없으니 그런 곳에는 큰 붕어가 접근하지 않는다는 뜻이다.

대어낚시에서 고려하는 바닥토양은 당일 사용할 미끼 선택과 관련이 깊다. 새우미끼는 평소에 새우가 즐겨 서식하는 마사토나 황토 또는 사토 바닥에서 잘 듣고, 참붕어 미끼는 바닥 토양이 사토나 진흙일 때 잘 들으며, 납자루 미끼는 마사토나 모래자갈일 때 잘 듣는다.

메주콩이나 옥수수의 경우는 떡밥낚시가 잘 될 만한, 바닥이 깔끔하고 딱딱한 토양으로 되어 있는 곳이 유리하다.

대어낚시 포인트

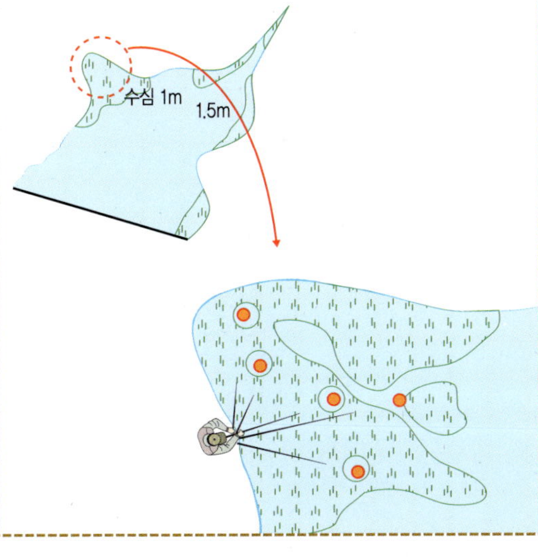

●물색의 농도가 짙어야 좋다

물색은 포인트를 정함에 있어서 결정적인 요소 중 하나로 농도가 짙어야 좋다.

물색의 농도가 짙더라도 황토색의 탁류이거나 갈색의 짙은 물색이라면 피해야 한다. 물색이 좋다는 것을 굳이 표현하자면 파란 물에 약간의 우유를 풀어 놓은 것처럼 푸른색의 농도가 짙어야 하며, 연안 발 앞 물속을 보아서 30cm 정도의 바닥이 보이지 않을 정도의 물색을 말한다.

대어낚시 채비

●경질 낚싯대

대어낚시는 주로 수초를 끼고 하므로 채비가 수초를 극복할 수 있도록 튼튼하고 단순해야 한다.

채비 중에서 가장 강한 힘을 발휘해야 하는 낚싯대는 경질대를 사용하는 것이 좋다. 연질대를 사용할 경우 수초대에 채비를 넣기도 쉽지 않지만, 모처럼 수초 속에서 대어를 걸었을 때 적절한 제압과 유도가 어려워 실패할 우려가 많다.

●4호 원줄

고급 줄의 경우는 3호 정도면 무난하나 일반 낚싯줄이라면 4호 정도를 채비하는 것이 좋다. 그리고 원줄 채비는 낚싯대 길이보다 한두 뼘 짧게 매는 것이 제압과 유도에 유리하다.

●3호 목줄이나 케블러 3합사

목줄은 모노필라멘트 3호나 케블러합사 3호를 7cm 전후 길이로 한다.

●12~15호 외바늘

외바늘 채비를 기본으로 하고 필요시 덧바

대어낚시 기본 채비도

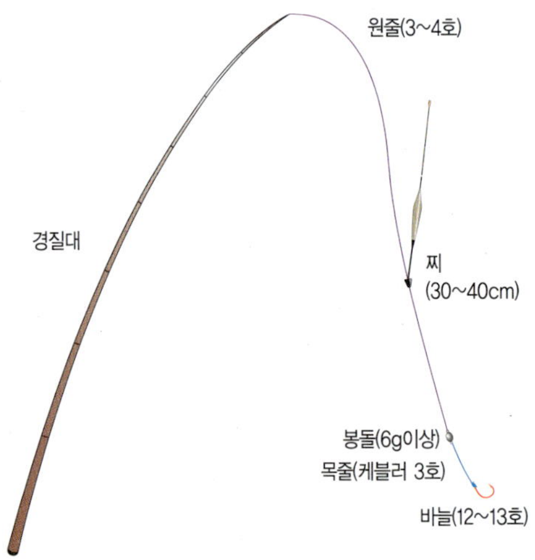

수초직공채비도

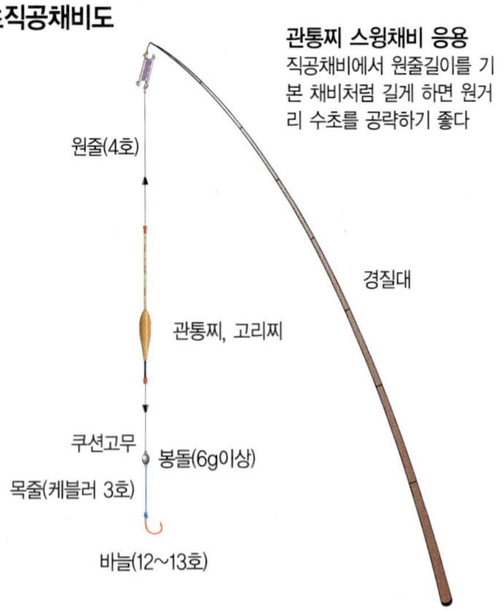

늘을 사용한다. 다만 떡밥 대어낚시를 구사하고자 할 때는 쌍바늘 채비를 한다. 바늘 크기는 12~15호 정도로 한다.

●30~40cm 고부력찌

대어낚시용 찌는 비교적 짧고 튼튼한, 고부력의 찌를 사용한다. 찌의 길이는 30~40cm가 적당하고, 6~9g의 부력에 찌톱은 1.0~1.2mm 정도의 굵기, 그리고 찌몸통은 튼튼한 오동나무 소재를 사용한 것이 좋다.

●기타 채비

대어낚시를 하면서 밀생한 수초를 가급적 그대로 두고 작은 수초 틈새를 노리려면 채비 투척도 어렵고 찌를 세우기가 어렵다. 이런 경우는 수초 직공채비(들어뽕 채비)를 미리 해두는 것이 유용하다.

한편 이 관통찌 채비에서 원줄 길이를 평상시와 같이 길게 하면 원거리 수초구멍에 앞치기 기법으로 찌를 세우는데 용이한 방법이 된다.

밤낚시에 새우를 미끼로 사용해 월척을 낚아 올리는 필자.

대어의 입질과 제압

대어낚시의 입질 파악은 그리 어렵지 않다. 잔 씨알의 붕어보다 큰 붕어의 입질이 더 정직하게 나타나기 때문이다. 대어낚시의 입질 형태는 크게 두 가지로 나타난다.

하나는 올리는 입질로, 살짝 건드리는 찌 끝의 미동 이후에 무거운 예신이 나타나고, 살짝 올리려다 서는 예신 후에는 아주 중후한 찌올림으로 나타난다. 이때 챔질은 본신에서 찌가 서서히 올라와 멈추려는 순간에 하면 된다.

끄는 입질은 예신 동작까지는 올리는 입질과 유사하나 본신에서는 찌를 올리는 것이 아니고 옆으로 서서히 끌고 가는 입질이다. 챔질은 찌가 옆으로 수평이동하는 모습을 보고 마음속으로 하나, 둘, 셋을 세면서 챔질하면 된다.

대어낚시의 제압은 챔질과 동시에 이루어져야 한다. 떡밥낚시 때처럼 일단 챔질을 한 후에 여유를 가지고 제압을 시도하면 수초에 처박거나 기타 장애물에 걸리기 쉽다. 따라서 대어낚시에서는 강한 챔질과 동시에 곧바로 붕어를 수면에 띄우거나 수초 위에 올려야 성공한다.

제24장 낚시터에서 지켜야 할 예절

1 낚시터에 도착 후 소란스러운 행동은 삼간다.

–큰 소리로 사람을 부르거나 여러 사람이 우르르 몰려다니는 행위는 무례한 행동이다.

2 늦게 도착하여 중간에 끼어드는 행위는 결례다.

–공간이 있을 때는 사전에 양해를 구한다.

3 타인의 살림망을 함부로 들어 보지 말자.

–살림망을 꼭 보고 싶으면 주인의 허락을 득한다. 보고 나서는 잘 정리해 준다.

4 먼저 온 사람보다 긴 대를 펴는 건 실례다.

–옆 사람이 불쾌할 것이니 상호 어울리게 대 편성을 한다.

5 좁은 공간에서 다대 편성은 삼가야 한다.

–옆 사람을 고려하여 공간에 적절히 맞도록 대를 편다. 특히 옆 사람 찌에 겹쳐서 보일 정도로 편성하는 것은 큰 실례다.

6 사람이나 물에 손전등을 함부로 비추지 말자.

–밤낚시에서 불빛은 붕어나 사람이나 다 싫어한다.

7 대낚시인 옆에서는 릴을 펴지 말아야 한다.

–그리하면 대 낚시인은 낚시를 포기할 수밖에 없다.

8 대낚시인과 마주보고 하는 보트낚시는 금지해야 한다.

– 연안에서 접근하지 못하는 곳이 보트낚시 포인트다.

9 저속한 대화는 주변 낚시인에게 거슬린다.

–즐겁다고 떠들어도 듣는 낚시인은 괴롭다.

10 과도한 밑밥투여 행위는 불쾌감을 준다.

–수질문제뿐만 아니라 옆의 낚시인은 낚시를 그만두고 싶어진다.

11 자주 돌아다니는 행위는 삼가야 한다.

–집중하지 않고는 좋은 조과를 기대할 수 없다. 또 주변을 자주 오락가락하면 옆 사람에게 불쾌감을 준다.

12 늦게 와서 수초 제거하는 것은 삼가야 한다.

–옆 사람이 애써 집어한 붕어까지 다 도망간다. 수초 제거는 해가 있을 때 하고 그보다 늦었으면 첨벙대지 말아야 한다.

13 나무나 논둑 등 자연을 훼손하지 말아야 한다.

–농민 입장에서는 너무나 괴로운 일이다. 낚시인 접근을 금지하는 원인이 된다.

14 함부로 남을 가르치려 드는 건 결례다.

–묻지 않으면 간섭하지 말고 물으면 정중하게 의견을 얘기하라.

15 물고기를 걸어 소란을 피우면 불쾌감을 준다.

-고수는 차분하고 조용하게 유도한다. 동료가 걸면 조용히 축하한다. 큰 소리로 떠들면 안 된다.

16 장난삼아 돌 던지는 행위는 절대 삼가야 한다.

-입질을 기다리는 모든 이를 불쾌하게 한다.

17 모닥불을 피우는 것은 낚시를 망친다.

-자연 훼손, 산불 위험, 그리고 낚시 분위기를 그르친다.

18 과도한 음주와 고성방가는 금지사항.

-술은 적당히 즐겁게 나누되 고성방가는 금물이다.

19 함부로 옷을 벗는 것은 혐오감을 준다.

-낚시복은 낚시인의 유니폼이다. 웃옷을 다 벗는 것은 금한다.

20 함부로 용변을 보아서는 안 된다.

-밟고, 냄새 나고, 파리 끓고, 농민이 화를 내는 원인이 된다. 불가피할 때는 멀리 가서 보고 파묻는다.

21 낚시자리에 근접하여 밤새 시동 걸고 자는 것은 삼가해야 한다.

-소음과 진동이 물고기를 쫓을 뿐만 아니라 운전자의 질식사 원인이 될 수 있다.

22 낚시외적으로 물고기를 잡는 것은 금한다.

-물고기를 많이 잡으려고 그물 등을 치는 것은 낚시의 도가 아니며 어부나 할 짓이다.

23 밤낚시에 불을 자주 밝히는 것은 삼가야 한다.

-서툴러서 잠시 불을 켠다면 불빛을 가리고 사용한다.

24 농작물에 피해를 주어서는 안 된다.

-농민은 우리가 붕어를 아끼는 것보다도 더 농작물을 아낀다.

25 주차 질서를 지킨다.

-농기계 소통뿐 아니라 차량이 오갈 때마다 불편을 겪지 않도록 주차한다.

26 낚인 잡어를 함부로 버리면 안 된다.

-우리 어종은 살려주고, 외래어종은 땅에 묻어주자.

27 오물투기는 불법이다.

-쓰레기는 100% 가지고 돌아오자. 낚시터는 우리가 아껴야 할 우리 후손의 놀이터다.

28 장기간 자리 독점은 금해야 한다.

-좋은 자리 독점은 어부 같은 욕심으로 낚시의 도가 모자란 소치다.

29 낚시터에서 과도한 애정행각은 볼 성 사납다.

-자기들은 사랑일지 몰라도 꼴불견이다.

30 말썽 있는 낚시터는 피하는 것이 좋다.

-낚시터에서 좋은 소리 못 들으면 하루 종일 기분을 망친다. 그러므로 낚시를 펴기 전에 미리 알아보고, 혹 중간에 말썽이 생기면 즉시 마음 편한 곳으로 옮겨서 즐기는 것이 좋다.

낚시 첫걸음 1

붕어낚시 첫걸음

1판 8쇄 인쇄 2019년 3월 14일
1판 8쇄 발행 2019년 3월 20일

지은이 송귀섭

발행인 김국률
발행처 예조원

출판등록 제301-2010-184호

주소 서울특별시 중구 퇴계로 180-3
전화 (02)2272-7272 팩스 (02)2272-7275

값은 표지에 있습니다.
ISBN 978-89-94129-11-2 (04690)
ISBN 978-89-94129-23-5 (세트)